U0610435

上海新金融研究院

SHANGHAI FINANCE INSTITUTE

探索国际金融发展新趋势，求解国内金融发展新问题，
支持上海国际金融中心建设

新金融书系
NEW FINANCE BOOKS

BRICS

Financial Cooperation

金砖国家
金融合作研究

连　平等著

中国金融出版社

责任编辑：张　铁
责任校对：张志文
责任印制：丁淮宾

图书在版编目（CIP）数据

金砖国家金融合作研究（Jinzhuan Guojia Jinrong Hezuo Yanjiu）/连平
等著 . —北京：中国金融出版社，2016.4
　（新金融书系）
ISBN 978 - 7 - 5049 - 8337 - 4

Ⅰ . ①金…　Ⅱ . ①连…　Ⅲ . ①国际金融—国际合作—研究
Ⅳ . ①F831.6

中国版本图书馆 CIP 数据核字（2016）第 063641 号

出版
发行　中国金融出版社

社址　北京市丰台区益泽路 2 号
市场开发部　（010）63266347，63805472，63439533（传真）
网 上 书 店　http://www.chinafph.com
　　　　　　（010）63286832，63365686（传真）
读者服务部　（010）66070833，62568380
邮编　100071
经销　新华书店
印刷　北京市松源印刷有限公司
尺寸　170 毫米 × 230 毫米
印张　15.25
字数　216 千
版次　2016 年 4 月第 1 版
印次　2016 年 11 月第 2 次印刷
定价　48.00 元
ISBN 978 - 7 - 5049 - 8337 - 4/F.7897
如出现印装错误本社负责调换　联系电话（010）63263947

新金融书系
NEW FINANCE BOOKS

中国的金融发展史就是一部"新金融"的历史，金融业的版图无时无刻不在演变、重塑。不断革新的金融工具、运行机制和参与主体塑造了不断变化的金融业态和格局。理念与技术的创新在推动金融结构演进、金融改革深化的同时，也为整个金融业的发展带来了机遇与挑战。

"新金融书系"是由上海新金融研究院（Shanghai Finance Institute，SFI）创设的书系，立足于创新的理念、前瞻的视角，追踪新金融发展足迹，探索金融发展新趋势，求解金融发展新问题，力图打造高端、权威、新锐的书系品牌，传递思想，启迪新知。

上海新金融研究院是一家非官方、非营利性的专业智库，致力于新金融领域的政策研究。研究院成立于 2011 年 7 月 14 日，由中国金融四十人论坛（China Finance 40 Forum，CF40）举办，与上海市黄浦区人民政府战略合作。研究院的宗旨是：探索国际金融发展新趋势，求解国内金融发展新问题，支持上海国际金融中心建设。

上海新金融研究院努力提供一流的研究产品和高层次、有实效的研讨活动，包括举办闭门研讨会、上海新金融年会、互联网金融外滩峰会，开展课题研究，出版《新金融评论》、新金融书系等。

"中国金融四十人论坛"是一家非官方、非营利性的专业智库，专注于经济金融领域的政策研究。论坛由 40 位 40 岁上下的金融精锐组成，即"40×40 俱乐部"。本智库的宗旨是：以前瞻视野和探索精神，致力于夯实金融学术基础，研究金融领域前沿课题，推动中国金融业改革与发展。

本书课题组

课题顾问：郑　扬
课题负责人：连　平
课题统稿人：许文兵
课题执笔人：陈学彬　刘　涛　吴　博　周　兵　马　静

序言

　　进入 21 世纪，西方国家经济发展持续疲弱，金砖国家逆势而起。金砖国家不仅是五个具有多样性和互补性的国家，也代表着全球经济体系的新生力量。截至 2015 年，金砖五国已占世界经济总量的 20%，国际储备占比则超过 40%，以金砖国家为代表的新兴市场国家已经成为世界经济发展的新引擎。然而，现有国际经济体系长期由西方发达国家所主导，新兴市场国家和发展中国家的话语权和代表性不够充分，这种状况显然不适应世界经济格局的新变化。

　　伴随着世界经济格局"游戏规则"的改变，金砖五国源于相似的经济发展诉求，秉承合作共赢的发展理念，逐步展开经济金融合作应对未来的挑战。2014 年 7 月 15 日，金砖国家元首齐聚巴西福塔莱萨，签署了《福塔莱萨宣言》，决定成立金砖国家开发银行，建立应急储备基金。从 2012 年第一次讨论新开发银行的概念到 2015 年新开发银行开业，历时仅为三年，充分体现了金砖国家求同存异的合作精神和行动力。以此为起点，金砖国家金融合作翻开了崭新的一页，开始步入机制化发展的阶段。

　　作为全球经济体系中蓬勃向上的力量，金砖国家合作不仅有利于金砖国家自身的经济发展，也将有助于发展中国家在全球金融治理体制改革中发挥推动作用。现阶段，金砖国家参与完善全球金融秩序和治理体系的主要措施包括成立新开发银行和建立应急储备安排机制。新开发银行主要为金砖国家的基础设施建设和民生领域建设提供资金支持，将成为现有国际金融体系的完善和补充。新开发银行由金砖五国等额出资，具有平等性和创新性，能有效激发金砖国家的内生增长动力；同时也将为其他发展中国家服务。其开放性特征将有力改善发展中国家在基础设施建设上单纯依靠现有国际金融机构的现状，推动全球经济治理结构的改革。应急储备安排则是为金砖五国防范金融风险提供流动性支持的金融安全机制。在金砖国家宏观经济驾驭能力不断提高的背景下，该机制能够为成员国提供应急性短期外汇支持，合理应对潜在的金融风险，将成为新兴市场经济体金融安全网的重要组成部分。未来，金砖国家如何通过金融合作实现对现有国际金融体系的协调与补充，如何推进国际货币体系改革进程，如何推动金砖国家成为多极世界中代表发展中国家的重要一极，将成为金砖国家金融合作更长远的使命。这需要金砖国家在未来的合作中逐一探讨、通力合作、协商解决。这个具有探索性、协商性和合作性的过程本身，已经反映了国际关系民主化在国际金融合作机制方面的重要尝试，体现着全球治理体系不断完善的新气象。

本书成于金砖国家新开发银行宣布开业的 2015 年，撰写于该行的总部所在地上海。新开发银行是中国作为一个新兴市场国家参与全球治理的重要载体，也是上海作为中国的国际金融中心参与国际金融合作的重要途径。金砖国家金融合作并非水到渠成和一蹴而就。金砖国家如何在同一合作框架下化解自身经济发展的难题、实现经济增长模式的转变、创造新的增长动力，仍然是一个需要在实践中不断探索的问题。本书围绕学术和实务中有关金砖国家金融合作的关键性问题展开了深入探讨，回答了一系列有关金砖国家金融合作中"是什么、为什么、怎么办"的问题：金砖国家金融合作的定位是什么，金砖国家金融合作对中国的影响是什么，新开发银行怎样才能有效发挥对发展中国家的作用，应急储备机制安排怎样对金砖国家的金融稳定起到切实的作用，上海如何结合国际金融中心建设在金砖国家金融合作中发挥积极的作用，等等。本书对于这些问题的研究深入而具体，既涵盖国际金融合作的理论研究又结合国际金融合作的实践，在此基础上提出的建议兼具理论意义和可操作性，对中国深入参与金砖国家合作具有指导意义。

金砖国家金融合作的前途光明。在十八届五中全会提出的开放理念的战略指导下，中国将依托金砖国家金融合作，进一步激发经济的内在活力、完善对外开放机制、理顺国际金融合作关系，在维护全球经济稳定中起到主动的、积极的作用，推动金砖成员国家在多样化、差异化中激发出可持续发展的潜力。历史终将证明，金砖国家金融合作将对发展中国家基础设施建设和金融稳定发挥重要的积极作用，同时对全球经济治理机制改革产生深刻影响。

财政部副部长　朱光耀

2016 年 2 月

自序

在全球经济需求不振和金砖国家经济增长减缓的背景下，金砖国家正在通过积极合作应对经济和金融挑战。2008年国际金融危机以来，世界经济仍然处于不平衡、不稳定的发展态势，发达国家的货币政策调整及产业政策变化影响了国际资本流动及国际产业结构，对新兴市场国家的币值稳定和贸易活动产生了广泛影响。鉴于国际经济金融体系在合作效率和治理机制方面仍存在一定的问题，金砖国家有必要也有条件通过加强合作来减少外部冲击带来的不利影响，形成新兴市场国家的经济安全网和金融安全网，提高自身经济稳定性和可持续性，并为世界经济的稳定可持续发展作出贡献。

历史上，巴西、俄罗斯、印度、中国和南非作为五个不存在地缘经济合作关系的金砖国家，首先作为投资概念进入公众视野。2001年，高盛经济学家吉姆·奥尼尔首次将巴西、俄罗斯、印度和中国四个经济体的英文单词首字母融合为"金砖国家"。随后，高盛预测四个"金砖国家"将成为全球增长引擎并于2050年跻身于世界前六大经济体，并建议长期投资者关注金砖国家投资机会以获得丰厚回报。2010年，南非加入金砖国家，金砖四国成为金砖五国。近年来，金砖五国展现出瞩目的经济发展成就，虽然资源禀赋和经济发展模式不大相同，但都成为了世界经济体系中令人瞩目的发展经济体。

伴随着金砖国家经济快速发展，金砖国家也逐渐从一种投资概念发展成为一种身份认同。金砖国家不是天然的政治联盟、贸易联盟或货币联盟。但金砖国家同为新兴市场国家的杰出代表，在世界经济舞台上彰显了新兴市场国家的

1

强劲发展势头，提升了新兴市场国家的世界影响力和国际地位。在此背景下，金砖国家展开主动合作，加强相互借鉴和学习，建立了从领导人会晤到各领域务实合作的多层次合作机制，扩大了金砖国家之间的经济金融交流。

如今，金砖国家合作正在逐渐从自发的、自由的、宏观的层面延伸至常规的、系统的、微观的层面。在实体经济方面，金砖国家通过市场整合、需求整合、技术整合和资源整合等多种方式深入发挥协同效应，创造共赢机会，为自身经济可持续发展和全球经济共同发展创造有利条件。在金融方面，基于西方金融发展的经验和西方金融危机的教训，金砖国家秉承"金融有助于提高实体经济运行效率、金融应当服务于实体经济"的理念，积极探索金砖国家金融合作，为促进实体经济发展、提高经济合作效率、提升金砖国家风险抵御能力打造良好基础。未来，金砖国家之间将形成更密切、更有效、更务实的伙伴关系，金砖国家经济增长潜力及世界影响力将进一步提高。

在众多金砖国家合作议题中，金砖国家金融合作是金砖国家合作深入发展的重要突破口，承载着下个阶段金砖国家的主要努力方向。2014年7月15日，金砖国家在巴西签署了《关于建立金砖国家应急储备安排的条约》，建立了金砖国家应急储备安排机制。2015年7月21日，金砖国家新开发银行在上海成立，旨在支持金砖国家的基础设施建设投融资。这两项标志性事件意味着金砖国家金融合作已经进入新的、实质性阶段。

金砖国家金融合作仍然面临诸多实践和理论问题。一方面，金砖五国在经济规模、经济金融发展阶段、经济金融结构等多方面存在较大差异，为了实现切实有效的合作，需要理顺金砖国家之间的合作关系。另一方面，考虑到金砖国家作为全球合作体系的组成部分，为了实现金砖国家合作共赢的局面，必须理顺金砖国家合作与其他合作体系的竞合关系。

中国如何能够有效地参与金砖国家合作也面临一系列亟待解决的问题。一是中国如何将金砖国家金融合作与我国经济发展的总体规划相结合，以确保金砖国家金融合作符合我国的战略利益。二是上海如何将金砖国家金融合作与上海建设国际金融中心相结合，不断升级软硬件配套设施，进一步推进经济升级、金融开放及人才国际化。三是中国尤其是上海市如何在金砖国家合作中发挥经济带动、制度创新等引领性的作用，促进金砖国家金融合作实现共赢。

本书著于金砖国家金融合作步入实质性阶段的 2015 年，基础是上海新金融研究院的同名课题。本书对金砖国家合作以及中国参加金砖国家合作进行了细致全面的分析，为我国及上海如何抓住金砖国家金融合作的机遇和如何化解可能存在的风险提供了重要而及时的参考。本书第一章和第二章从宏观层面分别探讨了金砖国家金融合作的意义与定位、金砖国家金融合作对中国的影响，第三章和第四章从微观层面分别探讨了两种具体金融合作形式即金砖国家新开发银行和金砖国家应急储备安排机制，第五章基于宏观和微观的分析，为中国及上海参与金砖国家金融合作提供了具体可行的建议。本书从宏观分析到微观探索最终落地为具体建议，行文条理脉络清晰，具有较好的学术价值和重要的实践意义。

鉴于金砖国家金融合作的创新性和复杂性，未来一个阶段内，金砖国家金融合作将继续在探索中逐步前行。通过各国利益的动态协调、治理结构的持续探索，金砖国家金融合作体系将成为现有成熟国际金融合作机制的有益补充，进而有可能发展成为反映新兴市场国家全球诉求、兼顾平等与效率的、具有全球影响力的合作体系。通过不断扩大影响范围及合作范围，金砖国家金融合作体系将有利于为新兴市场国家经济平衡发展创造良好的金融环境、为新兴市场国家抵御和化解经济金融风险提供有效保障、为全球金融合作提供新的治理模式以及为全球经济稳定均衡发展作出贡献。未来，中国也将伴随着金砖国家金融合作的拓展而深化调整经济增长方式，进一步巩固中国经济和金融安全，加快推进人民币国际化和资金账户开放及深化金融改革，为世界经济增长和稳定作出应有的贡献。

连　平

2016 年 2 月

目　录

第一章　金砖国家金融合作的意义与定位 …………………………………… 1

第一节　金融合作理论和实践 ……………………………………………… 1

第二节　金砖国家开展金融合作的机遇和风险 ……………………… 18

第三节　金砖国家金融合作的主要模式及其展望 ………………… 36

第二章　金砖国家金融合作与中国的角色定位 ……………………… 49

第一节　中国参与外部金融合作的理论研究 ………………………… 49

第二节　中国参与外部金融合作的实践研究 ………………………… 68

第三节　中国参与金砖国家金融合作的优势与角色定位 ………… 80

第三章　新开发银行与金砖国家金融合作 …………………………… 97

第一节　开发性金融的理论与实践 …………………………………… 97

第二节　新开发银行在金砖国家金融合作中的作用 …………… 119

第三节　新开发银行的成立及其运作模式 ………………………… 135

第四章　金砖国家应急储备安排 ……………………………………… 155

第一节　现行的国际救援机制 ………………………………………… 155

第二节　金砖国家应急储备安排的建立及其机制 ……………… 158

第三节　应急储备安排的作用与展望 ……………………………… 163

　第四节　应急储备安排的外部关系协调…………………………… 171

第五章　中国参与金砖国家金融合作的政策建议………………… 179
　第一节　参与金砖国家金融合作对中国的影响………………… 179
　第二节　新开发银行和应急储备安排机制发展建议…………… 201
　第三节　新开发银行对上海国际金融中心建设的影响和政策建议…… 206

参考文献……………………………………………………………… 216

附录　作者简介……………………………………………………… 225

后记…………………………………………………………………… 227

第一章　金砖国家金融合作的意义与定位

第一节　金融合作理论和实践

金融合作是指国际区域组织与主权国家之间，以防范金融风险、提高投资效益和贸易利益为主要目标而采取协调的金融政策和实行互惠互利的金融行为。金融合作可以分为国际型金融合作和区域型金融合作，其差异在于区域范围和影响力。从广义角度来讲，金融合作与货币合作有所区别，艾肯格林（Eichengreen，2002）认为区别在于合作内容，货币合作主要是实行区域内共同的汇率制度安排，而金融合作则重在通过合作发展金融市场和改善金融体系。

一、金融合作的分类

（一）国际金融合作

国际金融合作是指在全球范围内国际经济金融组织与各主权国家，以及各主权国家之间实行的金融合作。金融全球化的客观存在催生了国际金融合作，而各国之间积极、有效的国际金融合作反过来又推动了金融全球化的顺利发展。

国际金融合作具有四个特征。一是宏观政策合作。平抑经济波动、维护经济稳定、保持经济健康发展是每个国家希望实现的经济目标。但在金融全球化前后，各国政府为达到这一目标所采取的措施有所改变。金融全球化之前，各国政府通过实施正确的宏观经济管理（包括财政政策和金融政策）可以达到上述经济目标。但在金融全球化的条件下，由于政策和货币外溢效应的存在，一国政府仅仅依靠自身的宏观经济管理政策已不足以实现这一目标，各国亟需在金融监管和政策协调方面实施全面的国际合作。二是政府职能延伸。金融全球化与金融自由化相辅相成，没有金融自由化就没有金融全球化，而金融全球化的发展同样会促进金融自由化的发展，但金融自由化不等同于政府放弃所有干预。实际上，金融自由化与政府的适度干预是金融全球化的两种历史性要求。金融全球化要求有"超"国家的宏观经济管理，但成立一个世界政府的想法并不现实。为了维护经济的稳定和发展，现实可行的办法为加强各国政府在尊重主权平等的基础上开展宏观经济和金融的国际合作。三是协同控制金融风险。金融全球化将发展中国家与发达国家联系在一起，金融风险不再由发达国家向发展中国家单向传导，也可以从发展中国家传导至发达国家。四是共同处理金融危机。金融全球化使各国金融市场的相互渗透和影响不断加强，这种效用在极大地促进世界经济发展的同时，也使金融危机的产生和演化不再单纯取决于一国的国内因素，危机的处置和化解则更需要依靠广泛的国际金融合作来完成。在此背景下，一国要确保自己的金融稳定和金融安全，必须加强各国之间的国际金融合作。总之，在金融全球化的国际社会中，随着各国利益汇合点的逐渐增多，呼吁各国最大限度地进行金融合作，以寻求互利共赢，符合"以合作谋和平，以合作促发展"的时代潮流。

目前来看，国际金融合作虽然在调整和稳定汇率、抑制通货膨胀和通货紧缩、促进经济增长以及预防和缓解国际金融危机方面有一定的积极作用，但各国仍高度关注自身利益，导致目前的国际金融合作存在一定的局限性。一是合作缺乏长远考虑。当前国际金融合作大多是目标导向的，当出现危及国际金融体系以及世界经济健康有序运行的重大问题时，各国会通过临时妥协达成合作，而经济问题缓和时，合作往往就会中断。这种缺乏长远考虑的做法不符合战后金融全球化不断发展的要求。二是合作效果不甚理想。由于缺乏长远目标，国际金融合作的作用相对有限，对于部分参与合作方来说，有时合作的效果并不明显，甚至会偏离或违背其初衷。三是合作具有一定非公平性。在合作时，发达国家总是将其国家和集团利益放在首位，而较少顾及广大发展中国家的要求，有时甚至有意无意地作出不利于发展中国家的安排。这种不公平或倾斜性的存在可能导致发展中国家在国际金融合作中利益受到损害，对其经济发展造成不利影响。

（二）区域金融合作

区域金融合作侧重在一定地区内的有关国家和地区的范围内的金融合作。区域金融合作从合作内容上，可区分为狭义和广义两种。狭义的区域金融合作即区域货币合作，区域各国货币当局通过在汇率协调和联动机制、汇率目标区、统一货币等方面进行协调和合作，实现双边或多边汇率的稳定和金融体系持续稳定安全的发展。广义的金融合作除了包含狭义的区域金融合作以外，更加强调金融体系的发展和金融稳定方面的合作，主要包括金融监管合作、金融市场合作、货币合作三个方面。

1. 广义区域金融合作

广义金融合作一般指在经济金融领域内，发展金融相关的各种类型的合作。广义金融合作包含狭义金融合作，也包含货币机制、金融监管、金融市场开放和金融体制转换等政策类型的合作，如支付结算系统等业务合作以及政策制度合作。

广义区域金融合作是在区域范畴下对广义金融合作的定义。传统广义区域金融合作有三个发展阶段。初级阶段的广义区域金融合作一般形式是双边非协议的制度性安排。目标功能较为简单，通常缺乏强有力的制度约束以及框架，双边合作方式往往表现为会晤和信息量有限的交流。一般是以促进经济贸易合作为目的的初级金融合作，如政策性金融机构合作、支付清算体系合作，以及货币互换等。较第一阶段广义区域金融合作形态更进一步的形式是多国的汇率协调和联动机制。相关制度规则更为详尽，汇率协调的制度安排有明确的责任和汇率干预基金的保障。高级阶段的金融合作则在货币汇率制度层面上更进一步，即实现货币统一的金融合作，参与成员在货币政策协调、财政政策配合、经济相似性以及宏观经济调控方面达到较高程度。

2. 狭义区域金融合作（区域货币合作）

狭义区域金融合作单纯指区域金融合作成员的双边或者多边的金融和货币制度合作，目的是为了促进各成员国在汇率和货币制度安排下的金融市场更加稳定，更好地为经济发展目标服务。常见的金融合作表现为货币安排、汇率协调等。

二、金融合作的三个阶段

从金融合作的发展程度看，戴金平和万志宏（2005）总结了各个层次的发展特点，把区域金融合作分为三个层次。第一层次是金融合作初级阶段，该阶段的特点是合作的非制度性、松散性、功能单一，缺乏信息交流和组织机制。货币互换协定是这一阶段发展所能达到的最高形态。第二层次是汇率合作机制，采取汇率目标区的形式，较清晰地划分干预界限和干预责任，能够成立基金对市场进行有效干预，还能够解决成员国的国际收支问题。第三个层次是统一货币。在这个阶段，成员国之间都有高度的宏观经济和政策协调度，合作区域内的货币统一成为一种货币，建立统一的中央银行以实施统一的货币政策，区域内的各国财政政策也可以达到高度协同。区域金融合作研究的主要内容是区域内的货币合作①，但金砖国家并不是一个地理概念，并不属于某一特定区域，因此，金砖国家的金融合作不同于一般的区域金融合作。由于政治、文化等多方面的差异，金砖国家的金融合作的内涵更加丰富多样。所以对金砖国家金融合作进行阶段划分时不能完全局限于上述货币合作的划分方式，而应充分考虑金砖国家的特点。

（一）初级阶段

金融合作初级阶段的总体特征为成员国两两合作，约束框架较为宽松，

---

① 货币是现代金融活动的核心纽带，所以只要货币合作得以展开，则其他类型和其他层次的金融合作，只要条件合适，就将自动得以开展，所以目前金融合作的研究多着眼于研究货币合作。

合作方一般仅遵守普通的信息交流机制，同时信息交流一般由高层领导和合作规则制定者参与，交流内容涉及货币政策、金融市场发展、经贸合作等方面。从本质上说，金融合作的初级阶段是一个交流和探讨的过程，与合作方的经济水平和金融实力没有必然联系，即使经济发达、金融市场成熟的国家在进行金融合作时也需要经过初级阶段，但一定的经济和金融基础能够较快形成初级阶段合作的成果，从而转向较高级别的合作。由于合作成员国的经济基础特征存在一定差异，金融市场的发展程度不一，双边金融合作的密切和活跃程度、合作重点、战略方向等均存在异质性，所以初级阶段合作适宜以自上而下、由简到繁、从行政指令到市场机制的方式切入。例如，在双边合作的初级阶段，当参与国家或地区出现收支困难等问题时，通过合作基金的形式给予流动性支持。在双边合作达到一定的成熟程度时，可以推广到多边合作，并逐步拓展至涉及因素更复杂的市场类型的机制建设，进而为向金融一体化等更高层面金融合作奠定基础。目前在亚太地区的东盟、中日韩等国家之间的货币互换协定属于该类型的金融合作。

（二）中级阶段

金融合作中级阶段的表现形式体现为参与成员国家采取多对多的合作形式，信息交流机制设定更具备规范性、组织性以及保障性。

从货币合作的角度来看，这一阶段涉及到成员国内部汇率协调机制的设定与干预问题。汇率的波动是国际金融市场上最主要的风险之一，如果无法实现成员国之间币值的相对稳定，必然首先会对跨国民间金融业务产生严重的抑制作用，进而影响跨国资源要素的流动和国际贸易的发展。除上述直接影响外，成员国间的汇率稳定也是深层次的资本市场合作的基本条件。建立共同干预基金，以及建立健全双边和多边互换合作机制，是货币合作的重要手段。

除了货币合作之外，中级阶段还应实现其他基础设施的合作。第一，建立和完善全局和高层协调合作机制。成功的金融合作需要完善的全局和高层协调合作机制的支撑。例如，在欧元区正式建立之前，欧盟国家就已经建立了完善的高层协调合作机制，《马斯特里赫特条约》等协议就是上述机制下的产物，最终成功促成了欧元的诞生。第二，实现成员国之间信息共享，保证信息的有效传播。金融产业中最关键的要素就是信息，信息的有效传播就是金融合作开展进入较高层次的重要体现。第三，实现清算体系等设施的统一或对接，如果清算体系无法实现统一和对接，那么区域内的合作必将求助于区域外国家，对进一步的资本市场合作形成阻碍。

（三）高级阶段

金融合作的高级阶段直接体现为参与成员国家或区域之间实现货币统一，同时货币政策和财政政策实现高程度的统一，但这需要建立在参与国的经济基础的高度相似性的基础上，以具体实施支持各类政策。整个合作体系由共同的中央银行制定货币政策，与此同时，成员国的财政政策和行政体系也高度一致。目前仅有欧盟较为成功地完成上述含义的金融合作高级阶段。

由于存在较大的政治、文化差异，金砖国家之间难以实现上述定义的高级阶段合作。因此，金砖国家金融合作高级阶段的目标设定应当更加多样化且包含多方面的内容。比如，通过完成金砖国家汇率协调机制建设，使金砖国家之间的汇率波动被限定于一定范围之内，并能够有效地对汇率的过度波动进行干预和互相援助。通过完成金融基础设施的合作和融通，使金融机构和个人能在各成员国之间自由开展金融投资业务，并享受国民待遇。通过深层次的资本市场合作逐步展开，未来金砖国家的资本市场可以作为一个整体实现资本的有效配置。

三、金融合作的相关文献综述

（一）经济一体化理论

关税同盟理论是经济一体化理论以及金融合作理论的基础。该理论主要研究同盟国家的内外关税制度，如关税的取消与高低调整对贸易以及经济变化的影响。其核心思想为，国家之间的资源禀赋差异导致各国经济特征与结构的不同，在扩大贸易的过程中发挥各国的比较优势，将增加各国的整体效用。

关税同盟理论的进一步发展是自由贸易区理论。自由贸易区理论也是经济一体化和金融合作的重要基础之一。自由贸易区理论认为，通过进一步提升区域贸易国的关税政策协调性，并实现除关税政策之外的贸易合作，能够促进区域贸易与经济的发展，为金融合作构建良好的经济基础。自由贸易区理论与关税同盟理论的主要区别为，贸易区成员国家之间实行统一的优惠政策，对成员之外国家实施差别待遇，以及对贸易区内产品实施原产地规则等。

共同市场理论是比自由贸易区理论和关税同盟理论更高层面的区域经济合作理论。自由贸易区理论和关税同盟理论假设各个区域生产要素是不流动的，并从中间产品和最终产品的角度讨论商品流动摩擦对经济的影响，而这与实际情况存在较大差别。共同市场理论则增加了资源要素流动的结构理论，即除考虑产品流动之外，还通过消除区域要素流动障碍以实现生产要素的自由流动和经济更深层次的融合。

（二）最优货币区理论

货币区是指在特定区域内，使用单一的共同货币或无兑换限制的多种货币作为常用的支付方式。进行常规交易和资本交易时，区域内各国之间汇率维持不变，而与区域外的国家则保持浮动汇率。"最优货币区"是指货币区能够在内部和外部平衡的基础上实现宏观经济目标。平衡的内涵包括外部的国际收支平衡、内部的通货膨胀与失业之间的最优平衡，以及内部和外部区域平衡。

最优货币区对区域内国家有益。一是最优货币区能够加强劳动力和资本的流动性。生产要素的高流动性将减少使用汇率工具来恢复宏观经济稳定和国际竞争力的需求。劳动力从高失业率向低失业率地区转移，不仅可以减少因需求变动带来的不利后果，而且能够逐步使工资水平趋于统一。二是最优货币区的区域内工资弹性高。工资高弹性有利于减少使用汇率工具的需要，也有利于发挥市场机制的调节作用以实现内外部的平衡。三是最优货币区有利于货币联盟的运作以及实现金融一体化，进一步增强区域内国家抵御外部冲击的能力。

最优货币区理论适用的条件是区域内各国经济制度、经济结构、经济发展水平具有较高相似性，区域内各类要素的自由流动，但在实际情况中经济结构类似的假设往往不满足。因此，最优货币区的运行也存在一些问题，如区域内各国对外生冲击的反应机制各异，会在一定程度上影响该货币区汇率工具的有效性和效率。

（三）政治经济学相关理论

1. 功能主义理论

功能主义理论强调地区之间的货币合作能够带来共同的利益，认为建设地区货币联盟属于经济范畴。随着地区内经济体逐渐满足建立最优货币区的条件，国家间合作所带来的共同利益会促使国家逐渐克服其他方面的障碍，从而最终实现更高层次的地区货币合作。

2. 现实主义理论

现实主义理论的前提假设为，国家是理性的、单一的行为体，永远追求自己的权力和利益最大化，并在合作时防止合作伙伴利用他国增加的权力来威胁本国。该理论最终的博弈结果显示，国际合作难以实现，即使发生也将处于难以维持的不均衡状态。

现实主义理论关于国际合作的解释有两点启示。一是国际合作是基于现实的、理性的考虑，要么是共同利益困境产生的合作，要么是共同背离困境产生的合作。任何国家都想掌握国际金融合作中的主导权力，尽可能地为自己的国家利益服务。二是国家利益是制定合作政策的出发点和落脚点，是检验政策是否可行的重要标准。何种政策与国家利益一致，就应该采取何种政策，因此采取什么样的国际合作政策，最根本的依据就是看其是否符合国家利益。

3. 政府间主义理论

政府间主义作为现实主义的继承理论，继续沿用了现实主义强化国家作用的观点，认同国家之间的博弈以权力为基础、政治是相互竞争的利益等基本假设。但政府间主义也对现实主义进行了适当的改进，认为国家主张主要通过偏好驱动，而不是纯粹由国家权力决定。政府间主义坚持认为，在"国家中心论"的前提下，想要推进一体化进程，必须符合国家利益，同时也强调了合作过程中谈判的重要性。该理论认为一体化进程体现了国家的意志，服务于国家利益，也受到国家政权的紧密控制，即国家权力决定了一体化进程。

政府间主义将政府与政府之间的谈判过程分为政府偏好的形成、政府间的博弈以及最终谈判达成共识的制度确定。在政府偏好形成阶段，国家的经济利益是政府偏好形成的主要考虑因素。在政府博弈阶段，国家偏好产生的信息不对称程度是博弈结果的重要原因。在最终制度确定阶段，政府之间达成共识以获得最大化自身利益的制度安排。

4. 国家政治学理论

国家政治学是政治学的一个研究视角，一方面研究政治现象和政治关系，另一方面研究国家这一政治现象和政治关系的载体。国家政治学是国际政治学的一种狭义形式，范围仅限于国家之间的政治如外交、国际贸易、战争等政治行为，对国家的定义、本质、职能、基本目的、能力、类型、政体形式、政权组织、机构设置等均进行了理论解释。广义的国际政治学参与主体除了国家之外还包括非国家主体，如国际组织、跨国机构、非政府组织等，研究重点在于国际社会中而非仅仅国家之间的各类主体的政治行为。主要研究对象包括国际关系行为体、边际关系研究以及国际体系的研究。

国家政治学理论对世界体系、格局以及秩序进行了详尽定义和分析，同时也列举并分析了自然、科技、军事、文化与意识形态等因素对国际竞争、国际合作、国际冲突、战争以及和平维持机制等国家关系的影响。

5. 全球治理理论

根据联合国全球治理委员会的定义，治理是公共或者私人组织在既定范围内维持秩序并管理共同事务的各类方式的统称。其目的是在不同的制度以及关系中运用公共权威，引导、控制和规范成员的各种活动，从而最大限度地增加公共利益。治理是合作的一个子集，合作不要求存在具备约束力的权威或规则，但治理则以权威性的存在和具有约束力的规则作为必要条件。

20世纪90年代后，全球治理理论逐步形成体系。早期全球治理理论以新自由主义思想为基础，认为全球治理的核心价值在于弥补市场机制失效以及政府治理缺失的问题。随着全球治理理论的扩展，全球治理机制得到了逐渐完善，其关注重点也从治理目标的设置转移到治理结构的实施上，治理的主体也不再仅仅包括西方发达国家，发展中国家也参与到全球治理的实施中。

四、金融合作的国际实践

(一) 欧洲金融合作

欧洲金融合作主要围绕创建货币同盟以及汇率合作展开，是最成熟、最完善的合作实践，其他区域金融合作尚未达到类似的合作层次。截至2014年，欧盟共有28个成员国。法国、德国、意大利、荷兰、比利时、卢森堡为创始成员国，于1951年结盟。此后，丹麦、爱尔兰和英国（1973年）、希腊（1981年）、西班牙和葡萄牙（1986年）、奥地利、芬兰、瑞典（1995年）先后成为欧盟成员国。2004年5月，欧盟大规模扩盟，波兰、捷克、匈牙利、斯洛伐克、斯洛文尼亚、塞浦路斯、马耳他、拉脱维亚、立陶宛和爱沙尼亚十个国家同时加入欧盟。2007年1月1日，保加利亚和罗马尼亚加入欧盟。2013年7月1日，克罗地亚入盟。

1950年欧洲支付同盟的成立，标志着欧洲货币一体化的开始。1970年10月，《魏尔纳报告》提出欧洲经济与货币联盟的设想，欧洲货币体系最终于1979年3月13日正式成立，并引入了欧洲货币单位作为确定联合浮动汇率制的换算砝码，从而形成了共同货币的萌芽。根据1989年德洛尔提交并在欧盟峰会宣布的《德洛尔报告》的设想，欧洲货币局和欧洲中央银行分别于1994年和1998年成立，随着1999年1月1日欧元的正式启动，各参加国货币于2002年7月1日完全退出流通。

欧盟区域金融合作可以分为四个阶段。第一阶段是从欧洲货币合作提出及欧洲支付体系形成到建立欧洲经济与货币联盟计划的提出。第二阶段是实施阶段，从经济与货币联盟计划提出到欧洲货币体系计划的形成。第三阶段是实施阶段的延续，从欧洲货币体系计划的正式生效和实施到第二个货币联盟计划的提出。第四阶段是经济货币联盟建立完成阶段，从欧共体马德里首脑会议开始到欧元货币替换各个成员国货币并成为欧盟的法定货币。

经济一体化的逐步深化促进了欧洲经济的进一步繁荣。欧盟是世界上最大的商品和服务的贸易和出口方。欧盟的诞生使得欧洲商品、服务、人员、资本自由流动，从而使欧洲的经济增长速度保持平稳较快的水平，1995年至2000年年均增长率达到3%。2013年，欧盟28个成员国国内生产总值达到了12万亿欧元，人均国内生产总值（GDP）达到23100欧元。

欧洲中央银行的政策制定是不受任何国家干涉的，它独立于欧盟的其他机构和成员国政府。欧洲央行主要负责决定欧元区货币政策以及货币工具的日常使用。欧洲区域金融合作使得成员国之间的区域联系更加紧密，原本的贸易摩擦和投资壁垒问题也被逐渐解决。为了建立起一种稳定的货币制度以保证区域金融合作的平稳发展，成员国之间开始建立起统一的协调机制，涵盖范围包括汇率制度、储备货币和货币政策等方面的协调机制，成员国实行对内可调整的固定汇率和对外联合浮动相结合的汇率机制。

欧洲区域金融合作中货币一体化的实现是国际金融领域具有重大意义的改革。欧洲区域金融合作以国际的协议条款作为框架，以约定成文作为保障，以制度对各方的无效博弈进行约束，专注于开发多方的共赢策略，从而降低了贸易和资本的壁垒。然而，从欧洲区域金融合作的现状来看，也存在着合作不均衡的问题。虽然实现了货币统一与债券合作，但股票市场和银行间市场合作水平仍然很低。

欧洲金融合作的经验主要有两点。一是趋同的标准利大于弊。欧洲货币联盟的收益主要来自欧盟内部贸易、成员国之间相互投资的摩擦减少和成本压缩，劳动力和资源等生产要素在整个欧盟范围内能够大范围自由流动，资源的合理配置和整合从而大幅提高了生产效率。若要实现这些收益，必须保证欧元汇率的稳定性，而趋同标准恰恰给欧元的坚挺提供了最基本的保障。二是严格执行《马斯特里赫特条约》的相关约定能够有效控制欧盟国家的通货膨胀水平。在过去的 20 年里，欧盟国家在降低通货膨胀上取得了巨大成就，基本实现了欧盟确定的将通货膨胀率控制在 2% 以内的目标。低通货膨胀率引导了市场预期，使利率下降、投资增加，为经济增长提供较为宽松的经济环境。但也应关注，成员国在受益于欧洲货币联盟的同时，也丧失了利用货币政策和汇率政策调节经济的权力。

（二）拉美金融合作

拉美区域金融合作也具有相对较长的历史。从 1965 年 9 月 12 个拉美国家签订著名的《共同支付和信贷协定》开始，拉美区域金融合作拉开序幕。1975 年 10 月，拉美 23 个国家政府共同签署了《巴拿马协议》，标志着拉美经济体系的成立。拉美经济体系的宗旨是促进广泛的区域性合作，推进地区经济一体化的进程，同时制定实施国家经济社会发展规划，平衡协调拉美国家经济、社会问题的战略立场。在平等、主权、独立、团结、互不干涉内政、相互尊重各国政治经济以及社会制度差异的拉美经济体系准则之下，拉美理事会举行年度会议，理事会成员国委任代表组成。

20 世纪 80 年代初，拉美国家成立拉美一体化协会并共同签署《临时流动性赤字互助多边协定》，进一步将协会成员国之间的融资便利安排拓展到对成员国经常项目失衡的调节。1987 年，巴西和阿根廷签订了双边协定，采取两方外部融资的方式促进两国的贸易发展。至 90 年代初，阿根廷、巴西、乌拉圭和巴拉圭共同签署了《亚松森条约》，成立了共同市场。共同市场小组是共同市场的执行机构，该小组由各成员国派出成员分别代表本国外交部、经济部或相关的部级机构（工业、外贸或经济协调部门）和中央银行，旨在稳定汇率并推进经济发展。但由于参与国的经济结构差异，汇率波动较大，各国经济政策协调、防范金融风险合作、区域机制建设等方面的区域金融合作进展较为缓慢。

拉美区域金融合作在开始阶段强调成员国之间在贸易时采用成员国货币替代美元货币，从而节省有限的美元外汇储备使用，随后强调加强成员国家金融合作机制、融资机制以及各类金融服务便利，对拉美地区的经济发展和合作有较好的促进作用。

（三）东南亚金融合作

东盟全称东南亚国家联盟，成立于 1967 年，目前有十个成员国，包括柬埔寨、印度尼西亚、马来西亚、老挝、菲律宾、新加坡、泰国、越南、缅甸和文莱。

东南亚区域金融合作的主要原因是 1997 年金融危机及扩散后亚洲货币大规模贬值。金融危机使得东南亚国家有必要重新思考开展区域金融合作。金融危机期间，泰国货币遭到投机攻击而出现恶性贬值，其他亚洲国家如印度尼西亚、马来西亚以及韩国等均受到金融危机的波及，中国台湾以及中国香港特别行政区、新加坡等国家地区也相继遭到国际投机资本的攻击，导致整个东亚以及东南亚地区的金融乃至经济稳定造成了严重的威胁。东南亚私人部门由于面对严峻的支付问题、流动性问题和巨大的本币贬值风险，出现不计成本的货币倾销行为和大规模资本外流。由于东南亚各个国家经济联系的紧密性，经济体制、结构以及政策的相似性，金融危机的蔓延速度惊人，当一国货币贬值后，即使此时国家的经济基本面没有任何严重问题，但由于投资者对其他邻国以及经济相似国家货币产生相同的预期，从而导致预期的自我实现，进一步产生国际收支问题，进而演化成货币危机，最后升级为金融危机。

金融危机爆发之后，受到波及的东亚以及东南亚国家充分意识到各国单独的金融能力无法抵御国际投机者的投机冲击，同时在配合机制不充分的情况下，危机的快速蔓延对地区金融稳定性将产生巨大的影响，因此只有加强区域金融合作才能防微杜渐，维持亚洲地区的金融市场稳定。

总体来说，东盟国家在区域金融合作方面的成就主要包括以下三项成果。一是亚洲货币互换协议。东盟五个最初创始国家包括新加坡、泰国、印度尼西亚、马来西亚、菲律宾。五国于 1997 年签订了总金额为 1 亿美元的货币互换协议。1998 年该互换协议涉及的互换金额增加到 2 亿美元。东盟的货币互换协议是《清迈倡议》的基础。同时东盟各国在 1997 年的东盟会议上同意了加强金融合作和战略合作对话，并加强金融监管和发展方面的专家交流。二是亚洲金融监管合作组织。在 1998 年举行的东盟财长会议上，各国决定建立统一金融体系监督机制以便开展国际货币基金组织对区域金融情况的监测功能，该套机制的主要作用是为监测功能提供技术上的支持，同时亚洲开发银行为该套机制所需的管理人员提供必要的培训和其他支持。随后在 2000 年的东盟财长会议上，各国达成共识，决定建立一个以开展金融合作为目的，通过人力资源开发以及金融合作发展负责人制度为主要功能的体系。三是《清迈倡议》。该倡议是东亚区域金融合作从计划推向现实的一个重要转折点，同时《清迈倡议》也是东亚区域金融合作过程中取得的较为关键的成果之一。从货币互换协议开始，《清迈倡议》对有效防范金融危机、推进区域金融合作具有重要的影响和价值。

东南亚金融合作进一步发展的重点是发展区域债券市场和提升区域性货币融资的便利性和效率性。此外，东南亚金融合作将加大东南亚和东亚各个国家和区域的金融监管合作力度和规模，建立良好的沟通交流机制，增进互信互通，以抵御外来的金融冲击并保证区域金融的稳定性不会受到显著影响。整体有效机制不仅要求在金融市场如外汇市场上具备干预能力，而且需要进一步细化汇率干预的合作方式，并协调这一过程中各个参与国的责任与义务，同时也需要继续完善和提升经济贸易合作、生产要素流动、信息披露、成员国行动协同等更加根本层面的合作。

然而，东亚和东南亚区域金融合作的进程以及发展中存在一些问题。首先，区域金融合作的一个主要限制因素是参与国家的经济和金融发展程度相当，而东南亚国家之间特别是东南亚与东亚国家之间的政治背景、经济以及金融发展水平以及增速差别巨大，同时金融体系对于外界风险的抵御性存在共同的脆弱性，经济基础以及经济结构也并不发达。另外，虽然建立了货币合作机制，但货币合作的规模十分有限，对于经济体量较大的国家解决流动性、支付以及币值稳定等问题作用有限。与此同时，各国之间金融合作的约束力不强，合作机制仍呈现一定的松散性质。

（四）中亚金融合作

中亚五国包括哈萨克斯坦、乌兹别克斯坦、吉尔吉斯斯坦、土库曼斯坦和塔吉克斯坦五国。这五个国家是苏联解体而成立的国家，20 世纪 90 年代各国经济发展经历了衰退以及转型的阵痛期。为了促进中亚国家经济发展和金融体系建设，亚洲开发银行在 1996 年发起了中亚区域经济合作机制，目前合作机制成员国家包括中国、阿富汗、阿塞拜疆、哈萨克斯坦、吉尔吉斯斯坦、蒙古、巴基斯坦、塔吉克斯坦、土库曼斯坦和乌兹别克斯坦十个成员国家。中亚区域经济合作的主要目标是保证区域经济稳定同时促进区域经济繁荣。在合作框架下，贸易便利、贸易政策能源以及交通是合作的重点领域。

中亚区域经济合作的历程共包括三个阶段。第一阶段是 1996 年到 2001 年经济合作机制成立实施，该阶段的经济合作主要局限于技术援助和支持领域，目的是帮助欠发达国家完善经济基础和提高发展潜力。第二阶段的区域经济合作从 2002 年到 2005 年，该阶段合作的主要实施内容是增强成员国家之间的沟通，并确定项目性质的国家经济合作框架。第三阶段是从 2006 年至今，在项目合作的基础上进一步拓宽和深化合作范围，参与国家采取综合合作计划，优先完成贸易便利、贸易政策、能源以及交通共四个领域的发展项目，同时制定战略发展计划，为未来发展明确方向。

在金融合作方面，近几年中亚五国区域无论是绝对数量还是与国家整体经济进行比较，金融体系资金及资产都出现高速增长，金融服务范围扩大，服务质量不断提高，与周边国家金融市场的一体化进程也正在积极展开。中亚区域经济合作计划参加国需要转变成一个欧亚大陆的陆地联系纽带，同时保证商业交易能够更加便利地进入区域及全球市场。通过推动和促进交通、贸易便利化、贸易政策和能源等重点领域的区域合作，中亚区域经济合作力图帮助中亚及其邻国认识到它们在欧亚大陆愈加一体化上的重大潜力。中亚区域经济合作计划的使命在于"通过合作实现发展，加速经济增长，减少贫困"。具体来说，中亚区域经济合作正在协助各国开发多种方式的高效交通体系、减少贸易壁垒、提升能源安全和效率，以及在处理其他区域性公共物品上展开合作。

中亚五国区域金融合作的不足有以下三个方面。一是各国金融结构不合理，因此适应经济发展的程度不高，融资模式以银行为主，经济发展对金融机构的依赖程度过高。二是各国金融市场不完善，市场规模小，且高度集中，体制僵化，融资效率低。三是金融监管不到位，过多采用行政手段，防范金融风险措施不完善，宏观经济政策的效果不显著。中亚五国区域金融合作今后应继续着眼于保持金融市场的稳定，进一步发展保险市场和有价证券市场，巩固银行体系。积极推进国家间金融体系的一体化进程，逐步实现金融资产区域化。

（五）金融合作实践的经验总结

随着金融在国际政治、经济中的位置日益重要，金融全球化在全球化"重中之重"地位的确立，国际金融合作成为各国关注的焦点。金融全球化促进生产要素的国际流动，对优化配置世界资源和促进世界经济的发展起到重要推动作用。金融全球化有利于发展中国家弥补本国资本和技术的不足，推进产业升级、技术进步和制度创新，加快经济发展；同时也有利于发达国家剩余资金拓展投资渠道，利用廉价的劳动力和原材料市场，获得更大的利润收益。深化金融合作，构建适合地区国家经济发展特点的区域性金融服务体系，是促进区域国家间经济合作，维护国家间经济与能源安全的重要途径。经济全球化和金融全球化要求把国际金融合作从传统的贸易合作、投资合作，提高到政府之间的宏观经济政策合作。

通过对金融合作的理论综述和实践总结，金砖国家金融合作可以从中获取几点有参考价值的启示。

第一，确立合作的思想。欧盟金融一体化过程中，"共同"思想是进程得以推进的一个重要决定因素，即以各国的共同利益为决策衡量标准。同时东盟金融合作的核心也体现了"共同"的性质，即以各个成员国家共同应对金融风险、促进贸易发展的思想为基础来推进合作。金砖国家分属不同的地域，经济上差异相对较大，利益诉求有明显的不同，开展金融合作首先需要确立共同的合作思想，为合作的开展奠定基础。

第二，确立合作的轴心。从欧盟的经验可以看出，欧盟金融合作的顺利推进在很大程度上由两个或者以上的大国作为主导。主要原因是两个以上大国的结构能够充分发挥机制相互制衡发展的效果，否则将会出现多个处于附属地位的成员国服务大国利益的局面，所以以德国、法国作为欧盟核心大国，在推动金融合作进程方面起到了公平、透明、推动力强的效果。反观亚洲金融合作，虽然存在像中国和日本这样的经济大国，但由于政治以及信任等因素，合作过程中较缺乏大国相互制衡的推进模式。金砖国家开展金融合作也应该建立在态度积极的两个以上国家紧密合作的基础之上，形成合作的主推动力。

第三，适当选择利益契合点。经济基础结合的紧密程度很大意义上决定了参与各国能否按照和兼顾各方利益合作共赢的方式推进金融合作。欧盟核心国家经济基础相似，共同利益明确，为欧盟发展到金融合作的最高层面起到了关键作用。而拉美、东盟以及中亚经济和金融合作的成员国在经济基础上存在较大差别，各国利益冲突明显，所以在向较高层面的金融合作发展过程中阻力重重。金砖国家经济发展水平参差不齐，经济结构差异明显，更应在合作中选择好利益的契合点。这是金砖国家金融合作的难点之一。

第四，以区域或双边合作解决多边合作中的问题。东盟和东亚三国之间的合作同时采取了双边和多边合作的形式。作为亚洲地区的主要经济核心，东亚三国与东盟国家签订的金融合作协议稳定了东盟国家之间的金融合作基础。同理，拉美国家整体合作的过程中也存在两两合作的形态，更多元化的双边合作能够更快地解决经济结构和基础差异问题，在发展的过程中能够逐渐将差距较大、更大范围内的合作国家联系起来。金砖国家也可以循此路径推进金融合作。

第五，照顾发展水平较低国家的利益。在欧盟、东盟、中盟（中国—东盟）等经贸和金融合作体系内，经济和金融发展水平较低国家的利益得到了一定的照顾，如核心欧盟成员对外围成员的财政支持，中日韩对东南亚国家货币互换协议的支持，以及中盟在发展第一阶段过程中对经济欠发达成员的项目性支援等。只有切实照顾到发展水平较低国家的利益，多边的金融合作才有可能真正向前推进。金砖国家经济发展水平差距较大，其金融合作更应该关注并适当地合理解决好发展水平较低国家的利益。

第六，建立有效的制度约束。欧盟一体化过程中的制度约束程度最高，有效保障了金融合作的具体操作和战略发展的执行和实施。其他金融合作组织的制度约束相对较弱，货币互换、沟通机制、援助等是主要手段，但没有形成系统的制度体系，因此发展进度较为缓慢。金砖国家开展金融合作应当吸取教训、引以为戒；从一开始就应该注意相关制度的建设和执行，努力保障金融合作建立在坚实的基础之上。

第二节　金砖国家开展金融合作的机遇和风险

金砖国家的经济及国家经济发展战略各不相同，在各国的经济政治环境及文化等存在差异的前提下，开展合作的机遇与风险同在。如何更好地发挥各国的优势，处理好合作可能遇到的挑战和风险，并形成良好的互补效应，是合作成功与否的关键。

一、金砖国家总体状况分析

金砖五国作为新兴市场经济体的主要代表，最近几十年的发展成果引人注目。中国实现三十多年经济持续快速发展，创造了历史奇迹，巴西、俄罗斯、印度和南非也克服各自面临的经济和政治问题，在不同的时间区间上创造了较稳定的经济增长。目前从全球经济发展的趋势来看，金砖五国的综合经济规模对全球经济增长的贡献逐步提高，与此同时，金砖五国对发达国家的经济联系的依赖程度也逐步下降，而金砖五国之间的经济发展相互影响也越来越广泛和深刻。

（一）金砖国家由来

金砖国家（BRICs）这一简洁易记的首字母缩写词，是由高盛经济学家吉姆·奥尼尔（Jim O'Neill）于2001年首次提出的，之后高盛通过一系列预测金砖国家经济走势的报告为全球的投资者和银行普及了"金砖国家"这一概念。这些研究和宣传，客观上推动了金砖国家之间对话和合作的进程。

2008年金融危机后，由于美国和欧洲均受到较为严重的影响，自身经济增长和对全球金融稳定的贡献大幅降低，以美国为代表的发达国家在全球金融界的主导地位有所松动。与之相反，金砖国家不断展示其经济的相对稳定性和消除经济危机造成损害的能力，并成为国际经济和政治领域一股值得重视的新生力量。

2009年6月，金砖国家领导人峰会首次举办，推动了金砖国家之间由非制度化接触到制度化合作的关键转变。中国、俄罗斯、印度和巴西四国高度一致的"强化自身国际地位"的愿望，促成了这次峰会在俄罗斯的叶卡捷琳堡召开，并使峰会成为金砖国家之间的一个制度性安排。第一次峰会成功创建了金砖国家的对话机制，有效提高了金砖国家整体和成员国个体的国际地位。在当年伦敦举办的G20峰会上，由金砖国家提出的所有建议都得到了批准。

2010年4月，金砖四国第二次峰会在巴西举行，商定推动金砖国家合作与协调的具体措施，初步形成金砖国家合作机制。在2010年12月的第三次金砖峰会上，各成员国一致商定，吸收南非作为正式成员加入金砖国家合作机制，至此"金砖四国"变成"金砖五国"，并由"BRICs"更名为"BRICS"。

（二）金砖五国的经济结构

金砖五国国内生产总值全球占比在20世纪70年代约为6%，80年代末和90年代上升到8%－9%，2010年达到18%。中国国内生产总值全球占比从2000年的4%上升到9%，贡献了这一时期金砖五国全球占比增长的一半。目前中国国内生产总值全球占比略高于其他四国总和（见图1－1）。

发展金融业的最主要目的之一是促进资本的形成和集聚。金砖五国资本形成在全球所占比重不断增加，进一步促进资本市场发展已经成为各国当务之急。20世纪70年代至80年代，五国资本形成占比为5%－6%，90年代末上升到接近10%，2012年跃升到31%，是其基本宏观变量中全球占

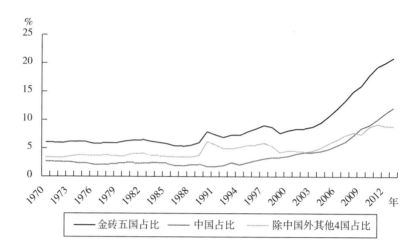

资料来源：国民账户主要总量指标数据库，联合国网站。

图 1-1　金砖国家国内生产总值占世界的比例（1970—2013 年）

比最高的指标。中国资本形成全球占比从 20 世纪 70 年代至 80 年代的 2% 上升到 90 年代的 6%，2013 年增长到 23%。目前中国资本形成占比是其他四国总和的两倍多（见图 1-2）。

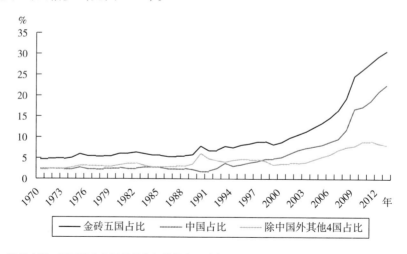

资料来源：国民账户主要总量指标数据库，联合国网站。

图 1-2　金砖国家资本形成占世界的比例（1970—2013 年）

　　金砖五国出口全球占比从 2000 年的 7% 翻番增长到 2012 年的 16%，中国占比从 2000 年的 3% 上升到 2012 年的近 10%，贡献这一时期金砖五国全球占比提升量的 79%。目前中国出口全球占比是其他四国总和的 1.5 倍（见图 1 - 3）。金砖国家外贸出口，尤其是金砖国家内部贸易的快速发展，对金砖国家之间的金融合作产生了新要求。

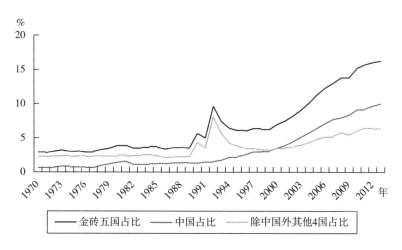

资料来源：国民账户主要总量指标数据库，联合国网站。

图 1 - 3　金砖国家出口占世界的比例（1970—2013 年）

　　从经常账户盈余/赤字占 GDP 的比重看，中国和俄罗斯经常账户为顺差，而南非、巴西、印度的经常账户从 2008 年之后都是逆差（见图 1 - 4）。

　　从金砖五国第一、第二、第三产业占 GDP 的比重看，印度第一产业占比远高于其他国家，中国和俄罗斯第二产业占比相对较高，而巴西、南非和俄罗斯都是以第三产业为主（见图 1 - 5、图 1 - 6、图 1 - 7）。

　　从政府财政盈余状况看，金砖五国的财政收支盈余状况相差不大，俄罗斯和中国情况略好（见图 1 - 8）。

　　从外汇储备状况看，中国的外汇储备明显高于其他四个国家，并且有持续增长趋势，这也是中国改革开放以来快速发展造成的。其他四个国家的外汇储备维持恒定的水平，并且相差不大（见图 1 - 9）。

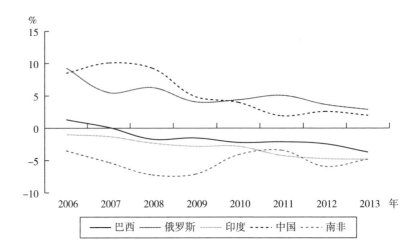

资料来源：国家统计局；《金砖国家联合统计手册（2014）》。

图 1 - 4　金砖国家经常账户盈余/赤字占 GDP 的比重（2006—2013 年）

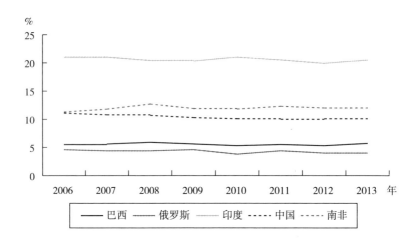

资料来源：国家统计局；《金砖国家联合统计手册（2014）》。

图 1 - 5　金砖国家第一产业占 GDP 的比重（2006—2013 年）

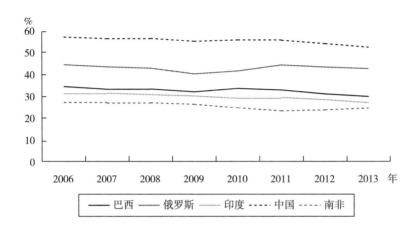

资料来源：国家统计局：《金砖国家联合统计手册（2014）》。

图 1 - 6　金砖国家第二产业占 GDP 的比重（2006—2013 年）

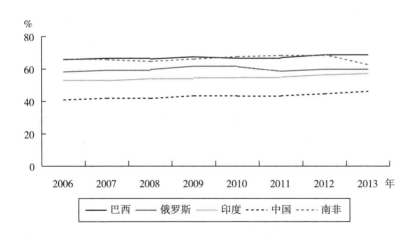

资料来源：国家统计局：《金砖国家联合统计手册（2014）》。

图 1 - 7　金砖国家第三产业占 GDP 的比重（2006—2013 年）

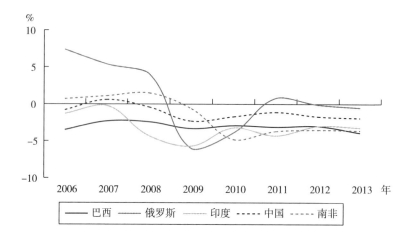

资料来源：国家统计局：《金砖国家联合统计手册（2014）》。

图1-8　金砖国家政府财政盈余/赤字占GDP的比重（2006—2013年）

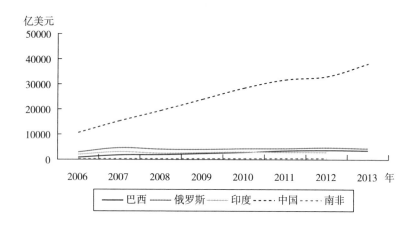

资料来源：国家统计局：《金砖国家联合统计手册（2014）》。

图1-9　金砖国家外汇储备（2006—2013年）

从外债余额占 GDP 的比重看，俄罗斯和巴西的外债规模明显比较大，而中国和南非的状况比较好（见图 1-10）。

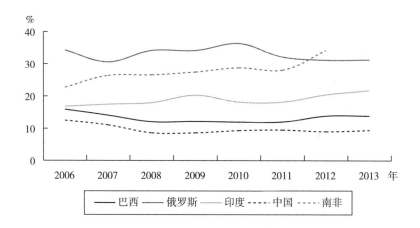

资料来源：国家统计局；《金砖国家联合统计手册（2014）》。

图 1 - 10　金砖国家外债余额占 GDP 的比重（2006—2013 年）

（三）各国经济特征和国家发展战略

1. 俄罗斯

俄罗斯长期经济发展目标是国内生产总值年均增长率不低于 6%。自然资源出口是俄罗斯经济增长的最主要推动力，但是受持续低迷的大宗商品价格影响，俄罗斯经济增长已连续两年低于这一目标，且"三驾马车"的经济推动作用均不明显。在出口方面，受全球经济的持续低迷以及西方国家对俄大宗商品出口制裁的影响，其石油、煤炭、有色金属等重要大宗商品出口持续萎靡。在投资方面，俄大中型企业固定资产投资规模萎缩较为明显，同时新增投资仍主要集中于商业和石油行业。在消费方面，2013 年以来多项指标表明，俄国内市场需求增长潜力下降，对经济增长的支撑作用开始弱化。

俄罗斯的国家发展战略主要包括三个方面。一是促进经济增长。为了尽快结束经济低迷局面，普京强调俄罗斯须尽快改变经济增长模式，推动创新经济发展；提高国家竞争力，改善投资环境，吸引外资；提高政府管理和工作效率，确保经济稳定增长和商业活力，降低重要行业生产下降风险，抵御全球经济动荡带来的不良影响。二是深化政体改革，确保政局稳定。为巩固执政地位，普京在内政领域采取了包括整肃"政权党"、推进国家杜马混合选举制度和出台多项反腐法案等一系列措施。三是积极谋求外交环境新突破。在与美欧关系分歧加深的同时，俄亚太外交活跃，与越南、印度、日本等国家的互动成为亮点，同时中俄关系再次提升，全面战略协作伙伴关系继续深化。

2. 印度

近年来，印度经济取得了较大的成功。一是高速的经济增长，增长率由原来的 3% 提升到 7% 左右；二是相对强大的外汇储备，目前已经拥有 2000 亿美元的外汇储备；三是服务业占 GDP 的 50% 以上，IT 产业的影响力较大，服务和电子产品出口能力较强；四是股市较成熟，年回报率达到 10% – 15%。

但印度经济也仍然面临诸多问题。印度的经济快速发展并没有带来就业相应增长，贫富差距日益扩大，而政府在医疗、教育、削减贫困等方面的投入能力有限。同时，由于增长主要集中于第三产业中的服务业，结构仍不平衡，经济实际增长率也不高。此外，印度政府的财政能力较弱，抵御金融风险的能力较差，未来存在出现金融危机的可能性。

在国家发展战略层面，印度政府一方面与非洲及东南亚国家进一步加深经济合作，并推行各项政策来吸引更多外国直接投资，减少对西方发达国家的依赖。另一方面印度致力于扩大生产，既希望打入新的出口市场，也希望实现进口渠道多样化。随着世界经济的逐步复苏，印度的服务业部门有望实现更好的增长；而在农民获得更好的价格激励、政府有效地管理供应链并推行土地和劳工改革的背景下，印度农业部门的生产力也将得到提升。

3. 巴西

巴西经济实力居拉美首位，是世界第七大经济体，美洲第二大经济体。在工业领域，巴西依托丰富的自然资源成为世界上最主要铁矿石出口国之一，并已经建成相对完整的工业体系。在农牧业领域，巴西是世界第一大咖啡和蔗糖生产国和出口国，大豆、玉米以及肉类生产和出口也居世界前列，依托农业优势，巴西也成为生物燃料生产和出口大国。但 2011 年以来，巴西经济受世界经济复苏缓慢和银行利率高企的影响，开始持续下滑，年增长率由之前的 7.5% 降至不足 2%。面对严峻的经济形势，巴西政府从多方面着手拯救经济，其中紧缩的财政政策成为改善宏观环境的重要手段。

巴西虽然基本上实现了经济转型，但适合巴西的新的经济增长方式尚未建立起来。目前看来，在推动经济增长的"三驾马车"中，净出口没有发挥作用，投资所起的作用微乎其微，因此巴西经济出现了主要靠内需拉动的局面。未来巴西政府也将扭转不利的外贸形势作为经济增长的主要突破口。

4. 南非

南非是非洲最发达的国家，其经济的一个重要特征就是鲜明的外向型。南非独特的用工制度和土地制度，使其在招商引资等方面有较大优势，也导致其在经济全球化的背景下能够吸引到大量的外资，并成为拉动经济高速增长的主要因素。因此，在经济高速增长时期，南非的外贸顺差和资本项目顺差都非常高，而在 1985 年以后，随着经济增速下降，南非成为资本净流出国家。

南非自 1994 年结束种族隔离制度后的 18 年里，主要进行的是以政治转型为主旋律的"第一次转型"，即向民主的过渡。但基于南非普遍存在的贫困、高失业和贫富悬殊等问题的制约，南非需要进行"第二次转型"，即社会经济转型。在经济领域，南非的转型主要体现在国家治理、经济政策调整和产业发展转型等方面，核心概念包括绿色产业、可持续发展、环境友好型、经济竞争力、财政货币政策和贸易结构等内容。预计未来南非政府将以经济转型为重心，同时，还将继续优先发展教育、卫生、农村发展、土地改革和粮食安全事业，并创造更多的就业机会，打击犯罪和腐败等。

二、金砖国家开展金融合作的意义

（一）有利于金砖国家充分发挥各自优势、形成互补效应

金砖国家均为经济增长较快的发展中经济体，经济增长蕴含着巨大潜

力，五国经济具有各自的特点和较强的互补性，经济合作如果能发挥各自的要素禀赋优势，必然会为彼此带来巨大的利益。

第一，本币结算及互换合作促进贸易、投资的便利化所带来的利益。2011 年和 2012 年金砖国家第三次、第四次峰会的一个重要成果为一系列有关本币结算协议的签署，包括《金砖国家银行合作机制多边本币授信总协议》和《多边信用证保兑服务协议》，标志着金砖国家本币结算合作机制初步形成。金砖国家在资源禀赋以及优势产业方面各不相同。巴西具有农业方面的优势，俄罗斯则具有能源业的独特要素禀赋，印度软件业全球领先，中国制造业十分发达，南非拥有蓬勃发展的矿业。五国之间的贸易、投资具有很强的互补性，贸易、投资潜力巨大。随着本币结算和贷款业务规模的扩大，必将降低贸易融资成本与汇兑风险，进一步推动金砖国家间贸易和投资的便利化，促进贸易与投资的发展。

第二，资本市场合作能够带来的利益。金砖国家于 2011 年在三亚峰会签署的《金砖国家银行合作机制金融合作框架协议》明确提出进行资本市场合作，积极开展包括债券发行、上市等方式在内的合作，并于 2011 年 10 月 12 日在南非国际证券交易所联会会议上宣布成立联盟，2012 年 3 月 30 日起将各成员交易所的基准股市指数衍生产品在各自的交易平台互挂买卖。"金砖国家交易联盟"的成员包括 6 个地区的数家交易所，合计市场总价值达 9.02 亿美元，2011 年 8 月股市交投达 4220 亿美元，上市公司总数 9481 家。联盟的合作计划包括三个阶段：第一阶段是衍生产品互挂，即允许联盟成员国投资者以本土货币买卖其他市场的指数产品；第二阶段为共同发展股指产品；第三阶段是进一步开发其他产品及服务的合作机会。这些举措形成了现阶段金砖国家资本市场合作机制。

在全球范围内，金砖国家资本市场表现优良。各国国内主要股票交易所都进入了全球 30 大证券交易所排行，中国和印度的表现尤为突出，已晋升前十。总体来看，五国的股票市值总额占全球的 20% 以上。除权益资本市场外，金砖国家期货产品对于机构投资者也有非常大的吸引力，各国可以在吸引资金的同时进行相互之间的资金互通。成员之间产品互挂并不替代本国现有产品，却能够增加交易所的边际收入，并且现阶段资本市场的合作是非多边合作，各国交易所仅需要很少的系统改动，便可以分享同一产品的收入，机制的成败相互依赖，有利于形成各国共赢的局面。

第三，金融监管、金融稳定合作领域的合作利益。现阶段金砖国家间金融监管合作主要通过双边或多边合作谅解备忘录来获取各国信息，同时通过对话机制打造金砖国家监管合作的平台，相互学习和监督，商讨金融监管合作的进一步具体措施。

金砖国家领导人在2013年3月南非德班峰会中提出，建立一个1000亿美元的央行外汇储备资金池的计划，作为应对全球突发之需的"应急基金"，基金的资金将用于紧急情况，作为国际货币基金组织的替代选择。该基金由五个金砖国家共同出资，其中，中国出资410亿美元，巴西、俄罗斯和印度各出资180亿美元，南非出资50亿美元。

国际货币基金组织创建的初衷是在世界范围内建立一种行之有效的危机救援机制，但由于贷款额和投票权与出资额成正比，贷款附带的条件也比较严苛，使得广大发展中国家很难得到有效的救助。金砖国家应急基金计划一旦付诸实施，意味着金砖国家间建立了金融危机救援机制，构筑了应对风险的共同防线，能够有效地防范汇率波动、国际资本流动等带来的风险。此外，应急基金的建立也表达了金砖国家之间的共识，表明了推动国际经济秩序向更公平的方向前进的愿景，将推动全球治理结构的改革。

（二）有利于改善发展中国家的国际经济和政治地位

对金砖国家来说，成员国并没有一个明确规定的准入机制或标准。正是一种身份的相互认同，使得金砖国家产生了相同的诉求，表现为对世界经济与全球治理结构"话语权"的追求。话语权代表了一个国家国际事务的参与程度和重要性，发达国家在诸多方面，例如，国际治理、国际经济体系安排等方面对金砖国家所代表的发展中国家采取差异化的标准，导致发展中国家不得不采取一系列行动来维护自身的权益。因此，在联合国、世界银行等重要国际组织中提升自身的话语权对于发展中国家，尤其是金砖国家非常重要。金砖国家逐渐承担起与"发达国家集团"相抗衡的"发展中国家集团"职责，代表着发展中国家的诉求，逐步摆脱发达国家长期以来主导国际经济体系的现状，赢得更多的公平发展的机遇。

首先，充分利用共同的市场降低欧美国家贸易壁垒对出口的影响。金融危机后，发达国家经济受创严重，贸易保护主义再度抬头，全球贸易自由化浪潮受到空前威胁。金砖国家作为新兴经济体在经济发展过程中存在着一些共性特征，其中最突出的特点就是经济发展的对外依存度比较高，尤其是对欧美等发达国家市场的依赖程度比较高，因此，当这些国家受金融危机影响，为了自身利益而针对新兴经济体国家实施反倾销、反补贴、汇率升值以及提高技术要求和环卫标准等措施时，金砖国家等就会受到严重的负面影响。

金砖国家金融合作提升了贸易便利性，促进了相互之间贸易的发展，降低了发达国家对其设置贸易壁垒而产生的损失。2012年9月12日，在中国举办的"金砖国家贸易救济国际研讨会"上，商务部副部长王超倡议"用更加紧密的国际合作，促进共同发展繁荣；用更加宽广的胸襟相互包容，加强贸易救济政策协调；用更加鲜明的态度反对贸易保护主义，避免贸易问题政治化"，该倡议得到了其他金砖国家参会代表的一致认可。

其次，提升发展中国家在国际组织中的投票权。在当今国际经济中，美国一直是国际货币体系的霸权主导，主要表现就是美国在国际货币基金组织的份额最高，美元是国际贸易的主要计价结算货币和国际储备主要资产等。经过金砖国家的不懈争取，世界银行2010年4月通过了投票权更改方案，发展中国家投票权份额由44.6%升至47.6%，发达国家投票权份额由55.4%降至52.4%；2010年10月23日韩国庆州会议通过了国际货币基金组织份额的重新调整申请，发展中国家从发达国家手中得到6%的投票权和两个执行董事席位，金砖国家份额均进入前十，中国份额从3.72%提升至6.39%，成为国际货币基金组织第三大股东，提高了新兴经济体以及发展中国家的投票权和发言权。

金砖国家在国际金融体系改革问题上有着一致的利益主张。继续增加金砖国家在全球治理的发言权，推进国际货币体系多元化，保持主要储备货币汇率的相对稳定，支持新兴市场货币加入特别提款权（SDR）货币体系等，都符合广大发展中国家的共同利益，反映了世界经济格局发展变化的趋势，有利于推动全球治理结构不断完善。

最后，提升金砖国家货币国际化水平以降低美元影响的压力。在当代国际经济运行中，美元在全球范围内可以说是"货币中的货币"，对国际货币市场的影响力有目共睹。因此，美元基本上处于国际货币的核心地位，然而美联储如果在制定美元供给决策和货币政策时忽略其他国家对美元的需求情况，将导致其他国家尤其是发展中国家、新兴市场国家受到负面影响。比如，美国利率政策会影响其资本流，美联储利率的大幅提高会导致其发生货币危机和银行危机，美国货币政策会对其货币政策产生影响等。

金砖国家经济实力不断提升，经济的全球影响力也逐渐增加。金砖国家在进行金融合作过程中实行本币结算、从区域范围开始逐步推进本国货币国际化的进程和倡导国际货币体系多元化等措施，可以逐渐降低美元在国际货币体系中的霸权地位，减轻和避免美元对发展中国家经济发展带来的负面影响。

三、金砖国家开展金融合作的挑战和风险

加强金砖国家金融合作是我国践行新兴市场战略的重要支点。2011年4月，金砖国家领导人在中国举行了第三次会晤，会后发表了《三亚宣言》，首次提出金砖国家金融合作意向。2012年3月在印度新德里举行的第四次金砖国家领导人峰会，更是将金砖国家金融合作作为主要议题，并提出建立金砖国家新开发银行的构想，标志着金砖国家的金融合作进入务实开展阶段。

（一）金砖国家金融合作的挑战

1. 金砖国家金融合作的外部挑战

金砖国家金融合作的外部挑战包括政治、经济、机制、贸易规则和国际舆论共五个方面。

在政治层面上，金砖国家合作已成为世界多极化趋势的一大鲜明特点，

将进一步改变全球地缘政治格局。金砖合作代表的是国际政治新的发展趋势，是对传统的西方发达国家主导和利用的不平等国际机制和国际秩序的改进，是世界政治和全球治理走向均衡和可持续的重要体现。这一趋势在未来发展的速度和范围抑或有所变化，但方向不可逆转。国际社会也有越来越多的国家认可并支持这一趋势，也愿意加入到这一趋势之中。尽管西方国家对此质疑、警惕并有所防范，但却无法阻挡这股反映时代进步的国际关系民主化浪潮。对金砖国家合作而言，顺势而为带来的国际支持不断上升，构筑了金砖国家进一步合作的基本保障。

在经济层面上，虽然金砖国家对全球经济的贡献率超过 50%，但其发展中国家的身份仍然没有改变。以金融投票权衡量，金砖国家的权重非常低，在国际金融机制中始终处于"配角"地位。尤其是 2008 年金融危机之后，金砖国家经济发展的脆弱性、在国际经济格局中的弱势地位，以及对欧美相关发达国家的依赖性更加凸显出来。但随着金砖国家对全球经济增长贡献率的提高，其在全球经济治理框架中的话语权和影响力也相应上升，人民币、卢布等金砖国家货币在国际社会中的重要性和认可度逐步增强。如果这些变化影响欧美国家在国际金融体系中的既得利益，欧美国家可能会阻碍金砖国家的金融合作进程，干扰金砖国家金融务实合作以及金砖国家货币国际化。

在机制层面上，金砖国家自身合作机制的建设及在国际机制中地位的提升都进入了实质性的推进期。五国决定成立金砖国家新开发银行和建立金砖国家应急储备安排，是金砖机制性合作的重大成果和重要里程碑。各国之间金融安全网的建立可以有效规避世界经济波动带来的影响，增加金砖国家的聚合力和抗击金融风险的能力。同时，新开发银行可能产生的"倒逼效应"有助于推动世界银行和国际货币基金组织加快改革速度，使国际金融体系朝更加完善、更加平等的方向发展。《福塔莱萨宣言》直截了当地对 2010 年国际货币基金组织改革方案无法落实表达了失望和严重关切，期待尽快开展世界银行集团下一轮股权审议。这发出了金砖国家要求对国际金融机制进行改革的最强音。福塔莱萨峰会使金砖国家合作怀揣着"新愿景"，站在了"新起点"之上。

在新贸易规则方面，美欧等国正在全力重塑全球贸易规则，这对以金砖国家为代表的新兴经济体和发展中国家带来了巨大挑战。无论是美国主导的"跨太平洋伙伴关系协定"（TPP），还是欧美开始的"跨大西洋贸易与投资伙伴协定"（TTIP）谈判，当今国际贸易规则的制定权仍然并将长期掌握在发达国家手中，这迫使金砖国家必须合力突破"规则壁垒"，提升自己对国际规则的"建章立制"能力。

在国际舆论方面，随着合作的不断推进，金砖国家已经从一种"概念"发展成一种能够采取共同行动的国际力量，一贯主导世界的西方国家心情复杂、反应不一。有形不成气候的"轻视说"，有"重塑世界、挑战西方"的"威胁说"，还有内部权力难公平的"矛盾说"，更有针对中国的"新殖民主义说"，等等。西方的言论可能会对金砖国家合作带来一定程度的负面影响，金砖国家则应以进一步的实际行动作出回应。

2. 金砖国家金融合作的内部挑战

金砖国家合作的进一步发展必须相向而行、求同存异。南非、印度相关智库曾提出"金砖国家远景目标"，然而这个三百多页的报告带来的却是各国的分歧和不满。俄罗斯也于 2011 年上半年完成了"金砖国家经济发展战略"的报告，并努力争取各国的支持。中国、巴西都在酝酿各自的"长期愿景"。不同版本的远景目标折射出不同国家的利益诉求和优先选项存在较大差异。各国已经开始联合研究并着手制定共同的"远景目标"，这将是对金砖国家凝聚力的一次重大考验。

金砖国家对金砖机制的主导权问题存在不同看法。从对金砖国家新开发银行各国出资份额问题上的谈判可以看出，各国都不愿有任何一个国家成为金砖机制中的主导国。当前，俄罗斯和中国积极推动金砖机制的发展也在一定程度上引起了一些国家的猜疑。在此次金砖国家新开发银行选址问题上，中印两国也经过了激烈的博弈。从《福塔莱萨宣言》可以看出，最终在银行选址、行长人选、理事会主席、董事会主席以及区域中心等方面分别照顾了五国各自的需求，是各方妥协的结果。金砖国家的进一步合作必须照顾到各国在机制中的"舒适度"，采用一直以来的"金砖方式"，即不依附于外部权威，也无内部的"一言九鼎"，而是通过平等互利基础上的谈判和妥协达成共识，采取共同行动。今后能否坚持这种既有的平等兼顾各方利益的"金砖方式"，将在很大程度上决定着金砖国家合作的层次和深度。

金砖国家之间经济发展程度存在较大差异。在金砖五国之中，中国经济一枝独秀，不仅在体量上是美国之外的世界第二大经济体，而且在生产、贸易等方方面面都占据世界前列。而其他四国尽管经济发展速度平稳，也都是地区性的经济大国，但是总体经济实力与中国还存在较大差距。五国之间相互依赖的程度也有很大不同。从过去几年的经济数据来看，四国对中国的依赖程度远远高出中国对四国的依赖程度。与此同时，金砖五国经济存在一定的竞争性。对金砖机制的五个成员国来说，大国和周边国家依然是其最重要的经济贸易伙伴。同时，同属发展中国家的金砖各国处于相同的发展阶段，彼此的利益需求也十分类似，经济结构较为趋同，相互依赖度还不高；在追逐自然资源、市场份额、国际政治经济权力以及诸多发展议题等方面均存在一定的利益冲突。这种不平衡的长期存在和经济互补性在某种程度上的不足将影响金砖国家的合作动力。

（二）金砖国家金融合作面临的风险

金砖国家间的金融合作虽已起步，但在进一步深化发展的过程中，还面临诸多风险。

1. 金砖各国经济面临下行风险

受发达国家经济疲软和国际资本市场大幅震荡的负面影响，金砖国家外需低迷、内需动力不足，经济增长放缓。欧洲银行"去杠杆化"可能加速，将加大金砖国家经济下行压力和金融市场的脆弱性。一旦前期在信贷和房产领域累积的泡沫突然破裂，有可能导致金砖国家经济"硬着陆"。美国退出量化宽松货币政策，金砖国家面临资本外流、通货紧缩的风险。另外，金砖国家也有各自需要应对的挑战，如财政赤字、债务增加和本币贬值等。因此，在欧洲主权债务危机不断发酵、世界主要发达国家经济复苏乏力、美联储加息、中东北非局势动荡、国际油价及大宗商品价格高位震荡等众多不利因素的影响下，金砖国家未来的经济发展仍将面临较大的挑战，金砖国家之间的金融合作也必将面临较大的不确定性。

2. 金融合作的经济基础脆弱

欧盟国家的金融合作证明，区域金融合作或金融一体化的程度根本上取决于本地区经济一体化的程度。而金砖国家中的巴西地处南美洲，南非在非洲的最南端；中、俄、印虽然接壤，但俄罗斯的远东和中国的东北、西北都不是经济发展活跃的地区；中印则受到地理条件的阻隔。地理结构和区域经济水平将成为金砖国家开展务实金融合作的一大障碍。

金砖国家可持续发展能力存在隐患。金砖国家经济增长主要还是依靠外延型而不是内涵式的增长模式，可持续发展能力存在欠缺。而经济持续较快发展是开展金融务实合作的前提。因此，金砖国家金融合作还可能受经济增速放缓、经济发展持久性不足等问题的制约。

金砖国家经济合作层次较低。受国际金融危机和欧洲主权债务危机影响，世界主要发达国家经济增长乏力，导致贸易保护主义形势严峻，不利于金砖国家更好地利用外部市场，经济增长受到限制。金砖国家自身经济发展阶段相近，存在竞争关系，缺乏紧密的经济合作机制，在应对自身经济发展难题中，难免出现"各自为政"，甚至明哲保身的现象，从而制约金融合作深化。

3. 金砖各国的金融体系发展不健全

在金砖国家中，除南非金融体系较为健全外，其他四国的金融体系仍处于发展的初期，其主要特征就是以商业银行为主导、间接融资的比重较高、资本市场发育不健全和直接融资受到较多管制等。而金融体系的不健全，一方面阻碍了各国金融效率的提高，制约金融资源的优化配置，不利于金砖国家金融合作深化；另一方面，金砖国家对金融业务有较多的政策性限制，并且各国金融政策时有变化。这些都使得金砖国家金融体系面临较大的不稳定性，人为限制了金砖国家金融合作的深入开展。

4. 金融合作过程中的风险

自 2003 年金砖国家部分成员首次举行会晤以来，金砖国家金融合作进展积极，各种合作规则基本建立，但由于合作规则尚不健全，在合作过程仍面临一定的风险和问题。一是潜在利益冲突问题。在部分规则缺失的情况下，各方在项目实施过程中可能因资源投入和项目收益不匹配而影响到合作项目的进一步推进。二是合作有效性问题。合作初期的规则缺失也会导致合作形式、方向以及执行的扭曲或者错误，造成合作效率低下，并影响合作有效性。三是金融与实体经济风险传导问题。如果他国的金融风险通过金融合作影响到本国投资增长和实体经济运行，则合作双方可能通过终止合作来切断风险蔓延，这种短期行为可能影响到未来的长期合作关系。

综上所述，在全球总需求增速放缓的趋势下，金砖国家需要进一步扩大相互间的贸易和投资往来，充分发掘成员国内部庞大的潜在市场需求，为自身经济与全球经济的可持续发展创造条件。显然，金砖国家加强合作以共同应对全球性挑战，符合五国及国际社会的共同利益，能够为促进世界经济增长、推动世界和平与发展发挥积极和建设性作用。

第三节　金砖国家金融合作的主要模式及其展望

金砖国家目前的合作仍处于起步阶段，距离建立能够为经济合作提供有利支撑的深层次、高效率的金融合作格局仍任重道远。要真正建立行之有效的合作机制和合作模式，需要合理计划合作路径。计划的合作路径应包括短期路径、中期路径和远期路径，其中短期路径是可预见性和可控性最强的。应重点加强基本制度和基础设施建设，在基本制度和基础设施建设完成的基础上才能开展上层建筑的构造，而更进一步的功能性市场合作则在未来将成为顺理成章之事。

一、金砖国家金融合作的概况

由于金砖国家这一概念诞生的时间并不长，且各成员国也只是在近些年才意识到紧密合作的重要性，相较于欧盟、北美等区域金融合作较为领先的地区，金砖国家的金融合作进展比较缓慢。随着金砖国家作为一个新的整体被国际社会所认可和接受，成员国之间各方面更紧密的合作逐步推开。在此背景下，多边金融合作作为一项重要内容开始提上日程。

金砖国家多边金融合作的重要实践基础来源于金砖国家首脑峰会。金砖国家首脑峰会目前已经举办了六届，峰会的主题和宣言多次提及金融合作，已成为金砖国家开展金融合作的总纲领，这其中以 2011 年在中国三亚举办的第三次峰会对多边金融合作影响最大。在 2011 年中国海南三亚峰会上，金砖国家银行合作机制成员行签署了金融合作框架协议，稳步扩大本币结算和贷款的业务规模，此后金砖国家多边金融合作步伐加快。

在实践方面，目前最为重要的金砖国家多边金融合作为金砖国家新开发银行的成立。该银行的设立最早是在第四届新德里峰会上提出的，并最终在第五届峰会上获得一致同意。该行启动资金为 1000 亿美元，资金主要用于资助金砖国家以及其他发展中国家的基础设施建设。同时建立应急储备基金，目的是构筑一个共同的金融安全网，帮助金砖成员国免受金融危机中货币危机的冲击。

除了政策性多边金融合作外，金砖国家在资本市场发展等方面的多边合作也已起步。2011 年 10 月 12 日，国际证券交易所联会第 51 届年会在南非首都约翰内斯堡举行，金砖五国的证券交易所代表签署协议，宣布成立合作联盟，以更好地为全球投资者进入金砖国家市场提供服务，从而吸引更多的国际资本进入金砖国家，方便区域内企业融资。根据协议，五家交易所将合作编制"金砖国家股市指数"，并以此为基础开发多种金融衍生品等多种资产类和服务类的相关产品，上述股市指数衍生品将可以在其他交易所以当地货币挂牌买卖。

二、金砖国家金融合作的定位

（一）金砖国家金融合作在全球金融合作中的定位

国际金融合作是国际经济合作的一种高级形式，存在于国际经济与货币体系形成和完善过程中。在现代国际货币体系下，国际金融合作的发展大致分为三个阶段。

第一阶段是牙买加体系到冷战结束。1976 年，国际货币基金组织通过第二修正案，标志着国际货币体系在布雷顿森林体系结束后进入了新的阶段。国际金融合作从以美国为核心的运作体系转变为由西方七国集团主导。西方发达国家合作协调机制的形成在此阶段产生，合作内容与合作方式产生创新和突破，一方面从传统的汇率监督与汇率制度安排逐渐发展到金融体系的其他重要市场，如银行业和证券市场等领域，其中较为典型并形成全球影响的合作即巴塞尔委员会在此期间制定的重要协议。另一方面，从静态的行为准则逐步演化成为根据新经济金融发展环境下动态调整的合作模式，如 20 世纪 80 年代债务危机后，债权国家和组织提出的带有附加条款的债务融资安排，从融资内容和时间范围等多个方面保证债务国家的经济发展和偿付能力。除此之外，欧洲货币体系的出现以及欧洲货币联盟的逐步实施也是该阶段的另一重要特征。

第二阶段是冷战结束到全球金融危机。国际政治体系的变化对国际金融体系格局变化影响重大，全球金融合作和区域金融合作趋势更加明显。在全球金融合作方面，银行、证券市场以及保险监管合作愈发频繁，同时多起区域金融危机使得货币危机理论以及全球金融合作的动因愈发强烈。在区域金融合作方面，20 世纪 90 年代初，随着欧盟条约的签署生效，欧洲货币一体化政治制度基础准备充分。与此同时，北美自贸区金融合作、东亚地区金融合作、上合组织金融合作以及阿拉伯国家金融合作等区域金融合作也在稳步推进过程之中。

第三阶段是国际金融危机至今。八国集团在应对国际金融危机的同时也意识到没有中国等新兴经济体的参与，金融危机的解决与防范难度将加大。20 国集团新多边金融合作体系的建立使得在美国金融危机驱动下的全球金融合作取得突破进展。与此同时，各个国家地区的双边以及多边金融合作取得长足进步，例如中美、中日韩、中国与东盟国家跨地域的全球金融合作不断深入推进，成果显著。

从战略发展的角度来看，国际金融合作发展可以分为短期、中期、长期三种模式。短期金融合作旨在积极营造全球金融稳定发展的制度和操作实施环境。具体来说，一是要进一步推进双边和多边货币互换等货币制度安排，维护实体经济发展，规避汇率风险，增强流动性互助的能力，同时降低融资成本。二是要保证实体经济在经济发展过程中转型以及结构调整等一系列经济发展战略，同时使得类似经济体在贸易等活动过程中所处的政治和经济利益地位平等。三是制定应急类救助机制，有效防范国际资本等事件对发展中国家的投机性资本冲击，维护经济运行的稳定性。中期金融合作的主要目的是，推动具备经济和政治影响力的新兴经济体融入全球金融合作核心集团，并促进国际货币体系发展以及格局均衡目标的实现，如建立亚洲区域货币体系、金融一体化以及区域金融体系等。而从长期金融合作来看，建立与维持金融秩序是合作的主要目标。

金砖国家作为新兴经济体的主要代表，应通过金融合作促进经济运行效率的提升和各国间各类资源的有效整合。因此，金砖国家金融合作的主要目的是在其提高自身在全球经济格局中地位的同时，为未来全方位参与世界经济和金融合作打下基础。金砖国家金融合作是金砖国家参与全球金融合作中的一个重要组成部分，是对全球金融合作的有益补充。对中国来说，通过改革以美元为核心的国际货币体系，建立一个能充分反映新兴经济体诉求的金融合作体系，有利于提升中国和其他金砖国家在国际金融市场的地位，符合中国的战略利益。

（二）金砖国家金融合作在金砖国家间合作中的定位

2015 年 7 月 21 日，金砖国家新开发银行在上海开业运作，标志着金砖国家的一项重要金融合作进入实质运行操作阶段。

从金砖国家各自的内部驱动因素来看，金融合作既是推动经济发展的重要基础，也代表各国的共同利益诉求。一方面，金砖国家经济存在互补性，金融合作有利于充分发挥各国经济优势，突破欧美为主导的经济体系在贸易、金融等方面对金砖国家的限制。另一方面，尽管金砖国家经济结构特征各有差异和优劣，但经济发展阶段以及在国际社会中所处的地位类似，推动经济健康发展转型并提升在国际社会中的话语权是这些国家的共同诉求。同时，寻求稳定的外部发展环境对于金砖国家也至关重要。通过金融合作推动各国成为区域性稳定核心，不但有利于增强金砖国家在各自区域的影响力，也有利于为经济平稳发展营造良好的金融环境。

从外部驱动因素来看，金砖国家金融合作也是经济发展到一定阶段后的客观要求。历次金融危机通过各种途径直接或间接地对发展中国家的金融和经济造成了较大影响，而在目前欧美主导的世界金融格局中，发展中国家通过该体系有效抵御风险的政治和经济成本巨大。在现阶段，金砖国家作为发展中国家的代表，在经济发展过程中取得了瞩目的成就，并推动全球经济增长动力和中心的逐渐改变。这些变化客观上要求金砖国家更深入地参与世界经济发展和合作的进程。

金融合作是经济合作的核心。对金砖五国的合作来说，金融合作也应有着核心的定位。由于金砖国家各自禀赋和特征存在一定差距，所以国家之间的重点合作领域也有一定区别。但综合来看，金砖国家对于经济金融、基础设施投资、能源、科技发展、市场机制建设以及政治影响力的合作诉求较为明显，核心目标为实现国家经济的高速增长。将金砖国家金融合作定位为各类合作的核心，能够全面影响和推动其他各类合作的有效开展和实施。

三、金砖国家金融合作的主要模式展望

（一）协调监督及监管合作

1. 多边协调模式：财经合作委员会

目前金砖国家内部的双边协调机制已经基本确立，但多边协调机制尚处于空白状态，不利于多边金融合作的进一步开展。因此需要将现有的双边财经对话与合作机制进行扩充，在金砖峰会下设立专门的财经合作分委员会。由各国的财长牵头组织，包含央行及各类监管机构（如我国的证监会、银监会以及保监会）领导人，类似于金砖峰会定期举行多边会谈，讨论多边金融合作中的重大问题。

财经合作分委员会应设立常设机构（如秘书处等），不定期召集各国较

高层级财经官员（但低于定期会议参与者的级别）和专家学者举行会议讨论解决金砖国家金融合作过程中遇到的问题，以及成员国金融机构在其他国家开展业务面临的困境和可能的纠纷等，并选择较重大议题提交高级别的定期会议讨论。不定期会议避免了定期会议参与官员级别过高，召开频率过低的问题，有利于及时有效地发现并解决金融合作过程中的实际问题，加快金融合作的步伐，提高金融合作的效率。

2. 经济金融信息的交流与共享：经济金融信息数据库

目前阻碍金砖五国开展进一步金融合作的一个重要因素就是信息的不对称，这是由政治、文化和地理等多方面因素造成的。开展经济金融信息的交流与共享，消除信息障碍，是实现金融紧密合作的重要前提。

为实现经济金融信息的交流与共享，应当在上述财经合作委员会常设机构的领导下建立经济金融信息数据库，要求成员国定期提交信息数据以供查阅。提交的信息首先包括成员国基本的宏观经济信息，具体可包括以下五大类。一是外部账户信息，包括经常账户和资本账户余额、未偿外债余额、外债结构、国际储备、汇率、短期资本流动。二是货币和金融账户信息，包括 M1、M2 余额和货币乘数；银行存款、国内信贷、真实和名义利率（包括贷款和存款）；各种金融中介的资产负债表；不良资产率等。三是财政状况，包括中央政府的预算、各级政府财政余额、公共部门债务和政府担保债务、国有企业的损益表。四是实体经济活力信息，包括国内生产总值、贸易条件、出口的总额和商品结构及目的地、进口的总额和商品结构、贸易部门和非贸易部门的相对增长。五是社会指标，包括失业率、贫困率等。

在与外国金融机构开展交易时，除宏观经济信息外，金融机构和个体在交易过程中同样关注交易对手的资质状况，并成为阻碍金砖国家金融机构在其他成员国开展业务的最重要因素。因此信息共享的内容需要进一步拓展，并包括以下三类信息。一是非金融类交易主体的信息，包括上规模非金融类企业信用状况、财务状况和股价水平等，以及个人的信用状况和财务状况等。二是金融机构的信息，包括上规模的金融机构（具备对外开

展业务能力的金融机构）的信用状况、资产负债表、不良资产率、投资回报率以及近年来开展业务情况。三是各成员国能够对金融相关制度和法律的变化作出及时通报。

3. 监测和预警模式：多边监管与双边监管并存

目前，金砖五国都已经加入了巴塞尔委员会、国际证监会组织等国际性金融监管合作机构。但随着金融合作的深化，仅依托上述国际性组织开展金融监管合作无法满足需求，有必要进一步增强多边和双边监管合作。

4. 多边合作：跨部门合作机制

多边合作要依托上述建议的财经合作委员会和信息数据展开，建立跨部门的合作机制。该机制要求各成员国涉及金融监管的各部门不定期举办非正式圆桌会议，协调不同监管部门在监管过程中的利益相关问题。在技术层面，由财经合作委员会的秘书处领导成立技术专家组负责具体问题的发现和解决，保证决议的落地。技术专家负责信息的收集、共享和传递，并负责对各国监管人员进行培训，还要负责根据收集的信息对成员国可能出现的危机进行预警，并将成员国违规行为上报委员会。

5. 双边合作：监管合作谅解备忘录

由于政治、地理等多方面因素，金砖国家在金融监管合作上无法像欧盟一样实现规则与制度上的一致性，所以不能完全依赖多边合作，双边合作仍是需要的。当前谅解备忘录已成为各国证券监管机构进行双边监管合作与协调的有效方式。但截至目前，中国仅与俄罗斯签订了双边金融监管（证券）备忘录，而与金砖国家其他成员，如巴西，仅签有监管意向备忘录，距离落地仍有待时日。一般监管谅解备忘录包括信息交换、市场准入和现场检查中的合作、人员交流和培训、监管信息保密、监管工作会谈等多项内容。

（二）市场基础设施

1. 推动货币互换市场的发展

货币互换既可以通过降低贸易结算风险促进外贸发展，又是深入开展金融合作的基础（如资本市场合作）。传统上央行的货币互换被认为是危机下的自救措施，再加上利用货币互换开展外贸结算操作对微观个体的能力要求较高，需要发达高效的金融市场体系配合。因此，虽然我国与多个国家签订了货币互换协议，但利用货币互换开展的外贸结算比例很低。金砖国家其他成员的金融体系发展程度与中国相仿，所以在货币互换市场的发展中必然面临类似困境。为了充分发挥货币互换在经贸合作中的作用，为金融合作建设良好的基础设施，需要从以下两个角度出发建设货币互换市场。一方面，应当建立长效货币互换机制。目前，欧洲央行、美国联邦储备委员会、英国央行、瑞士央行、加拿大央行和日本央行西方六大央行已达成长期性多边货币互换协议，而随着金砖国家经贸和金融合作的加强，建立与上述类似的长期性多边货币互换协议成为必然要求。另一方面，应当为微观主体运用货币互换提供技术支持，加强与货币互换相关设施的建设，鼓励货币互换相关产业的发展，培育出成熟发达的货币互换市场（而不仅仅是央行之间的货币互换协议）。

2. 建立区域内结算系统连接成员国支付清算系统

支付清算体系在经济金融体系中居于基础性的地位。通过提供必要的资金转移机制和风险管理机制，可以促进各类经济金融活动的稳定运行、效率提升以及持续创新。目前金砖国家内部基本都建立了以中央银行实时全额支付系统为核心、以商业银行为主体的社会零售支付系统以及为特定（商品、金融，下同）市场提供清算服务的清算所系统的清算体系，如中国的 HVPS 系统、印度的 RTGS 系统和巴西的 STR 系统，但各个清算系统之间并没有实现直接连接。如果要在国与国之间进行资金结算，只能借助欧美结算系统，如 SWIFT 银行结算系统、伦敦的持续连接结算系统（CLS）等，这既增加了成本又降低了效率。

为了克服这些问题，需要在支付清算系统领域采取两方面的合作。一是建立区域内跨国清算系统，该清算系统主要为区域内国家的跨国清算业务提供服务，从而避免对欧美清算系统的依赖，既可提高效率又能降低成本。香港作为区域内最重要的金融中心，是建设区域内结算系统的理想地点。二是尽快实现各国独立支付清算系统的连接，实现金砖国家间金融机构资金头寸交易的 24 小时实时结算。

（三）开发性金融合作

金砖国家新开发银行的成立为开发性金融合作设定了模式和方向。金砖国家新开发银行主要资助金砖国家以及其他发展中国家的基础设施建设，对金砖国家具有非常重要的战略意义。巴西、南非、俄罗斯、印度的基础设施缺口很大，在国家财政力所不能及时，需要共同的资金合作。金砖国家新开发银行不止面向五个金砖国家，而是面向全部发展中国家，金砖成员国可能获得优先贷款权。除了基础设施建设之外，金砖国家新开发银行的储备基金还能够为金砖国家构建一个共同的"金融安全网"。

（四）资本市场合作

1. 债券市场合作模式：金砖国家债券市场

全球债券市场上，欧美等发达国家发行的债券仍是最主要的投资对象。金砖国家虽然在经济总量上逼近或超过欧美国家，但其债券市场仍不够发达，国际投资市场对金砖国家政府或企业发行的债券接受度较低。为了留住和吸引更多的资金，金砖国家有必要加强债券市场的合作，考虑建立联通的金砖国家债券市场。

参与主体方面，可扩大入市者的范围。发行主体可以包括金砖成员国政府和各成员国中资质良好的企业。投资主体既可以包括金砖国家的居民和企业，也应包括合格的区域外投资者，从而吸引更多的内外部资金。

资产类型方面，可鼓励资产证券化。目前金砖国家的资产证券化程度相对较低，资产期限错配现象普遍存在，严重降低了资产的流动性，也不利于债券市场的发展。因此，应在控制相关风险的前提下，加大配套制度建设，鼓励区域内的资产证券化业务发展。

增信措施方面，可设立专门的信用担保基金。良好的增信措施既能够降低市场风险，也能提高市场的流动性，从而提升债券市场的吸引力。为此，金砖国家有必要在债券市场内部联合建立信用担保基金，该基金可以由金砖成员国以外汇储备按比例出资。

基础设施方面，可以考虑开展多层次合作。一是建立货币互换市场。

如互换市场发展成熟，以本币发行的债券将更为其他成员国投资主体所接受，且发行成本降低。因此为了减少货币错配对金砖国家债券市场可能造成的阻碍，应大力推动货币互换市场建设。二是设立国际性评级机构。当前国际债券评级基本被欧美机构垄断，要建立真正独立有效的统一债券市场，金砖国家有必要在区域内建立具有统一评级标准的独立评级机构。三是统一会计制度和其他基础性制度。

2. 从股票市场互联互通到股票共同交易平台

郑海青（2007）提出，股票市场的合作可以分为四个层次，包括市场联通、共同交易平台、准合并以及合并。由于目前金砖国家仅仅实现的是经济紧密合作，政治合作尚未提上日程，经济、政治一体化则基本无可能，所以后两个层次的股票市场合作不应是当前金砖国家金融合作的主要内容，而市场联通和共同交易平台则是可供选择的模式。

市场联通又称"交叉会员合作"，是当前国际上非常流行的交易所合作形式。在这种合作形式下，各个交易所继续保持自己完全的独立性，但是相互代理合作伙伴的业务。而共同交易平台则是在市场联通的基础上，各交易所联合建立一个共同交易平台，该交易平台采用统一的交易规则，独立于所有交易所之外。

从当前来看，市场联通的合作模式是很容易实现的，而且金砖国家的几大交易所已经开始相关合作事宜。共同交易平台则应是进一步合作的目标。打造采用国际上最先进组织形式和交易模式的交易平台，吸引区域内各国最优秀企业在此上市，既有利于优秀企业的融资，也有利于区域内投资者共享优秀企业创造的价值。

为发展证券市场合作，完善高效、安全的结算系统是必备的前提。而要实现区域内结算系统的高效、安全，必须首先完善各个国家或经济体的金融基础条件，这是最终连接各个国家，实现金砖国家统一结算网的基础。在此基础上，还必须建立银行间的资金即时总额结算体系以及债券、股票的共同保管，以及转账结算机构。

（五）商业银行的合作模式

商业银行作为逐利性质的商业机构，具有自动趋利避害的性质。目前金砖国家商业银行之间的合作之所以偏少的原因，在于信息不对称、汇率风险、结算清算困难等，这些因素增加了商业银行之间开展合作的风险。如果上述信息数据库、有效的货币互换市场能够建立，各成员国之间的结算清算系统能够连接，商业银行之间的合作将会自动增加，而不需要政府的推动和干预。商业银行的合作将主要采取开办分支机构或合资银行的形式展开。

四、金砖国家金融合作的路径选择

（一）短期路径

短期内，金砖国家合作应当建立健全协调机制，开展金融合作基础设施建设。基本制度和基础设施建设是高效率、深层次金融合作的初始推动力和必然要求。由于金砖国家政治制度、经济以及文化各方面存在的巨大差异，如果没有各国政府在决策层的协调和推动，金融合作的步伐仍将是步履蹒跚，并最终阻碍经济合作的进一步开展。所以开展金融合作要求领导协调机制首先建立起来，而领导协调机制的建立不仅有助于推动金融合作步伐，也将为开展基础设施建设合作提供制度基础。由于任何功能性金融合作，不论是资本市场合作还是商业银行合作，都需要基础设施的支持，包括区域性结算清算系统以及多边货币互换等，所以基础设施建设应成为开展金融合作的第一要务。

鉴于目前金砖国家在基础设施方面的多边合作才刚起步，尽快完成基础设施建设的磋商，并开展前期研究为正式工作的开展打下基础应是短期内应该完成的任务。一是应当建立会晤机制。建立经贸领导人定期会晤制度，磋商金融合作协调常设机构的筹备工作，尽快建立正式协调机构。二是开展长期多边货币互换协议的前期研究。各国应当就长期多边货币互换的内容、机制以及成熟货币市场所需基础设施建设开展磋商。三是各国应当在结算系统方面展开合作研究。就区域结算系统建设的利弊以及成员国结算系统连接的技术问题开展前期研究，就结算系统所在地以及所需开展的合作进行磋商。

（二）中期路径

在中期，金砖各国应当建立健全基础设施建设，推动金融监管合作建设，加快资本市场合作的步伐。在前期准备工作的基础上，基础设施建设应该在该阶段被推上首要地位。在协调机构建设完成之后，资源的共享和金融信息数据库的建立将可以在较短的时间内完成；相对于金融信息数据库，多边互换协议等设施的建设则要在相当长时间内不断建设完善。由于领导协调机制已经建立和完善，所以除了基础设施建设，监管合作和法律法规协调也应该在这一阶段建成和不断完善，唯有如此，资本市场的合作才能顺利展开。随着信息资源共享和交流的开展，信息不对称将大大消除，商业银行的业务合作将随之增多，但是在合作初期，仍需要各国政府的大力支持与推动。

各国政府的支持与推动措施包括以下方面。一是建立协调金融合作的常设机构并正式开始运作。二是在常设机构的领导下，各国开展资源共享和交流工作，直至经济金融信息数据库建立。三是在常设机构的推动下所有成员国签订双边监管备忘录，最终建立多边监管协调机制，成员国就人员培训、监管资源共享进行合作。四是在多边协调机制的框架下，成员国就金融相关制度和法规的协调开展磋商。五是在前期准备工作的基础上，签署长期多边货币互换协议，稳步推进基础设施建设，为货币互换发挥实效提供保障。六是争取完成区域结算系统的建设和成员国结算系统的连接。七是实现股票市场的初步合作，就金砖国家债券市场和股票市场深入合作开展前期研究和初步磋商。八是鼓励和推动金砖国家的商业银行在区域内开展业务合作和交流。对开展区域内业务的商业银行，分支机构和业务所在国（或合作伙伴所在国）应提供必要的支持（至少享受和本国商业银行同等待遇），并为上述银行熟悉本国环境提供帮助。对开展区域内业务的商业银行，母公司所在国可给予奖励或补贴。

（三）长期路径

从长期看，金砖国家应当实现资本市场的全面、深入合作，进一步完善监管协调机制，使金砖国家成为国际金融舞台上的重要力量。

资本市场是金融的重要，资本市场合作也代表着金融合作达到了高级阶段。在完成基础设施和金融监管方面的合作后，资本市场的合作将是必然要求。在开展更高层次金融合作的同时，金融监管和基础设施的完善仍是不可或缺的工作。

金砖国家的资本市场合作措施应当包括以下两个方面。一是建立和完善金砖国家债券市场，并建立金砖国家股票市场平台，实现资本市场的全面、深入合作。二是在实践过程中不断完善监管、协调机制，提高金砖国家金融协调和监管的效率，从而不断提高金融合作的水平。

第二章 金砖国家金融合作与
中国的角色定位

第一节 中国参与外部金融合作的理论研究

关于近年来中国积极参与外部金融合作这一现象，可借鉴不同的国际政治经济学（International Political Economy）理论或范式进行分析，如"广泛霸权"、区域间主义、货币地区主义等研究视角。此外，对于中国参与外部金融合作的动机，除了纯粹的宏观因素分析外，也可适当引入微观因素予以补充解释。其中，宏观因素分析侧重于从国内外的政治、经济等基本面进行归纳；而微观因素分析则将视角继续下探，从更深层次去探究宏观因素背后的推动力，如国内一些产业集团对于本国参与外部金融合作存在不同偏好，并试图去影响政策决策。

一、中国参与外部金融合作的相关文献综述

对于一国参与外部竞争或合作的现象，从国内外现有文献来看，主要有以下三类研究视角。

1. "广泛霸权"视角下新兴大国与守成大国的竞合关系

杨洁勉（2010）指出，进入新世纪以来，应对金融危机、气候变化、能源安全、国际恐怖主义等已成为中国与美国等大国政治议程的重要内容，合作应对全球性问题挑战的需求及愿望明显提升。例如，次贷危机期间，

中美两国均主张二十国集团（G20）应取代七国集团（G7）作为国际经济合作的主要论坛，在国际经济和金融事务中发挥更大作用。此外，调整后金融危机时期大国关系的共同需求成为两国关系的内生性动力，美国明确支持增加中国和其他新兴大国在世界银行和国际货币基金组织中的份额。但与此同时，战略互信缺失因两国力量对比变化而有加重的趋势。对美国等西方国家而言，中国综合国力的迅速提升又引发了其被挑战、被排挤的担忧，由此引发了"新兴大国"（emerging power）和"守成大国"（existing power）的对弈。在这种情况下，中国为平衡与守成大国集团的力量对比，也需要将合作的视角转向其他新兴大国。

李形和奥古斯丁（2014）借助葛兰西的"广泛霸权"（universal hegemony）概念和分析工具提出，新兴大国不可能建立一种替代性的独立霸权；相反，世界将会目睹"相互依存式霸权"（interdependent hegemony）时代的到来。届时，"第一世界"（西方国家）和"第二世界"（新兴国家）将在国家利益、地区主义、共同政治议程等诸多领域展开博弈，并时而交织，不断塑造和重塑国际秩序。第二世界对于重新定义霸权起到了重要作用，但并不能认为其削弱了现有霸权。各个国家的行动只是由各自的利益驱动，没有任何要形成霸权的政治意味。认识这种碎片化倾向有助于正确把握全球化时代金砖国家的角色。

2. 区域间主义视角下的中国参与地区外金融合作机制

Honggi（2000）将现存的区域间机制分为三种类型：一是区域组织/集团之间的关系，即"集团对集团"的区域间主义，典型的如亚欧会议；二是双区域的和跨区域的安排；三是区域组织/集团与单个国家之间的混合安排。进一步地，他又将区域间主义从另一角度也分为三种类型：一是区域组织/集团之间的关系，即"纯区域主义"（pure inter - regionalism），也被称为狭义的区域主义；二是区域组织/集团与第三国的关系，即"半区域主义"（quasi inter - regionalism）；三是来自两个或更多区域的一组国家之间的关系，也被称为"宏区域主义"（mega inter - regionalism）。

以此标准来归类的话，在中国参与的外部金融合作机制中，一类可以归入"半区域主义"，典型的如中非金融论坛、东盟—中国"10＋1"合作机制涉及的金融合作，体现的是中国与某个集团之间的关系。另一类可以归入"宏区域主义"，典型的如金砖国家机制，五个成员分别来自东亚、南亚、欧洲、南美和非洲，具有广泛的地域代表性。此外，世界银行、国际货币基金组织、亚洲开发银行、亚投行、美洲开发银行等国际多边或区域性多边（同时包括本地区和区外成员）金融合作机制也可视为"宏区域主义"。

3. 货币地区主义视角下的中国参与本地区金融合作机制

近年来，货币地区主义或金融地区主义的概念不断涌现。其中，较有代表性的是 Dieter 和 Higgott（2003）的研究，他们将区域经济一体化理论中长期占统治地位的 Balassa（1961）五阶段划分法——自由贸易区（free trade area）、关税同盟（customs union）、共同市场（common market）、经济与货币联盟（economic and monetary union）及政治联盟（political union）修正为货币地区主义四阶段划分法——地区流动性基金（regional liquidity fund）、地区货币体系（regional monetary system）、经济与货币联盟（economic and monetary union）及政治联盟（political union）四个阶段。与传统的区域一体化"先贸易一体化、再货币和金融一体化"的惯性思维不同，货币地区主义者将货币和金融视为区域合作的主要黏合剂。他们从一开始可能就着眼于经济与货币联盟和政治联盟阶段，即便区内贸易联系尚未完全建立，也可先考虑某种程度的货币稳定和金融一体化。20 世纪 90 年代亚洲、拉美、东欧等地区爆发的一系列金融危机早已表明，一方面，新兴市场国家金融体系存在内在脆弱性，而这不是一国短期内能够单独克服的；另一方面，外部冲击也绝不会等到这些国家金融体系日臻完善以后再来光临。因此，新兴市场国家之间在推进贸易和投资一体化的同时，也不应回避货币金融合作的同等重要性。

卢光盛和钟秉盛（2005）将《清迈倡议》、亚洲债券基金等一系列东亚地区金融合作机制都视为货币地区主义的产物。刘涛（2008）也从货币地区主义视角出发，将东亚货币金融合作进一步细分为东亚金融稳定合作、东亚金融市场深化合作、东亚汇率制度及货币一体化合作三个层次，并依次构成短期、中期和长期的动态演进关系。其中，第一个层次"东亚金融稳定合作"，即通常所谓的"东亚金融合作"或 Dieter 和 Higgott 所说的"地区流动性基金"阶段，包括金融危机的早期预警与危机中的相互救援。第二个层次"东亚金融市场深化合作"则是指各国在健全国内金融体系，特别是培育直接融资市场方面的协调与共进，虽未被 Dieter 和 Higgott 直接提及，但东亚、阿根廷、俄罗斯等的经验都表明，新兴市场国家金融体系的不健全，是导致金融危机爆发的内因；同时，一国汇率机制改革和资本账户开放也必须要考虑到国内金融市场的承受能力。第三个层次"东亚汇率制度及货币一体化合作"即通常所谓的"东亚货币合作"或 Dieter 和 Higgott 所说的"地区货币体系"阶段，更侧重于区域货币一体化进程，它一方面为建立未来的东亚共同货币奠定基础，另一方面对于促进东亚金融稳定也起到积极作用。

二、中国参与外部金融合作的宏观因素分析

20 世纪 80 年代，随着国门渐渐打开，中国在融入全球贸易体系和东亚产业分工体系的同时，也开始接触外部金融合作。90 年代末以来，在各种内外因素的交替推动下，中国参与外部金融合作的进程大大加快，且参与的广度和深度都显著提升。

（一）外部因素分析

就中国参与外部金融合作的过程来看，可以划分为三个阶段，且每个阶段的外部推动力都有鲜明的时代特征。

第一阶段的推动力源于 20 世纪 80 年代中国融入全球贸易体系和东亚产业分工体系背景下对于外部资金（外商直接投资、外国官方援助、国际金融组织的低息贷款等）的渴求。

20 世纪六七十年代，美国经济学家格利和爱德华·肖提出了"金融抑制"（Financial Repression）的概念。所谓"金融抑制"是指发展中国家政府为实现特定经济目标对金融活动和金融体系干预过多，而金融体系的滞

后又阻碍了经济发展，由此造成了金融抑制和经济落后的恶性循环。在国际收支领域，"金融抑制"的一个重要表现是，发展中国家为了降低进口机器设备的成本，常常对外汇市场进行严格管制，人为地高估本币币值，低估外币币值，这既阻碍了本国商品出口，也不利于吸引外国资本流入，由此导致了发展中国家外汇的严重短缺。

在国际收支问题上，中国政府长期确立的方针是"国际收支基本平衡略有节余"。新中国成立后，1952 年外汇储备仅为 1.39 亿美元，1979 年亦不过增加到 1.67 亿美元。直到 20 世纪 90 年代初的四十多年时间里，外汇短缺在我国几乎已成为一种常态。

因此，20 世纪 80 年代，中国加入世界银行、亚洲开发银行等全球或区域多边金融机制，除了政治因素考虑外，很大程度上也是为支持改革开放和经济建设获得长期、稳定、低息的大规模外部资金和援助。

第二阶段的推动力是 1997 年亚洲金融风暴引发的货币金融安全担心和 1999 年欧元区成立带来的区域一体化浪潮。

1997 年，在国际游资的冲击下，泰国、印度尼西亚、韩国等亚洲国家由于外汇储备短时间内被迅速消耗殆尽，本币急剧贬值，导致外资大量出逃，国内经济陷入严重动荡。中国当年的外汇储备虽然已增长至 1398 亿美元，比改革开放之初的 1979 年增长了 830 多倍，但仍不足以令中国放心。危机结束后，中国一方面大幅扩张外汇储备规模，2007 年中国外汇储备增至 1.53 万亿美元，2014 年进一步增至 3.84 万亿美元。当然，本地区有着类似担心的并非只有中国，亚洲金融危机爆发十年后，韩国外汇储备也从 1997 年的 197 亿美元增至 2007 年的 2618 亿美元。另一方面，包括中国在内的亚洲国家还通过签署双边货币互换协议和多边的《清迈倡议》等机制打造更为安全的货币金融合作网络，以共同提高抵御货币危机的能力。

与此同时，1999 年欧洲统一货币区的成功，也极大地激励了中国参与东亚货币金融合作的热情。不少亚洲和中国学者相信（如王子先，1999），在 21 世纪较长时间内，区域性货币联盟的迅速发展将成为维系世界金融稳定的主要基础，届时世界很可能出现一个以区域性货币联盟为主导的世界货币体系。一些观点甚至断言，到 2030 年世界会形成两个主要的货币区——欧洲货币区和美洲货币区。在此情形下，作为世界经济重要一极的亚洲经济或成为这两个货币区的附庸，或成立自己的货币区，别无其他选择。欧元区成功带给亚洲和中国的不仅有乐观的预期，也有理性的思考。一些学者（如朱芳，2003；张汉麟，2006）从"最优货币区"（OCA）模型出发，认为尽管从经济开放度、产业结构、经济冲击的对称性、生产要素的流动性等指标来看，东亚整体上尚不具备建立最优货币区的条件，但在部分国家和地区间进行次区域货币合作仍是可行的。因此，实现东亚货币区可以考虑采取分步走的策略，即先建成一些次区域货币区（如东盟货币区），然后逐步向外围国家和地区扩展，最终过渡到整个东亚国家和地区。

第三阶段的推动力是 2007 年次贷危机爆发后国际政治经济格局出现的一系列重大变化。

一个重要契机是，由于此次危机的影响极为广泛和深远，单靠西方国家自身已无法应对，G20 机制由此取代西方国家为主的 G7/G8 机制上升为全球治理的重要机制，其代表性大大增强。在上述背景下，中国与印度、俄罗斯等新兴市场国家作为新兴力量崛起，为抗衡原有的 G7 成员（即传统的"守成大国"），加之其推动国际经济金融格局改革的诉求较为接近，很自然地走到了一起。早在 2001 年，高盛的吉姆·奥尼尔就发明了"金砖国家"（BRIC）这个概念。但直到 2008 年，这些"金砖国家"才开始认真地着手推动系列会谈，并于 2009 年在俄罗斯的叶卡捷琳堡举行了第一次领导人峰会，将过去仅仅停留在纸面上的"金砖国家"概念变成了现实。同样，2010 年国际货币基金组织份额和投票权改革方案也是传统国际金融体系为适应后危机时代的国际力量变化而主动采取的革新。

（二）内部因素分析

从中国的国内情况来看，近年来对于参与外部金融合作的态度渐趋务实和主动，主要是基于以下三点考虑。

一是确保经济安全和外汇储备安全。1997 年亚洲金融风暴和 2007 年次贷危机的接连爆发，提醒中国在经济全球化和区域经济一体化联系日益密切的今天，要确保自身经济安全和外汇储备安全，单靠收紧资本和金融账户已越来越难以"独善其身"；与此同时，中国与美欧日等全球主要经济体之间的相互依赖作用持续加深，外部环境不改善，中国出口对经济的拉动作用也将逐步弱化。

二是推动人民币国际化。当今世界，国家间经济竞争的最高表现形式就是货币竞争。如果人民币对美元的替代性增强，不仅将现实地改变储备货币的分配格局及其相关的铸币税利益，而且也会对全球地缘政治格局产生深远影响。近年来，中国积极与周边国家签订本币互换协议、参加东亚区域性货币互换网络建设、以人民币购买国际货币基金组织债券、推动建立亚投行和"一带一路"基金等，很大程度上都与加速人民币国际化进程有关。

三是服务于国际政治和外交的需要。随着中国综合国力的不断提升，中国在全球范围内的政治经济利益也在扩张，中国在国际舞台上的话语权必须与之匹配。但受制于传统的国际政治经济旧格局，中国要提升话语权和影响力只能采取"两条腿"走路的策略：一条腿是与其他新兴大国联合起来，共同推动世界银行、国际货币基金组织、亚洲开发银行等传统多边金融机制的改革，重新分配份额和投票权，特别是要改革美国、日本等在这些全球或地区多边金融机制中的垄断地位；另一条腿是推动新的双边、地区多边金融机制的建立，弥补传统全球和地区多边金融机制的不足。

三、中国参与外部金融合作的微观基础分析

传统的对外金融政策研究往往强调宏观视角，默认政府为客观中性的决策者，其对外金融政策的取舍标准是本国社会福利最大化；而微观主体往往只能被动接受政府认为"合意"的对外金融政策安排。

回顾经济思想史不难发现，自 1615 年法国重商主义经济学家蒙克莱田率先使用"政治经济学"这一术语后，传统政治经济学，无论是以亚当·斯密、大卫·李嘉图为代表的英国古典政治经济学，还是以卡尔·马克思为代表的马克思主义政治经济学，始终带有浓厚的政治、国家或阶级属性

（涂晓今，2009）。可以说，20世纪之前，政治经济学（Political Economy）就是经济学的代名词；或者说，很少有"经济学"（Economics）这个单独提法。

不过，当马歇尔1890年发表《经济学原理》后，蒙克莱田以来的政治经济学传统逐渐被割裂了，居于"主流"的新古典经济学派不再强调政治和国家的整体概念，而力图让经济学成为一门实证的、"不受价值左右"的科学（罗伯特·吉尔平，2006）。Robbins（1932）为经济学提供了一个为后世普遍接受的定义："经济学是一门从最终目的与（可供选择的）稀缺资源之间关系的角度去研究人类行为的科学。"[1] 特别是经过萨缪尔森、卢卡斯等人的不断改造后，现代经济学进一步数量化和抽象化。

然而，随着研究领域不断交叉扩展和深入，人们开始意识到，单纯的经济视角有时不足以解释和应对真实世界各种错综复杂的现象。从20世纪60年代开始，一些经济学分支开始向政治经济学传统回归，诸如公共选择理论、新制度经济学等纷纷崛起，"政治经济学"一词重新流行，但至少已有了三种不同的含义：（1）对于部分经济学家而言（如芝加哥学派的 Gary Becker、Richard Posner、Anthony Downs 等人），他们试图将经济动机的普遍适用性推而广之，用于解释人类各种社会行为[2]；（2）在另外一些学者眼中，政治经济学被认为是用特定经济理论来解释经济行为如何影响社会制度安排，如 Rogowski（1989）探讨了贸易如何催生了国内各种政治联盟；（3）而对那些坚持认为社会和政治事务不应当归入经济学分支领域的政治学家（如 Robert Gilpin）来说，政治经济学的研究对象是由经济和政治互动作用所产生的各种问题[3]。

上述几种"政治经济学"与本书的研究方法和研究对象有一定联系，

---

[1]　Robbins 甚至公开宣称，"在我的词典里，政治经济学不是科学的经济学，因为它并不是阐述经济系统本身运行而与价值观念无关的一般规律。"参见罗宾斯著：《过去和现在的政治经济学：对经济政策中主要理论的考察》，陈尚霖等译，第6-7页，商务印书馆，1997。

[2]　Samuels, W. J., 1976, The Chicago School of Political Economy, Transaction Publishers.

[3]　罗伯特·吉尔平著：《全球政治经济学：解读国际经济秩序》，杨宇光、杨炯译，上海世纪出版集团，2006。

但又存在明显差别。为此，有必要引入另一个稍晚（20世纪70年代末）才出现的学派："新政治经济学"（New Political Economy）[①]。根据 Drazen（2001）的定义，新政治经济学是指在政策目标不一致（heterogeneity）和利益冲突（conflict of interest）的前提下，研究经济主体之间、经济主体与政府决策之间相互影响的经济科学。Saint - Paul（2000）也指出，新政治经济学的一个显著特征是"认为政策是由政治机制决定的，并反映出社会中最具实力的集团的利益"。

与传统政治经济学偏重规范分析的研究范式不同，Drazen（2000）强调，新政治经济学研究者们都能熟练地运用数学思维和现代经济分析工具（计量方法、博弈论、最优化等）来考察政治对于经济现象的重要性；而李增刚（2008）也认为，新政治经济学的主要研究思路和方法都与新古典经济学并无太大差异。此外，从研究内容和对象来看，新政治经济学研究的重点不再是价值、生产力和生产关系这些传统政治经济学的核心，而集中在微观主体偏好、利益集团游说和政府行为等方面。

如图2-1所示，由于目标不一致和利益冲突无所不在，新政治经济学在国内、国际两个层面都被用于解释各种政治、经济和社会现象。例如，在国内层面，无论是西方的政党制度和选举投票（Alesina et al.，1997；Diermeier et al.，2005）、腐败（Jain，2001），还是中国的国内市场开放（陈强远，2009）、地方保护主义（姜德波和陈桦楠，2007）、中央—地方财政分权（傅勇，2010）、公司治理（胡进，2008）等问题，都涉及到利益集团的异质偏好及游说影响力；而在国际层面，不同国家之间也出于国家利益的不同，经常在全球多边贸易谈判（Baldwin，2007）、双边自由贸易协定（Grossman and Helpman，1995）、国际金融体系改革（Blomberg and Broz，2007）等方面展开合作或竞争。本节的理论分析即主要借用了新政治经济学的一些思路，强调一国对外金融政策的制定需要同时从国内和国际双重

[①] 有关新政治经济学的早期文献综述参见 Sayer, S., 2000, Issues in New Political Economy: An Overview, Journal of Economic Surveys, Vol. 14 (5), pp. 513 – 526。

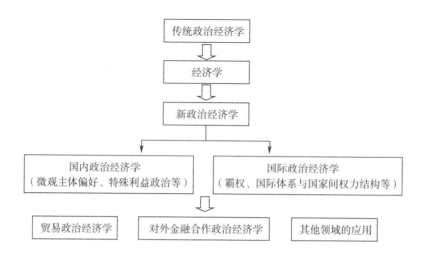

资料来源：作者根据相关资料整理。

图 2 - 1 新政治经济学的演化路径

政治经济学视角来进行审视。

随着博弈论在社会科学领域里的日渐普及，运用各种博弈模型来研究国家间的经济、金融合作或争端已成为研究热点之一。例如，张屹山和孔灵柱（2010）通过设定政府效用函数来建立两国汇率博弈模型，分析了各种策略下两国的福利变化。魏巍贤（2004）则在一个动态博弈分析框架下，比较了美元和欧元竞相贬值的收益和损失。上述研究的着眼点并未放在各国内部产业部门的政策偏好差异，及其如何影响本国对外经济金融政策决策等新政治经济学的核心问题上，因而更适于归入一般性的国际政治经济学（IPE）的研究范畴。而基于双层博弈框架的博弈研究则与此不同，它打通了国内利益不一致和国家间博弈两个部分。

双层博弈（two - level games）是美国学者 Putnam（1988）提出的一个国际关系理论分析框架，它揭示了国际冲突与合作事件背后往往交织着复杂的国内利益博弈这一事实。简言之，无论是国际冲突还是国际合作，本质上都是国内政治的延续（Milner，1997）。因此，许多国际谈判都可以被理解为两个层面的博弈：（1）在国内层面，存在着各个利益集团相互间，以及利益集团和政府之间的博弈，每个利益集团都希望尽可能地去影响政策制定过程；（2）在国际层面，则是政府代表本国利益进行的国家间谈判博弈，政府总是试图最大程度地满足本国强势压力集团的要求。

在两个层面的顺序上，Putnam 基于简化分析的目的，将国际层面谈判摆在前面，各国政府之间先达成一项初步协议（第 I 阶段）；接着，各国国内决定是否批准该协议（第 II 阶段）。不过，Putnam 自己也承认，尽管国际层面博弈达成的协议要得到国内批准后才能真正生效，但国际与国内博弈的时间顺序又不是绝对的，特别是在多回合的国际谈判中，两个层面的博弈通常是交错或同时进行的。例如，政府在参与国际谈判之前，可能就已经征求过国内各方的意见了，而国内一些利益集团也可能提前就开展了游说工作。

需要强调的是，双层博弈最终的落脚点还是国家间博弈。它将国内博弈看作一种动机和背景，研究国内利益博弈的主要目的在于探究它对于国家间的谈判成果的影响。

双层博弈模型问世以来，在诸多国际政治、经济关系领域中都得到了广泛应用，例如，GATT/WTO 框架下的多边贸易谈判（Daugbjerg，2006）、区域自由贸易协定（Santa Cruz，1997；Chiou，2010）、全球气候变化和温室气体减排谈判（Kroll and Shogren，2008）、边界水资源争夺（Carkoglu and Eder，2001）、岛屿争端（Chung，2007）、国际银行业监管（Tamura，2003）、中美双边经贸对话机制（Garrison，2007）等。

Patterson（1993）认为，在研究欧共体（欧盟的前身）成员国参与全球农产品贸易谈判时，不仅存在国内和国际层面的博弈，还有必要将欧共体（欧盟）这个超国家的层面也纳入进来，因而扩展出所谓的"三层博弈"分析法。而 Camroux（2010）在此基础上进一步提出"四层博弈"分析，即在国内、区域与国际之间再嵌入了一层"跨区域联系"，如欧盟和东南亚国家联盟两个区域组织之间也存在博弈关系。此外，一些较新的研究（孔庆峰和杨亚男，2011）将双层博弈的概念与进化博弈模型结合起来，发展出"双层互动进化模型"，将个体的学习和模仿与系统的复杂演化过程考虑进来，以推导出均衡解。

　　近年来，一些学者也开始借鉴双层博弈的思想来解释一国汇率政策形成等对外金融合作问题。例如，Fukui 和 Weatherford（1995）引入双层博弈模型，对 1985 年"广场协议"中的日美汇率博弈进行了阐释：在国内层面，当时两国政府和立法部门都承受了来自国内利益集团的强大压力；而在国家间层面，则表现为日本谈判代表（大藏省）、美国行政部门（财政部和总统）、众议院、参议院四者之间的讨价还价博弈。Loedel（1999）在双层博弈思想的基础上进一步发展出了"三层博弈模型"，以此来分析 1992年德国政府和央行在国内层面（不同行业和政府部门间的政策协调）、区域层面（与欧洲其他国家间的政策协调）和国际层面（与七国集团其他成员间的政策协调）的多重利益冲突和政治压力面前，如何通过放弃德国马克、积极推动欧洲货币一体化进程换取其日后对欧洲货币政策的主导权。

　　借鉴上述思想，本书提出了一个具有明显新政治经济学特征、基于双层博弈模型的国家间金融合作分析框架（如图 2 - 2 所示）。

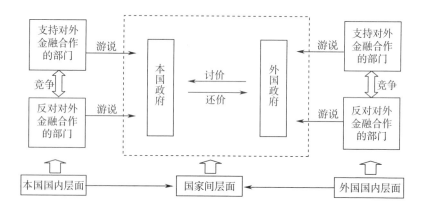

资料来源：作者根据相关资料整理。

图 2 - 2　基于双层博弈模型的国家间金融合作分析框架

　　首先，从图 2 - 2 左侧看，本国既存在积极推动参与对外金融合作的部门（这里所说的部门是国民经济部门范畴，也可以指具体的产业利益集团，如海外投资较多的企业或行业往往支持加强对外金融合作），也存在反对将社会资源用于对外金融合作的部门。由于一国对外金融合作政策的确定将影响到所有产业部门，且其"分配效应"通常是严重不对称的：一些部门可能从中受益，而另一些部门则将受损。因此，双方理论上都有动机去游说本国政府，试图左右这一决策过程。而游说效果主要取决于其各自的政策影响力，特别是对政府所能提供的"激励"（如税收、就业人数等方面的贡献）大小。

其次，从图 2 - 2 右侧看，与本国一样，外国也同时存在积极推动参与对外金融合作的部门和反对将社会资源用于对外金融合作的部门，它们同样会游说政府。不过，与本国略有不同的是，在外国三权分立的政体之下，除了政府（行政部门）外，国会（立法部门）也是重要的游说对象。外国国会不但会通过贸易法案、听证会等形式直接对本国施压，还会对外国政府施压，敦促其强化对本国施压。

最后，当本国和外国都存在国内游说压力时，两国之间将为了维护国内强势利益集团的利益而展开讨价还价的政策博弈。如果两国存在一定的动机不对称性，例如，当本国急于推动对外金融合作而外国这种合作动机相对较弱时，本国就有可能作出一定的政策让步，或提供更大的贡献度（如中国为促成亚投行尽快成立，提供了较高的出资份额）。

下文将在 Milner 和 Rosendorff（1996）双层博弈模型的基础上，结合对外金融合作问题，对该框架做进一步阐述。首先假设两国在政策博弈过程中具有充分对称的信息，双方都完全清楚对方的对外金融政策偏好和意图。

在图 2 - 3、图 2 - 4、图 2 - 5 中，纵轴表示国内外各方偏好的对外金融合作政策水平及最终达成的均衡协定；横轴表示政策现状；粗线表示在给定政策现状的情况下，沿纵轴达成的均衡协定。

1. 不考虑国内因素时的国家间对外金融合作政策博弈

设想本国政府和外国政府围绕是否要推动金融合作展开博弈。在政策偏好方面，外国政府的理想点是 f，而本国政府的理想点为 d。

如图 2 - 3 所示，两国政府间能否达成"纳什谈判均衡解"（NBS），取决于双边政策现状 e 所处的位置：

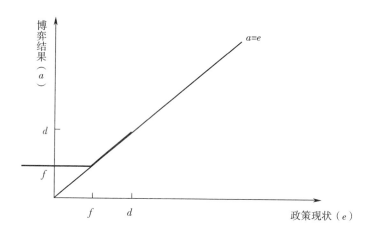

资料来源：作者根据相关资料整理。

图 2 - 3 不考虑国内因素时的国家间对外金融合作政策博弈

（1）当 $e<f<d$ 时，两国加强金融合作的意向均有所提升，两国之间可能达成 NBS，f 将成为博弈均衡点，两国金融合作关系更进了一步；

（2）当 $f<e<d$ 时，两国难以达成新的协定，结果只能是维持政策现状；

（3）当 $f<d<e$ 时，两国间弱化金融合作的意向较强，两国之间也可能达成 NBS，d 将成为博弈均衡点，两国金融合作关系有所倒退。

2. 考虑国内因素时的国家间对外金融合作政策博弈

情形 I：本国强势利益集团偏好更为紧密的对外金融合作政策时（$l>d$）

如图 2 - 4 所示，当本国强势利益集团偏好一个更为紧密的对外金融合作水平 l（$f<d<l$），且该利益集团积极对本国政策施加影响时：

（1）当 $e<f<d<l$ 时，两国之间可能达成 NBS，f 将成为博弈的均衡点；

（2）当 $f<e<d<l$ 时，两国之间无法达成协议，结果只能是维持现有的金融合作水平；

（3）当 $f<d<e<l$ 时，即便本国政府原本愿意接受一个相对更弱的金

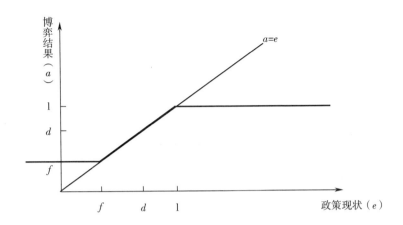

资料来源：作者根据相关资料整理。

图 2 – 4　考虑国内因素时的国家间对外金融合作政策博弈 ($l > d$)

融合作水平（d 处），但在本国利益集团的强烈反对和游说下，两国之间最终仍无法达成新的协议，只能维持现有的金融合作水平；

（4）当 $f < d < l < e$ 时，两国之间可能达成 NBS，l 将成为均衡点。

情形Ⅱ：国内强势利益集团偏好一个更弱的对外金融合作政策时（$l < d$）

在图 2 – 5 中，当本国强势利益集团偏好一个更为疏远的对外金融合作政策 l（$f < l < d$）时：

（1）当 $e < f < l < d$ 时，两国之间可能达成 NBS，f 将成为博弈均衡点；

（2）当 $f < e < l < d$ 时，两国难以达成协定，结果只能维持现有的对外金融合作政策现状；

（3）当 $f < l < e < d$ 时，l 将成为博弈的均衡点；

（4）当 $f < l < d < e$ 时，两国之间也可能也达成 NBS，l 将成为博弈均衡点。

以上仅仅列出了考虑本国国内因素的若干情形，若要考虑外国国内因素的相应情形（如 $l^{*} < f$ 和 $l^{*} > f$），推理方法类似。从中可以得到一些共性结论：

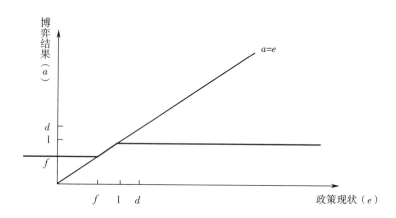

资料来源：作者根据相关资料整理。

图2-5　考虑国内因素时的国家间对外金融合作政策博弈（$l < d$）

首先，政策现状所处的位置对于两国对外金融合作政策博弈能产生何种结果至关重要。

其次，当国内强势利益集团的政策偏好在方向上与其所在国政府的偏好相反时（$l < d$ 或 $l^* > f$），两国政府较容易就对外金融合作政策达成协议。

最后，当国内强势利益集团的政策偏好在方向上与其所在国政府的偏好相同，且更为极端时（$l > d$ 或 $l^* < f$），两国政府要就政策争端达成协议的难度较大。特别是，当两国都面临这种内在压力时，双方都不太可能轻易让步，会选择（强硬，强硬）的策略。

专栏2-1

中国应如何看待现有国际经济体系？

近年来，中国积极参与外部金融合作，进而与其他新兴大国和发展中国家共同推动建立符合自身利益诉求的区域或全球多边经济、金融机制，是中国在大国崛起过程中必然迈出的重要一步。但这是否等同于应彻底颠覆或抛弃现有国际经济体系呢？

对中国而言，现有国际经济体系主要是第二次世界大战后的产物，并经过冷战的洗礼，长期为美国等西方国家所主导，对于新兴大国和发展中国家的利益和话语权代表性不足，也未能适应冷战结束后国际经济形势的变化。其问题主要表现在：

第一，国际贸易体系面临诸多挑战。作为现今世界最重要的经济组织之一，世贸组织（WTO）在推动国际贸易自由化、协调国际经贸关系、解决国际贸易争端和促进国际经贸规则发展等方面，发挥了不可替代的作用。我国正式加入世贸组织14年来，全面参与国际竞争与合作，加快培育国际竞争新优势，开放型经济发展不断取得新突破。但国际贸易体系仍存在许多不足，例如，农业和服务业现有规则的贸易自由化程度还明显不够，对倾销的界定、倾销与损害的因果关系界定等方面的规定模糊导致许多国家都在滥用反倾销。此外，美国和欧盟可能通过加强"跨太平洋伙伴关系协定"（TPP）、"跨大西洋贸易与投资伙伴协定"（TTIP）、国际服务贸易协定（TISA）等贸易协定撇开发展中国家的利益诉求，在现有的多边贸易体系外确立一套新的、更符合发达国家利益的多边贸易体系和规则。

第二，国际投资体系的"游戏规则"还不完善。2015年7月，联合国贸易和发展会议发布了2015年《世界投资报告》，报告以专题形式阐述了国际投资体制的状况和问题，呼吁各国尽快对国际投资协定制度进行系统性改革，使现有的国际投资体系的诸多协定连贯一致。目前全球范围内已生效的双边、区域以及多边投资协定接近3300项，这构成了庞大而复杂的国际投资体系。但如此众多的协定之间却缺乏一致性、连续性，存在着许多重叠、缺陷和冲突，国际投资争端也随之增多。此外，尽管贸易、投资、金融号称当今国际经济体系的"三大支柱"，但与以世界贸易组织（WTO）为核心的国际贸易体制和以国际货币基金组织（IMF）、世界银行（WB）为核心的国际金融体制相比，国际投资至今还缺乏一个全球性的协调机构，也缺少全面系统的"游戏规则"

和制度安排。因此，国际社会急切盼望新的投资机制能够确保国家出于公共利益对外资进行适当监管的权利；有效增强国际投资协定的投资促进及便利化功能，以促进国际投资；确保负责任投资，使外国投资为东道国带来最大的效益，同时将其负面影响降至最低；增强国际投资协定体系的协调一致性，特别是在消除当前国际投资体系内部存在的诸多空白、重叠及相互矛盾之处等方面得到很好的体现。

第三，国际货币和金融体系未能充分呼应新兴大国和发展中国家的要求。一是国际金融体系改革滞后。次贷危机爆发后，新兴大国和发展中国家对于加快国际金融体系，特别是国际货币基金组织改革的呼声日益强烈。2010 年 11 月，在二十国集团（G20）首尔峰会上，各国一致同意按照有利于发展中国家的原则重新分配国际货币基金组织份额。根据方案，发达国家的份额将降至 57.7%，发展中国家的份额升至 42.3%。中国的份额将从原来的 3.72% 升至 6.39%，成为仅次于美国和日本的第三大会员国。但由于美国国会的阻挠，该方案迟迟无法得到落实。二是"美元独大"的国际货币体系容易引发道德风险。布雷顿森林体系瓦解后，美元尽管与黄金脱钩，但美元在国际货币体系中的特权地位并未显著削弱，仍然是全球最重要的计价、结算、支付和储备货币。随着美国贸易和财政赤字的不断扩大，美元扩张的内在冲动比以前更强了，美元流动性泛滥带来的风险在很大程度上将由美元储备国来承担和消化。三是国际金融危机预警及救援机制尚不健全。在 1997 年亚洲金融危机中，以国际金融体系监管者身份自居的国际货币基金组织不但没有对危机爆发及时作出预警，在危机救援过程中，也因为表现傲慢、行动迟缓、贷款条件过于苛刻等受到广泛批评。此外，国际货币基金组织对于发达国家的过分纵容和监管不力，被认为是诱发和加剧 2007 年次贷危机的重要原因。

中国等新兴大国提出希望改造现有国际经济体系，或者发起建立亚洲投资开发银行、金砖银行等新的全球或区域经济金融合作机制，并不意味着新兴大国希望彻底颠覆现有国际经济体系。事实上，进一步完善现有国际经济体系，现阶段符合中国的战略利益。

现有国际经济体系的建立和发展在一定程度上是世界各国共同参与的结晶。它反映了第二次世界大战后国际政治、经济和金融格局的重大变化，反映了中国改革开放之后取得的巨大成就，折射出新兴大国世界影响力和国际地位不断提升。

中国等新兴大国经济持续增长很大程度上受益于现有国际经济体系。例如，自从 2001 年中国加入世贸组织以来，经济开放的深度和广度都得到极大的提升。2014 年，中国外贸保持平稳增长，进出口增速快于世界主要经济体和新兴发展中国家，占全球市场份额稳中有升，继续保持全球第一货物贸易大国地位。再比如，2015 年 5 月，国际货币基金组织首次宣布人民币汇率处于"估值合理"区间，与美国发出了不同的声音，客观上有利于驳斥中国"操纵汇率"的错误观点。

彻底颠覆或抛弃现有国际经济体系，并不能消除国际经济关系中的不平等关系。相反，这样反而将加速美欧日等发达国家全面倒向 TPP、TTIP 等替代性机制，从而造成发展中国家与发达国家经济联系的割裂和对立，从而损害发展中国家的根本利益。从历史经验来看，发展中国家与发达国家之间形成"斗而不破"、既竞争又合作的复杂关系更符合国际经济的常态。

对中国而言，较为务实的策略是：一方面，应支持现有国际经济体系在维护全球经济稳定和促进经济交流发展中继续发挥作用。另一方面，应与其他新兴大国及广大发展中国家一道，共同推动对现有国际经济体系的改革和创新，提高其效率和灵活性，并增强新兴大国和发展中国家的代表性和话语权，从而使其发挥更大的作用。

第二节　中国参与外部金融合作的实践研究

回顾过去 30 多年的经验，中国参与外部金融合作的发展路径有三个显著特征：一是从最初的单方面受援升级为互援、援他，表明随着中国综合国力的提升，中国正努力成为一个负责任的新兴大国。二是从宽泛多边到双边，再到有选择的区域和多边，表明中国参与外部金融合作的战略性和目的性日益明确。三是从单纯参与发展到寻求投票权甚至主导权，表明第二次世界大战后由美欧主导的国际金融体系和经济秩序已越来越不符合以中国为代表的新兴大国群体的利益。

一、中国参与全球性金融合作的机制与进程

（一）世界银行

中国是世界银行的创始国之一。新中国成立后，中国在世界银行的席位长期为台湾当局所占据。1980 年 5 月 15 日，中国在世界银行及其所属的国际开发协会、国际金融公司的合法席位得到恢复。

在开发援助方面，中国从 1981 年起首次从世界银行获得开发贷款。截至 2010 年，中国共获得世界行集团下的国际复兴开发银行（IBRD）和国际开发协会（IDA）贷款承诺 478 亿美元，涉及 326 个建设项目，遍及几乎所有省、自治区、直辖市，覆盖了交通、农业、能源、城建、环境、工业、教育和卫生等领域。这些贷款为推动中国经济建设和社会发展作出了重要贡献。

另一方面，随着近年来经济迅速腾飞和综合实力不断增强，中国不仅成为世界经济增长的火车头，还开始积极通过向世界银行捐款和购买债券为其他发展中国家输送发展资金，支持世界银行的全球减贫与发展事业。2007 年 12 月，中国首次向国际开发协会捐款 3000 万美元，受到了国际社会的普遍好评。2008 年 11 月，中国在二十国集团（G20）华盛顿峰会上积

极参与国际金融公司的全球贸易融资计划，并于次年 4 月认购了其在中国发行的 15 亿美元私募债券，支持发展中国家的贸易融资。

（二）国际货币基金组织

中国是国际货币基金组织（IMF）的创始国之一。1980 年，IMF 的执行董事会通过了由中华人民共和国政府代表中国的决议，恢复了中华人民共和国在 IMF 的合法席位。2008 年 IMF 改革之后，中国份额增至 80.901 亿特别提款权，所占份额仅次于美、日、德、英、法五大股东国，投票权上升到 3.65%。

2010 年 12 月 15 日，IMF 最高决策机构理事会批准了关于 IMF 治理和份额改革的方案，中国的份额将从现有的 3.996% 大幅升至 6.390%，投票权将从现有的 3.806% 升至 6.068%，超越德国、法国和英国，成为仅次于美国和日本的 IMF 第三大份额国，标志着中国的综合实力和全球话语权的显著提升。改革方案将涉及修正 IMF 协定，并需要占总投票权 85% 的五分之三的成员国同意。然而，由于 IMF 最大股东、投票权占 17% 的美国迟迟未能批准，导致这项改革至今仍然搁浅。

2009 年 9 月，中国宣布将以人民币购买 500 亿美元 IMF 发行的以特别提款权（SDR）计价的债券。2012 年 6 月，在二十国集团（G20）墨西哥洛斯卡沃斯领导人峰会上，中国再次宣布支持并决定参与 IMF 增资，数额为 430 亿美元。

二、中国参与区域性金融合作的机制与进程

（一）亚洲开发银行

亚洲开发银行（Asian Development Bank，ADB）是亚太地区的区域性金融机构，成立于 1966 年。亚行的任务包括：（1）为亚太地区发展中会员国或地区成员的经济发展筹集与提供资金；（2）促进公、私资本对亚太地区各会员国投资；（3）帮助亚太地区各会员国或地区成员协调经济发展政策，以更好地利用自己的资源在经济上取长补短，并促进其对外贸易的发展；（4）对会员国或地区成员拟定和执行发展项目与规划提供技术援助；

（5）以亚洲开发银行认为合适的方式，同联合国及其附属机构，向亚太地区发展基金投资的国际公益组织，以及其他国际机构、各国公营和私营实体进行合作，并向它们展示投资与援助的机会；（6）发展符合亚洲开发银行宗旨的其他活动与服务。

中国是亚洲开发银行第三大股东国，持股 6.429%，拥有 5.442% 的投票权。在 1987 年 4 月举行的理事会第 20 届年会董事会改选中，中国当选为董事，并在董事会中获得单独的董事席位。同年 7 月 1 日，亚洲开发银行中国董事办公室正式成立。

加入亚洲开发银行以来，双方在发展经济、消除贫困、保护环境等方面开展了广泛的合作，合作项目从最初的几个已发展到 2013 年的 90 多个。到 2013 年，中国已是亚洲开发银行的第二大借款国、技术援赠款的最大使用国以及第三大股东。中国利用亚洲开发银行贷款实施的项目中，包括京九铁路、黄河防洪治理、上海苏州河治理、北京环保等一系列重大工程。随着中国西部大开发战略的实施，亚洲开发银行还积极配合中国的发展战略，调整了对华援助计划，将每年向中国贷款的 70% 用于中、西部地区，用于加强环境保护、减少内陆省份贫困，并支持私营经济的发展。

与此同时，作为亚洲开发银行的大股东之一，近年来中国也在亚洲开发银行的战略政策制定、业务运作以及区域经济合作等方面发挥着重要作用。如在亚洲开发银行框架下，中国参与了大湄公河次区域经济合作、中亚区域经济合作以及蒙古共和国的经济合作等区域合作项目，并通过东盟"10＋3"机制，对推动本地区经济合作的发展作出了积极贡献。

（二）东亚货币金融合作网络

东亚货币金融合作网络是一个广泛的概念，包括但不限于以下内容：（1）《清迈倡议》（CMI）及其多边化版本东亚储备库。2000 年 5 月，在泰国清迈举行的东盟与中日韩"10＋3"财长会通过了关于建立货币互换协议网络的《清迈倡议》；2005 年 5 月举行的"10＋3"财长会议进一步鼓励各方将双边货币互换协议规模加倍；2006 年 5 月，"10＋3"财长会议明确提出要将《清迈倡议》多边化；2007 年 5 月，作为《清迈倡议》多边化的扩充形式，"10＋3"财长会同意由各成员分别划出一定数量的外汇储备，建立总额为800亿美元的东亚储备库，帮助危机国家和地区应对短期流动资金困难。2009年2月，在国际金融危机的背景下，"10＋3"财长会公布了《亚洲经济金融稳定行动计划》，将储备库资金规模进一步提高至1200亿美元，并提议建立独立的区域监测实体。（2）亚洲债券基金（ABF）和亚洲债券市场倡议（ABMI）。2002年6月，东亚及太平洋中央银行行长会议组织（EMEAP）提出设立ABF的设想，由EMEAP成员各自拿出一定数量外汇储备成立基金，专门投资EMEAP成员的债券，以促进储备回流、改善本地区债券市场流动性及市场基础设施。2003年6月和2005年3月，EMEAP先后推出了亚洲债券基金第一期（ABF1）和第二期（ABF2），金额分别为10亿美元和20亿美元。（3）亚洲货币单位（ACU）。ACU的概念在1999—2000年中、日、韩学者憧憬东亚货币一体化前景时就被提了出来，但当时并未被各国官方所重视。其被正式提上区域合作议事日程是在2005年小川英治提出了亚洲货币指数（AMU）之后。此后，日本占主导地位的亚洲开发银行表示将推出ACU，从而使这一问题受到广泛关注。不过，在现阶段，ACU还只是一个衡量货币稳定程度的基准尺度，让各国清楚其货币偏离ACU的程度。

　　1997年亚洲金融危机爆发后，中国发挥了中流砥柱的作用，坚守汇率水平稳定，阻止了危机的进一步蔓延。危机结束后，中国与东亚其他国家（地区）和区域组织一道，积极推动了东亚货币合作金融网络的建设，参加了大部分的机制建设。

　　（三）上海合作组织

　　上海合作组织自2001年成立以来在政治和安全领域开展了卓有成效的合作，同时在经济和金融领域的合作也稳步发展。在当前国际金融危机背景下，上合组织成员国加强金融合作有助于进一步充实上合组织框架内的合作内容，增强上合组织凝聚力。具体表现在：

　　一是优惠贷款。上海合作组织成立至今，在对成员国信贷支持，进而改善各国经济体系、促进基础设施建设、优化投资环境方面，中国的贡献不容忽视。近年来，中国持续为上合框架内的多边和双边项目合作提供资金支持，如2004年和2007年分别曾向组织成员国提供9亿美元和12亿美元的优惠贷款。为了帮助上合组织成员国应对金融危机冲击，中国政府在2009年叶卡捷琳堡峰会期间宣布提供100亿美元的信贷支持。截至2011年底，中方共向上合组织国家提供了136亿美元贷款，对上合组织国家的交通、水利基础设施等约70个项目提供支持。在上述资金的支持下，一系列与各成员国优先发展领域相关，有助于各成员国经济结构调整，增进各成员国引资吸引力的重大项目得以落实，如中—吉—乌公路、塔吉克斯坦南北输变电、吉尔吉斯斯坦南部电网改造等项目。

二是银联体。上海合作组织银联体于2005年10月在莫斯科成立，旨在按照市场化原则，依托成员国政府推动作用和企业广泛参与，创建适合本地区特点的多领域、多样化融资合作模式，共同为上合组织框架内的合作项目提供融资支持和金融服务。自成立以来，银联体在项目投融资、机制建设和人员交流培训等方面开展了务实合作，以市场化融资支持上合区域经济社会发展。银联体这一重要的项目融资平台，为区域内合作性项目的落实和进一步推进上合组织金融合作提供了重要的依托。以中国国家开发银行为例，该行在对成员国的优惠信贷方面有积极举措。中国国家开发银行是银联体中资产规模最大的成员行，擅长运用开发性金融方法，在推进中国政府优惠贷款方面发挥着重要作用。截至2011年6月底，国家开发银行在上合地区的贷款余额达280亿美元。银联体共为区域内几十个合作项目提供了数百亿美元贷款，这些贷款支持了能源、基建等众多产业领域，在促进各个成员国经济发展、增进福利、推动上合地区各国的贸易往来等方面发挥了重要作用。

三是货币金融领域的其他合作。2011年，中国人民银行先后与乌兹别克斯坦、蒙古、哈萨克斯坦的中央银行签署了7亿元人民币、50亿元人民币、70亿元人民币的双边本币互换协议。除此之外，上合组织还曾经讨论过成立自身的评级机构，以帮助中亚地区国家抵御金融风暴给其实体经济带来的冲击。2010年11月，在杜尚别举行的上合组织成员国第九次总理会议上，中国国务院总理温家宝还提出深化财政金融合作，研究成立上海合作组织开发银行，探讨共同出资、共同受益的新方式。尝试通过上合开发银行发放人民币出口买方信贷和本币债券，同时还可尝试在上合开发银行框架下设立反危机基金和发展基金，对成员国的经济困境和发展瓶颈提供本币贷款帮助，并对区域内铁路、公路、桥梁以及跨国油气管道等各种跨国基础设施的建设提供本币融资。

（四）中国基金——推动大湄公河次区域经济合作的重要支撑

大湄公河次区域（GMS）经济合作，由亚洲开发银行倡议于 1992 年成立。它是由澜沧江—湄公河沿岸六个国家，即中国、缅甸、老挝、泰国、柬埔寨、越南共同参与的一个次区域经济合作机制，其宗旨是加强次区域国家的经济联系，提高次区域的竞争力，推动本地区经济和社会的共同发展。

中方一贯高度重视并积极参与 GMS 合作，同时也为合作提供了力所能及的金融和资金支持。中方积极参与并支持了 GMS 昆明—曼谷公路及清孔—会晒跨湄公河大桥、上湄公河航道改善、连接昆明和新加坡的泛亚铁路等基础设施项目，投资建成了向越南、老挝、缅甸的跨境电力交易项目。在资金贡献方面，2005 年，中国政府在亚行设立了 2000 万美元的中国减贫与区域合作基金，其中 860 多万美元用于支持 GMS 合作，涉及基础设施建设、贸易便利化、知识共享、能力建设及人员培训等领域。2011 年 5 月，中国政府宣布再次捐资 2000 万美元续设中国减贫与区域合作基金。

（五）亚洲基础设施投资银行与丝路基金

亚洲基础设施投资银行（AIIB），简称"亚投行"，是一个政府间性质的亚洲区域多边开发机构，重点支持基础设施建设，总部设在北京。亚投行法定资本 1000 亿美元。

根据亚洲开发银行的测算，到 2020 年，亚洲每年基础设施投资需求将达到 7300 亿美元。而世界银行、国际货币基金组织、亚洲开发银行等国际和地区多边金融机构都没有办法满足这个资金需求。作为补充，成立新的地区多边金融开发机构势在必行。2013 年 10 月，习近平主席和李克强总理先后出访东南亚，提出了筹建亚洲基础设施投资银行（AIIB）的倡议，向包括东盟国家在内的本地区发展中国家基础设施建设提供资金支持。亚洲国家对此普遍反响积极。2014 年 1 月和 3 月，中国与多个有意加入该机构的亚洲国家举行了筹建亚投行多边磋商会议，就亚投行的框架方案交换了意见。2014 年 10 月 24 日，包括中国、印度、新加坡等在内的 21 个首批意向创始成员国的财长和授权代表在北京签约，共同决定成立亚投行。

2015 年 3 月，英国、法国、德国、意大利、卢森堡等西方国家都无视美国的反对，纷纷申请作为创始成员国加入亚投行。截至 4 月 15 日，根据财政部的正式统计，亚投行的意向创始成员国确定为 57 个，包括中国、印度、印度尼西亚、英国、法国和巴西等区域内外国家（见表 2-1）。

表 2-1　　　　　　　　亚洲基础设施投资银行的成员分布

亚洲	欧洲	其他地区
中国、印度、印度尼西亚、孟加拉国、文莱、柬埔寨、伊朗、约旦、哈萨克斯坦、科威特、老挝、马尔代夫、马来西亚、蒙古国、缅甸、尼泊尔、阿曼、巴基斯坦、菲律宾、卡塔尔、沙特阿拉伯、新加坡、斯里兰卡、塔吉克斯坦、泰国、乌兹别克斯坦、越南、阿塞拜疆、格鲁吉亚、土耳其、韩国、阿联酋、吉尔吉斯斯坦、以色列	英国、法国、德国、意大利、卢森堡、瑞士、奥地利、芬兰、冰岛、荷兰、挪威、波兰、葡萄牙、俄罗斯、瑞典、瑞士、马耳他、西班牙	新西兰、澳大利亚、巴西、埃及、南非

资料来源：财政部。

除亚投行外，中国发起的另一个"输血"亚洲基础设施建设的新机构——丝路基金也一直备受关注。2014 年 11 月 10 日，国家主席习近平在"加强互联互通伙伴关系"东道主伙伴对话会上宣布，中国将出资 400 亿美元成立丝路基金，为"一带一路"沿线国基础设施建设、资源开发、产业合作等有关项目提供投融资支持。该项目原名为"上合组织丝路基金"，投资范围最初仅圈定在中亚。但中国意识到，该基金应为"一带一路"及亚太自贸区奠定基础，所以更名为"丝路基金"，投资范围也不再局限于中亚。

三、中国参与双边金融合作的机制与进程

（一）中俄金融合作

由于经济以及地缘政治等多方面因素的影响，中国和俄罗斯的金融合作远较其他国家密切。

一是双边对话机制有效增进了沟通。在中俄两国政府的积极推动下，两国金融合作的双边机制从无到有，主要围绕金融市场发展、银行监管及政策对话等方面来开展合作。在中国双边机制中，"中俄银行合作分委会"和"中俄金融合作论坛"两个合作机制有效推动了该领域的沟通。

二是中俄跨境金融服务中心推动边贸发展。2013 年 6 月，首家"中俄跨境金融服务中心"在哈尔滨建成。该中心旨在进一步完善对俄金融服务，方便两国进行直接结算，从而大幅提高跨境结算效率，推动中俄边贸发展。此外，中俄在金砖国家中最早建立双边决策层协调机构——中俄总理定期会晤委员会金融合作分委会，以促进双边金融合作。该委员会截至目前已经举办了十五次年会，有力地推动了中俄两国双边金融合作的发展。

三是双边货币结算业务深入发展。双边货币结算业务是中国和俄罗斯金融合作的重要组成部分。两国在 2002 年签署了在边境贸易中开展本币结算的协定，之后签署的新协定将结算范围扩大到一般贸易。2014 年 8 月在金融合作分委会会晤之后，中俄两国央行联合宣布，进一步简化本币结算步骤，加强结算能力。目前卢布是金砖国家中唯一与人民币开展直接交易的币种，极大地方便了两国贸易结算工作。2013 年，中俄之间有 9.86 亿美元的银行间业务是通过本币结算方式进行的，同比增长了 15.2%。其中，以卢布为本币办理的结算业务为 4.69 亿美元，以人民币为本币办理的结算业务为 5.17 亿美元。

四是在监管领域紧密合作。中俄两国在反洗钱、反恐融资领域开展合作，另外，2008 年中国证监会和俄罗斯联邦金融市场监督总局签署了《证券期货监管合作谅解备忘录》，以加强在证券市场的监管合作。

五是在政策性投融资领域不断展开合作。作为上合组织的成员国，中

俄两国依托上合银联体开展合作。目前，国家开发银行和中国进出口银行是中国对俄罗斯进行政策性投融资的主力，涉及领域包括矿产、农林等领域。在两国政策的推动下，双边的商业性金融合作也日渐频繁，目前中国四大国有商业银行都已经进驻俄罗斯开展业务。

（二）中韩金融合作

一是中韩金融合作会议。1993 年 9 月，中韩两国签订合作备忘录，决定由中国人民银行和韩国财经部牵头，每年举行一次"中韩金融合作会议"。该会议由双方轮流举办，双方代表团由金融监管当局代表组成，成为两国金融监管当局的定期磋商渠道，为增进两国货币当局和金融监管部门间的相互了解、信息共享和促进合作发挥了重要作用。

二是中韩货币互换协议。次贷危机爆发后，作为双边金融领域合作的实际步骤，中韩两国央行于 2008 年 12 月达成了"本币互换协议"。该协议的规模为 1800 亿元人民币/38 万亿韩元，双方可在上述规模内，以本国货币为抵押换取等额对方货币。协议有效期为 3 年，经双方同意可以展期。中韩本币互换协议与《清迈倡议》下已有的互换安排相互补充，进一步丰富了中国对外金融合作的内容和形式。

三是加强反洗钱合作。2005 年 11 月，中国反洗钱监测分析中心与韩国金融情报分析院在北京签署《反洗钱和反恐融资金融情报交流合作谅解备忘录》，这是中国的金融情报机构首次与外国金融情报机构签署合作协谅解备忘录。

（三）中国与其他国家

除了俄罗斯和韩国之外，目前中国与巴西和印度也都已经建立了决策层金融合作协调机制（中巴之间为中国和巴西高层协调与合作委员会下设的财政金融分委会，中印之间则为中印财经对话），以协调和推动中巴、中印的双边金融合作。

中国与巴西的合作包括以下几个方面。一是目前中国与巴西之间已经签订货币互换协议。2013 年中国人民银行与巴西中央银行已就建立规模为 1900 亿元人民币/600 亿巴西雷亚尔的双边本币互换机制协议文本达成一致，中巴双边本币互换机制的建立有利于加强双边金融合作，便利两国经贸往来，共同维护金融稳定。二是依托国家开发银行，中国积极与巴西开展政策性投融资合作。截至目前，国家开发银行对巴西正式承诺项目 15 个，承诺贷款 196 亿美元，贷款余额 141 亿美元，融资支持了中巴石油合作、卡塞内天然气管线、卡迪奥塔火电等重大项目，涉及能源、电力、农业、基础设施、金融等多个领域。三是以中国银行为代表的一批中国金融企业已经在巴西设立分支机构，开展金融业务。

目前中国与印度之间的商业金融业务合作也逐渐开展。中国工商银行为印地高航空公司，一家开展廉价航空业务的印度航空公司，提供了约 26 亿美元的贷款，用于购买大约 30 架飞机；此外，双方在商业金融领域也不断加强合作，中国银行计划在孟买开设分行。在政策性金融领域，中国进出口银行还计划为印度提供 10 亿美元的信用额度。

四、中国参与跨区域金融合作的机制与进程

（一）中国加入美洲开发银行

美洲开发银行（Inter – American Development Bank，IDB）是世界上成立最早和最大的区域性、多边开发银行。成立于 1959 年 12 月 30 日，总行设在华盛顿。该行是美洲国家组织的专门机构，其他地区的国家也可加入，但非拉美国家不能利用该行资金，只可参加该行组织的项目投标。其宗旨是"集中各成员国的力量，对拉丁美洲国家的经济、社会发展计划提供资金和技术援助"，并协助它们"单独地和集体地为加速经济发展和社会进步作出贡献"。

中国于 1993 年向 IDB 正式提出了入行申请，并于 2004 年重新提出了这一申请。随着中国与拉美经贸关系发展迅速，越来越多的拉美国家也希望中国尽早加入 IDB。但由于美国和日本的阻挠，中国的申请迟迟未获批准。2007 年 3 月 18 日，中国人民银行行长周小川与美洲开发银行行长莫雷诺在危地马拉城签署谅解备忘录，为中国加入 IDB 的谈判建立了正式框架。2009 年 3 月，中国最终成为了 IDB 第 48 个成员（见表 2 – 2）。

表 2 - 2　　　　　　　　　美洲开发银行的成员分布

美洲	欧洲	亚洲
阿根廷、巴巴多斯、巴哈马、巴拉圭、巴拿马、巴西、秘鲁、玻利维亚、多米尼加、厄瓜多尔、哥伦比亚、哥斯达黎加、圭亚那、海地、洪都拉斯、墨西哥、尼加拉瓜、萨尔瓦多、苏里南、特立尼达和多巴哥、危地马拉、委内瑞拉、乌拉圭、牙买加、智利、伯利兹、加拿大、美国	奥地利、比利时、丹麦、德国、法国、芬兰、荷兰、挪威、葡萄牙、瑞典、瑞士、西班牙、意大利、英国、克罗地亚、斯洛文尼亚	日本、以色列、韩国、中国

资料来源：IDB。

根据中国与 IDB 达成的相关协议，中国向 IDB 捐赠了 3.5 亿美元资金，中国的资金投入了多个项目，包括向 IDB 的特别业务基金投入 1.25 亿美元，该基金主要向玻利维亚、圭亚那、海地、洪都拉斯和尼加拉瓜等拉美及加勒比海地区国家的经济和发展项目提供贷款；为拉美政府机构提供信托资金 7500 万美元；向中小企业投资基金提供 7500 万美元；还有 7500 万美元将由多边投资基金会来管理，主要投资于微型企业。此外，中国还购买了 IDB 0.04% 的股份，并在该行执行董事会拥有代表席位。

中国加入 IDB，一是出于经济安全的考虑。拉美地区丰富的资源，为中国提供了可靠的原材料和其他投资机会。二是更好地推动中国企业"走出去"，走向拉美国家。三是政治考虑。中国台湾一直在拉美地区进行投资活动，包括项目开发和救灾援助，而中国在拉美的影响力急剧扩大，必将使更多的拉美国家疏远中国台湾。

此外，在 2012 年第 53 届美洲开发银行行长大会期间，美洲开发银行和中国进出口银行商定将建立一个额度为 10 亿美元的基金，以支持拉美和加勒比地区国家的投资。双方约定，美洲开发银行和中国进出口银行先各自提供 1.5 亿美元贷款建立该基金，之后逐步增加贷款额，最终达到 10 亿美元。该基金用途有别于美洲开发银行以往贷款，主要用于支持该地区的公司，而以往贷款则主要提供给该地区的国家和特定的基础设施或（社会）

发展项目。

（二）中非金融合作

中非金融合作持续推进的重要因素是双方之间基于"和平共处五项基本原则"奠定的良好的政治基础。中非友好，源远流长。过去半个多世纪以来，中非双方在政治上相互支持，反对超级霸权和不合理的旧国际秩序。西方国家的对非援助往往与政治民主化或经济自由化挂钩，而中国的对非援助则从来不附加任何政治条件，强调相互尊重和平等互利。中国与非洲的跨区域金融合作硕果累累，具体表现在：

一是中国政府与非洲多边开发金融机制合作日益紧密。中国与非洲次区域金融机构合作最早可追溯到 20 世纪 80 年代。中国于 1985 年加入非洲开发基金和非洲开发银行。目前，中国已加入了非洲开发银行、东南非贸易发展银行、西非开发银行等区域和次区域多边开发机构。其中，中国人民银行于 1985 年加入非洲开发银行，并完成向非洲开发基金的多次捐资；2000 年，中国正式加入了东南非贸易发展银行，在该行的总股份高达 6.28%，且是唯一的非洲区域外成员国，拥有独立的董事席位；2004 年，中国人民银行入股西非开发银行，并拥有独立的董事席位。

二是中非合作论坛机制深入发展。2000 年，中非共同倡议成立了中非合作论坛。2006 年，在中非合作论坛北京峰会上，中国提出了促进中非合作的八项政策，其中就包括了承诺扩大优惠贷款，并设立中非发展基金。2009 年，在中非论坛第四届部长级会议上，中国宣布了中非务实合作的新八项举措，承诺进一步扩大优惠贷款规模，并支持中国金融机构设立非洲中小企业发展专项贷款。2012 年，在中非第五届部长级会议上，中方承诺未来 3 年内扩大优惠贷款力度，重点支持非洲基础设施、农业、制造业和中小企业发展；同时，中非合作论坛还在北京成立了首个金融分论坛。

三是中国金融机构与非洲的金融合作也在迅速升温。目前，包括国家开发银行、中国进出口银行、中国银行、中国工商银行及交通银行等在内的多家中资银行均已与非洲银行业开展合作。例如，国家开发银行2007年组建的中非发展基金，正在成为中国企业对非投资、深化中非投资合作的重要平台。2009年，国家开发银行进一步设立了对非中小企业专项贷款，旨在支持中国和非洲中小企业在非洲的发展，而中国进出口银行向发展中国家政府提供的"中国政府对外优惠贷款"这一中长期低息贷款同样惠及了众多非洲国家。

第三节 中国参与金砖国家金融合作的优势与角色定位

在与金砖国家的金融合作中，中国与其他金砖国家的产业比较优势或金融发展程度都各有特点。其中，中国优势主要体现在国际政治影响力显著、工业基础雄厚、高新技术领先，同时外汇储备充裕、人民币国际化前景看好等方面。而其他国家更多表现在资源丰富、农业或个别技术领域相对发达等方面。因此，中国更适合在金砖集团内部金融合作中扮演领头羊和工业制成品、资金、技术输出者的角色。

一、中国的比较优势分析

（一）政治优势

与印度、巴西、南非等地区性大国相比，中国是当之无愧的世界性政治大国，其地位主要体现在：

一是中国拥有政治大国地位。在金砖成员国中，除俄罗斯外，只有中国是联合国安理会常任理事国。依据《联合国宪章》的宗旨和原则，安理会负有维持国际和平与安全的首要责任，有权对国际争端进行调查和调停，是唯一有权采取强制行动的联合国机构。在特定情况下，安理会可以实行制裁，甚至授权使用武力，以维护或恢复国际和平与安全。安理会作为国际集体安全机制的核心，已成为国际多边安全体系中最具权威性与合法性的机构。此外，安理会还与联合国大会一起选举国际法院法官。

安理会五个常任理事国在"实质问题"和"程序问题"上掌握了双重否决权，且任期没有限制，地位明显比 10 个任期仅有两年的非常任理事国及普通联合国会员国更高。1946 年，联合国成立之初，就确立了中、美、苏、英、法五大创始成员国担任安理会常任理事国。1950 年 9 月，在美国操控下，第五届联大否决了恢复中华人民共和国在联合国的合法权利的议案，在台湾的国民党集团长期窃据了联合国席位，包括安理会常任理事国席位。1971 年 10 月 25 日，联合国第二十六届大会就恢复中华人民共和国在联合国的一切合法权利，并立即将国民党集团的代表从联合国及其所属的一切机构中驱逐出去的 2758 号决议进行表决。表决的结果是，决议以 76 票赞成、35 票反对、17 票弃权的压倒性优势获得通过。

二是中国在决定国际政治平衡方面拥有一定的话语权。特别是在印度、巴西等国成为联合国常任理事国问题上具有举足轻重的影响。20 世纪 90 年代以来，德国、日本、印度和巴西四国在成为安理会常任理事国方面的诉求相同，逐渐走到一起，组成了"四国集团"，打算以捆绑的方式实现集体"入常"的梦想。与此同时，意大利、巴基斯坦、阿根廷、韩国等数十个国家出于维持国际和本地区力量制衡的考虑，组成了"咖啡俱乐部"，反对上述四国成为新的联合国安理会常任理事国，认为"增常"无助于提高安理会的效率，主张在 B 方案（不增加常任理事国，改为增加 8 个任期四年、可连选连任的半常任理事国和 1 个非常任理事国）的基础上扩大安理会。其中，意大利制衡的对象主要是德国，韩国制衡的对象主要是日本，巴基斯坦制衡的对象主要是印度，而阿根廷制衡的对象则是巴西。五大常任理事国中，美、英、法对于德国、日本"入常"持明确支持态度。俄罗斯虽表示安理会改革应充分协商，不设定时限，但也多次暗示如果日本同意只归还齿舞和色丹两个小岛、放弃国后和择捉两个大岛的话，俄罗斯就有可能支持日本"入常"，而根据四国捆绑原则，德国、印度和巴西"入常"的问题也将打开缺口。这样，中国的态度就显得至关重要了。近年来，中国对于联合国安理会改革一贯支持，但主张增加发展中国家的代表性和发言权。这在明确否决日本"入常"可能性的同时，又为印度、巴西等发展中国家提供了很大的想象空间。

三是中国长期以来捍卫发展中国家利益的形象深入人心。从半个世纪前毛泽东划分三个世界理论诞生之日起，中国就将自己的切身利益与广大发展中国家利益紧密联系在一起。一方面，中国在恢复联合国合法席位、维护两岸统一、反对民族分裂势力等一系列重大问题上得到了亚非拉许多发展中国家的理解和支持；另一方面，中国多年来也一直秉持"和平共处五项基本原则"，积极推动与发展中国家的友好互利关系。例如，在对非援助方面，与欧美国家不同，中国在提供力所能及的援助时，从来不对他国内政横加干涉，也不附加任何政治条件，因而得到了非洲各国的普遍欢迎，赢得了较高声望。在国际政治舞台上，中国也主动维护发展中国的利益，积极推动国际政治、经济、金融体系改革。

（二）经济优势

相比其他金砖成员国，中国的优势不仅仅体现在政治影响力方面，在经济领域更拥有压倒性优势。

首先，就经济总量来看，中国在金砖五国中遥遥领先。2014年，中国GDP折合成美元相当于10.36万亿美元，成为世界第二大经济体，仅次于美国。印度和俄罗斯、巴西GDP都仅相当于中国的五分之一，或2003年中国的GDP规模。而南非更是不到中国经济总量的3.5%。

其次，就经济发展的动力结构来看，投资、出口和消费"三驾马车"对于中国经济增长的拉动作用较为均衡。以2013年为例，投资对于GDP的贡献占比为48%，净出口占比为3%（其中出口占比为26%，进口占比为23%），消费贡献比为50%，表明中国已不再是单纯靠投资或出口拉动，国内消费的贡献比也占据了半壁江山。相对而言，巴西、印度、俄罗斯、南非的消费贡献比较高，但投资或出口对经济的拉动作用或多或少都存在短板，其经济增长的手段较为单一（见表2-3）。

表2-3　　　　2013年投资、净出口、消费对金砖五国GDP的贡献　　　单位：%

	投资	净出口	消费
巴西	18	-2	84
中国	48	3	50
印度	31	-3	69
俄罗斯	23	6	71
南非	20	-2	81

资料来源：联合国统计司（UNSD）。

　　最后，从经济的纵深来看，中国的优势也较为突出。一是人口最多，人力资源特别是熟练产业工人数量较为充裕。俄罗斯、巴西虽然地域辽阔，但受制于人口有限，国家的经济潜力远未得到完全释放。印度虽然总人口仅次于中国，但国内教育资源配置极度不均，根据联合国教科文组织2014年的统计，印度是世界上文盲最多的国家，成年人文盲率高达2.87亿人，占全球文盲人口的37%，意味着印度很难为中高端制造业提供足够多的熟练技术工人。这在很大程度上制约了印度经济赶超中国的可能性。二是中国三次产业发展较为均衡，无论是农业、工业（包括轻工业、重工业）都没有明显的短板，而服务业近年来也在快速发展。根据国家统计局的数据，2013年，服务业对中国GDP的贡献首次超过第二产业；2014年，这一趋势得到强化，服务业占比进一步提高到48.2%，比第二产业高出5.6个百分点。相比之下，俄罗斯在轻工业、印度在整个工业体系上基础都较为薄弱。三是在地域上，中国经济增长的热点区域较多，东部沿海就有环渤海或京津冀、长三角、珠三角三大经济圈，此外，山东、福建也都是经济较为发达的地区；在中部和西部近年来也形成了一系列经济带和城市群。而其他四国相对而言，地域发展的不均衡性更为严重。如俄罗斯的经济重心主要集中在欧洲部分，印度集中在孟买、班加罗尔等少数城市，巴西、南非也存在类似情况。

　　（三）金融优势

　　在一国对外金融交往中，金融优势往往体现为以下四个方面。一是该国金融市场高度发达开放，成为了全球性的金融交易中心，如美国、英国和新加坡等。二是该国货币为全球最主要的计价、结算、交易和储备货币，得到了许多国家和地区的认可和接受。三是该国在全球金融体系，如国际货币基金组织、世界银行等多边金融机构中拥有较大的份额和投票权。四是该国拥有较高的外汇储备，不但可以在很大程度上独自应对外部货币危机，还有余力对外提供货币救济，甚至可以在一定程度上"另起炉灶"，牵头建立新的全球性或地区性金融开发机制。

就金砖五国而言，第一点基本上都达不到要求，中国还在努力建设多层次资本市场，印度和巴西的资本市场发展程度相对更高，但影响力主要限于本国，尚不具备全球性影响力。第二点五国原本处于同一起跑线，各国货币具备了初等的国际化水平，但距离美日欧等国货币的国际化水平仍有很大差距。2015 年 11 月国际货币基金组织执行董事会批准人民币加入 SDR 货币篮，为中国在本币国际化方面奠定了一定的先发优势。对于第三点，尽管中国在 IMF 所占份额近年来有所提高，但在美国一票独大的情况下，并没有掌握足够的投票权和话语权，因而相对于其他四国优势也不明显。中国真正可以称得上绝对优势的，是拥有全球规模最大的外汇储备，显著高于其他四国（见图 2 - 6）。

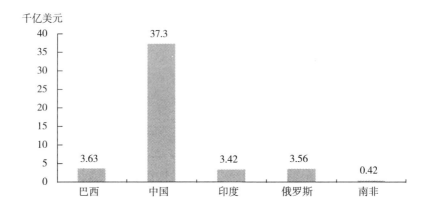

注：除南非外汇储备数据截至 2015 年 2 月外，其他国家都是截至 2015 年 3 月。

资料来源：IMF、国家外汇管理局。

图 2 - 6　金砖国家外汇储备规模比较

较高的外汇储备规模不仅使中国大大降低了对国际金融机构的外部依赖，而且让中国有足够底气建立或牵头建立了丝路基金、亚洲基础设施投资银行、上海合作组织开发银行等更符合自身利益的替代性开发金融机制。中国在外汇储备和资金供给方面的绝对实力，在很大程度上奠定了中国在亚投行、上合组织开发银行中的领导者地位。此外，中国持有大量美国国债，导致中国害怕美国国债贬值，美国也害怕中国大量抛美国国债引发经济崩溃。2004 年，时任美国财政部长的劳伦斯·萨默斯甚至将中美经贸、金融之间的这种既相互依存又相互威慑的关系称为"金融恐怖平衡"。

（四）制造业与技术优势

改革开放前 30 年，中国充分发挥劳动力资源优势，承接了发达经济体的产业转移，从一个农业人口占比较高、现代制造业相对落后的发展中国家崛起为"世界工厂"和全球第二大经济体。但中国并未止步于以劳动密集型为特征的中低端制造业。随着"人口红利"的逐渐消退，中国近年来积极推动结构调整和产业升级，重点是发展先进装备制造业和重化工业等资本和技术密集型产业。这不但是中国新的竞争优势所在，也是中国开展对外金融合作的重要基础。

中国在先进装备制造业和重化工业领域取得的成就突出表现在高铁技术、核电装备、风电设备、特高压技术、信息与通信解决方案、卫星导航、港口机械、船舶制造、无人机等具备了一定的国际竞争力。值得注意的是，中国企业越来越重视自主研发能力和水平的提高。中国企业联合会发布的数据显示，"2015 中国制造业 500 强"纳入统计的 473 家企业中，投入研发费用总额 4814.65 亿元，比上年提高 7.09%，增速高于上年的 5.2%，平均研发费用比上年增长 5.5%。

长期来看，中国在制造业领域的竞争优势有望得到进一步增强。随着新一轮科技革命和产业变革正在世界范围内孕育兴起，发达国家正在加紧实施"再工业化"、"工业化 4.0"等战略；与此同时，我国持续十多年的重化工业化阶段也走到了十字路口，将进入较长期的去产能化、转型升级过程。在上述背景下，2015 年 5 月，国务院常务会议审议通过了《中国制造 2025》，提出未来十年内，将重点发展十大领域和五大工程。十大重点领域包括新一代信息通信技术产业、高档数控机床和机器人、航空航天装备、海洋工程装备及高技术船舶、轨道交通装备、节能与新能源汽车、电力装备、新材料、生物医药及高性能医疗器械、农业机械装备。五项重点工程包括国家制造业创新中心建设、智能制造、工业强基、绿色制造、高端装备创新。作为我国国民经济的重要支柱产业，制造业将以向智能制造转型为关键，以"大众创业、万众创新"为依托，加快实施"中国制造 2025"和"互联网＋"行动，突破发达国家先进技术和发展中国家低成本竞争的双重挤压，实现从制造业大国向制造业强国的飞跃。

2015 年 12 月，亚洲开发银行发布的《2015 年亚洲经济一体化报告》表明，中国已取代日本成为亚洲第一大高科技产品出口国，在促进创新和科技成为经济主要引擎方面取得了阶段性成功。2014 年，中国在亚洲高科技产品（如医疗器械、飞机和电信设备）出口中所占份额从 2000 年的 9.4% 升至 43.7%，而日本所占份额则从 2000 年的 25.5% 降至 7.7%。2015 年 9 月，世界知识产权组织发布的"2015 年全球创新指数"也显示，中国排名第 29 位，在经济发展水平与其相当的国家中脱颖而出，在创新质量上不断拉开与其他中等收入国家的距离。

二、其他金砖国家的比较优势分析[①]

(一) 印度

印度在 1947 年独立后经济取得了较大发展，农业从严重缺粮过渡到基本自给。20 世纪 90 年代以来，印度服务业发展迅速，占 GDP 比重逐年上升，已成为全球软件、金融等服务业重要出口国。

1991 年 7 月，印度开始实行全面经济改革，放松对工业、外贸和金融部门的管制。1992—1996 年实现经济年均增长 6.2%。"九五"计划（1997—2002年）期间经济年均增长 5.5%。"十五"计划（2002—2007 年）

---

① 本部分关于印度、巴西、俄罗斯、南非等国家的资料参考了中国外交部网站的国别介绍。

期间，印度继续深化经济改革，加速国有企业私有化，实行农产品等部分生活必需品销售自由化，改善投资环境，精简政府机构，削减财政赤字。实现年均经济增长 7.8%，成为世界上发展最快的国家之一。2011 年 8 月，印度计划委员会通过"十二五"（2012—2017 年）计划指导文件，提出国民经济增速 9% 的目标。

2008 年以来，受国际金融危机影响，经济增长速度放缓。2009 年下半年以来有所好转。2013/2014 财年（截至 2014 年 3 月 31 日），印度 GDP 为 113.55 万亿卢比（约合 1.86 万亿美元），增长率为 4.7%。根据英国《经济学人》杂志测算，2014 年（自然年份，非财年）印度 GDP 约为 2.05 万亿美元。

印度的比较优势主要表现在软件外包行业及计算机、信息服务等领域。印度的软件外包行业在全球占有领先地位，印度软件外包公司在国际外包市场具有很强竞争力（见图 2 - 7）。在国际外包专业协会（IAOP）发布的全球外包百强企业中，印度软件外包公司 Wipro、Infosys、HCL 等均位列前十。印度软件外包的发包方主要来自美国和欧洲。近十余年间，印度软件外包产业的发展使得美国和印度出口项目中的计算机与信息服务净出口发生了逆转：在 2005 年之前，美国是计算机与信息服务的净出口国；而从 2005 年开始，印度的计算机与信息服务的净出口每年均有大幅增长。

近年来，中印双边贸易呈健康发展态势，经济合作领域不断拓展。中国对印度出口商品主要为机电、化工、纺织品、塑料及橡胶、陶瓷及玻璃制品等。中国自印度进口商品主要有铁矿砂、铬矿石、宝石及贵金属、植物油、纺织品等。2014 年，中印双边货物贸易额为 716.0 亿美元，增长 8.6%。其中，印度对中国出口 133.2 亿美元，下降 8.3%，占印度出口总额的 4.2%，下降 0.4 个百分点；印度自中国进口 582.8 亿美元，增长 13.3%，占印度进口总额的 12.7%，增长 1.7 个百分点。印度对中国的贸易逆差为 449.6 亿美元，增长 22.1%。

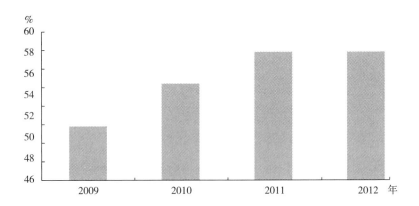

资料来源：NASSCOM。

图 2 - 7　印度在全球外包市场中的份额

（二）巴西

巴西经济实力居拉美首位，名列世界第七位。1967—1974 年，巴西经济年均增长率高达 10.1%，被誉为"巴西奇迹"。20 世纪 80 年代，受高通胀和债务困扰，巴西经济出现衰退。从 90 年代开始，巴西政府推行外向型经济模式，经济增长有所恢复。但受 1998 年亚洲金融风暴波及，1999 年发生严重金融动荡，经济增速再次放缓。巴西前总统卢拉执政以后，采取稳健务实的经济政策，控制通货膨胀和财政赤字，鼓励生产性投资和工农业发展，加强金融监管，巴西经济逐步走上稳定的发展道路。2007 年美国次贷危机爆发后，巴西经济增速逐步放缓，2011 年至 2014 年，国内生产总值分别增长 2.7%、1%、2.3% 和 0.1%。当前，巴西经济下行、本币贬值、财政、通胀等压力持续加大。

与中国、印度等国相比，巴西的比较优势体现在以下几个方面：

一是矿产、土地、森林和水力资源十分丰富。巴西的铌、锰、钛、铝矾土、铅、锡、铁、铀等 29 种矿物储量位居世界前列。铌矿已探明储量为 455.9 万吨，产量占世界总产量的 90% 以上。已经探明铁矿储量 333 亿吨，占世界 9.8%，居世界第五位，产量居世界第二位。如果加上推测储量，巴西铁矿资源量将高达 620 亿吨。巴西铁矿主要由赤铁矿组成，具有高铁、中硅、低铝的特点，是全球大型钢铁厂首选原料之一。据巴西铁矿石和贱金属协会统计，2014 年巴西铁矿石出口量为 3.06 亿吨，较上年增长 3.7%。石油探明储量 153 亿桶，居世界第 15 位、南美地区第二位（仅次于委内瑞拉）。2007 年底以来，巴西沿海陆续发现多个特大沿海油气田，预期储量为 500 亿至 1500 亿桶，有望进入世界十大储油国之列。巴西的森林覆盖率达 62%，木材储量 658 亿立方米，占世界的 1/5。此外，巴西拥有世界 18% 的淡水，人均淡水拥有量 2.9 万立方米，水力蕴藏量达 1.43 亿千瓦/年。

二是工业实力位居拉美首位。20 世纪 70 年代，巴西即已建成具备一定规模的工业体系。主要工业部门为钢铁、汽车、造船、石油、水泥、化工、冶金、电力、建筑、纺织、制鞋、造纸、食品等。民用支线飞机制造业和生物燃料产业在世界居于领先水平。90 年代中期以来，药品、食品、塑料、电器、通讯设备及交通器材等行业发展较快；制鞋、服装、皮革、纺织和机械工业等相对萎缩。其中，巴西航空工业公司是与加拿大庞巴迪宇航公司并称的全球支线飞机两大主要制造商。巴西航空工业公司专为商用航空、公务航空以及防务领域设计、制造和销售飞机产品，并为全球用户提供售后支持和服务，是全球最大的 120 座级以下商用喷气飞机制造商及巴西最大的出口企业之一。巴西航空工业公司 2014 年发布的《中国支线航空市场发展报告》显示，至 2033 年，中国预计将需引进 1020 架 70 座至 130 座级商用喷气飞机，占全球该座级市场新飞机交付量的 16%。

三是农牧业较为发达。巴西可耕地面积约 1.525 亿公顷，已耕地 7670 万公顷，牧场 1.723 亿公顷，咖啡、蔗糖、柑橘、菜豆产量居世界首位，是全球第二大转基因作物种植国、第二大大豆生产和出口国、第四大玉米生产国，玉米出口位居世界前五，同时也是世界上最大的牛肉和鸡肉出口国。除小麦等少数作物外，主要农产品均能自给并大量出口。

根据巴西农业部统计，2014 年巴西大豆及大豆产品出口总额达到 314.03 亿美元，出口总量达到 6071 万吨，出口额和出口量同比分别提高 1.4% 和 5.6%。其中，大豆是巴西出口量和出口额最大的单一农产品，出口额为 232.73 亿美元，出口量为 4568.9 万吨；豆粕出口总额为 70.01 亿美元，出口量为 1371.6 万吨；豆油出口额为 11.3 亿美元，出口量为 1305 万吨。

中巴建交以来，双边经贸关系取得长足发展。据中国海关统计，2014 年中巴双边贸易额为 865.8 亿美元，其中我方出口额 348.9 亿美元，进口额 516.9 亿美元，同比分别增长 -4.0% 、 -2.8% 和 -4.8% 。巴西是我国第十大贸易伙伴和在拉美地区最大贸易伙伴，我国是巴西第一大贸易伙伴、出口对象国和进口来源国。我方主要出口机械设备、计算机与通信技术设备、仪器仪表、纺织品、钢材、运输工具等，主要进口铁矿砂及其精矿、大豆、原油、纸浆、豆油、飞机等。

据商务部统计，截至 2014 年底，中国累计对巴实际投资 189.4 亿美元，投资主要涉及能源、矿产、农业、基础设施、制造业等行业。截至同期，巴西在华投资 5.4 亿美元，主要涉及支线飞机制造、压缩机生产、煤炭、房地产、汽车零部件生产、水力发电、纺织服装等项目。

（三）俄罗斯

1991 年苏联解体后，俄罗斯经济先后经历了急剧下降、稳定复苏和持续衰退三个阶段：1991—1998 年连续 7 年的经济衰退；1999 年以后连续 8 年的恢复性增长，并一度以年均 6.4% 的增长速度成为世界上经济增长最快的国家之一；次贷危机爆发后，随着国际油价急转直下，俄罗斯经济一直处于下行通道中。2013 年，俄罗斯 GDP 为 66.75 万亿卢布，按年底卢布汇率折合为 2.04 万亿美元；人均 GDP 为 1.46 万美元。2014 年 3 月乌克兰危机升级以来，西方对俄罗斯发起多轮经济制裁，导致俄罗斯资本外逃、货币持续贬值、通胀攀升，加之国际油价持续下跌，2014 年俄国内生产总值约为 2.06 万亿美元，实际增长率为 0.6% ，增速较 2013 年下降 0.7% 。

俄罗斯的比较优势体现在：

一是自然资源十分丰富，自给程度高。其国土面积 1707 万平方公里，居世界第一位。森林覆盖面积 880 万平方公里，占国土面积 51% ，居世界第一位。木材蓄积量 821 亿立方米。天然气已探明蕴藏量为 48 万亿立方米，占世界探明储量的 35%，居世界第一位。石油探明储量 109 亿吨，占世界探明储量的 13%。煤蕴藏量 2016 亿吨，居世界第二位。铁蕴藏量 556 亿吨，居世界第一位，约占 30%。铝蕴藏量 4 亿吨，居世界第二位。铀蕴藏量占世界探明储量的 14%。黄金储量 1.42 万吨，居世界第四至第五位。此外，俄罗斯还拥有占世界探明储量 65% 的磷灰石和 30% 的镍、锡。

二是从前苏联继承下来的工业体系较为完整。俄罗斯主要工业部门有机械、冶金、石油、天然气、煤炭及化工等，其中航空航天、核工业具备世界先进水平，但轻纺、食品、木材加工业较落后。近年来，俄罗斯经济发展高度依赖能源、原材料等初级产品，其中石油及其制品占出口总额 50% 以上，是俄罗斯近年来经济发展的主要经济支柱；进口以机电产品、食品、农产品、轻工产品等为主。

表 2 - 4　　　　　　　2007—2012 年俄罗斯主要工业品产量

	2007 年	2008 年	2009 年	2010 年	2011 年	2012 年
发电量（亿度）	10149	10372	9922	10368	10520	10640
石油（百万吨）	491	488	493.7	504.9	509	517
天然气（亿立方米）	6510	6336	5836	6490	6690	6530
煤（百万吨）	315	326	298.5	317	334	354
钢（万吨）	7240	6870	5920	6583	6840	7040
卡车（万辆）	28.5	25.6	9.1	9.92	20.7	21
轿车（万辆）	129.0	147	59.49	98.04	173.7	197.1

	2007 年	2008 年	2009 年	2010 年	2011 年	2012 年
水泥 （万吨）	5993	5360	4430	4941	5610	6150
原木 （万立方米）	10700	8840	7500	8355	8689	8960
布匹 （百万平方米）	2700	2485	2600	2960	3553	3922
植物油 （万吨）	273.5	248.5	330	271.7	248.6	373.2

资料来源：外交部网站。

中俄两国互为最大的邻国，经济互补性强，合作潜力巨大。近年来，随着两国战略伙伴关系的稳步推进以及两国经济的持续增长，双边经贸合作快速稳定发展，贸易规模不断扩大，能源、科技、通信、金融、交通等各领域合作全面、深入开展，并取得了丰硕成果。2014 年，中俄双边贸易额 953 亿美元，同比增长 6.8%。我国连续五年位居俄罗斯第一大贸易国，俄罗斯是我国第九大贸易国。

（四）南非

南非属于中等收入的发展中国家，也是非洲经济最发达的国家。自然资源十分丰富。其金融、法律体系比较完善，通讯、交通、能源等基础设施良好。矿业、制造业、农业和服务业是南非的经济四大支柱，其深井采矿等技术居于世界领先地位。

但南非国民经济各部门、地区发展不平衡，城乡、黑白二元经济特征明显。20 世纪 80 年代初至 90 年代初，受国际制裁影响，南非经济出现衰退。新南非政府制定了"重建与发展计划"，强调提高黑人的社会、经济地位。1996 年推出"增长、就业和再分配计划"，旨在通过推进私有化，削减财政赤字，增加劳动力市场灵活性，促进出口，放松外汇管制，鼓励中小企业发展等措施实现经济增长，增加就业，逐步改变分配不合理的情况。2006 年实施"南非加速和共享增长倡议"，加大政府干预经济力度，通过加强基础设施建设、实行行业优先发展战略、加强教育和人力资源培训等措施，促进就业和减贫。目前，南非政府正在重点实施"工业政策行动计划"和"基础设施发展计划"，旨在促进南非高附加值和劳动密集型制造业发展，改变经济增长过度依赖原材料和初级产品出口的现状，加快铁路、公路、水电、物流等基础设施建设。2014 年，南非国内生产总值为 3280 亿美元，人均国内生产总值约为 6500 美元。

南非的比较优势主要体现在以下方面：

一是矿产资源丰富。南非是世界五大矿产资源国之一，已探明储量并开采的矿产有 70 余种。其中，铂族金属、氟石、铬的储量居世界第一位，黄金、钒、锰、锆居第二位，钛居第四位，磷酸盐矿、铀、铅、锑居第五位，煤、锌居第八位，铜居第九位，钻石产量约占世界的 9%。根据南非矿业部统计，2011 年已探明的矿藏储量为：黄金 6000 吨（占世界总储量的 11.8%，下同），铂族金属 6.3 万吨（95.5%），锰 1.5 亿吨（23.8%），钒 364 万吨（26%），蛭石 1400 万吨，铬 31 亿吨（85%），铀 29.5 万吨（5.5%），煤 301.56 亿吨（3.5%），钛 7130 万吨（10.3%），锆 1400 万吨（27%），氟石 4100 万吨（17.1%），磷酸盐 15 亿吨（2.1%），锑 2.1 万吨（1.2%），铅 30 万吨（2.1%），锌 1400 万吨（3.3%），铜 1100 万吨（1.6%）。2011 年矿产品产量为：黄金 180.2 吨，铂族金属 288.9 吨，铬 10721 千吨，锰 8652 千吨，煤 2.528 亿吨，铜 89 千吨，钻石 7046 千克拉。

二是具备一定的工业基础。南非制造业主要产品有钢铁、金属制品、化工、运输设备、机器制造、食品加工、纺织、服装等。钢铁工业是南非制造业的支柱，拥有六大钢铁联合公司、130 多家钢铁企业。近年来，纺织、服装等缺乏竞争力的行业萎缩，汽车制造等新兴出口产业发展较快。此外，南非的军事工业也有较深底蕴。

三是部分农产品具有国际竞争力。南非 120 万平方公里的国土上分布着 7 种不同的气候带，从地中海气候到亚热带气候，再到半沙漠气候，由此带来了生物的多样性以及丰富的农作物的品种。南非是牛油果、葡萄柚、橘子、李子、梨、鲜食葡萄等水果的出口大国，也是酒、糖、玉米、果汁、羊毛等类产品的出口大国。此外，鲜花、食用芳香剂、兽皮、肉类、非酒精类饮料、菠萝、罐藏水果和坚果也是主要出口产品，而植物类饮料以及奢侈海产品等呈现出高增长趋势。

中国是南非最大的出口国，同时中国也是南非最大的进口国。2014 年双边贸易额为 603 亿美元。中国对南非出口电器和电子产品、纺织产品和金属制品等，从南非主要进口矿产品。2004 年 6 月，南非承认了中国的市场经济地位。两国双向投资规模不断扩大，截至 2013 年底，中国在南非直接投资 42.8 亿美元，涉及矿业、金融、家电、汽车制造等领域。南非在中国实际投资 6.4 亿美元，集中在啤酒、冶金等行业。

三、中国参与金砖国家金融合作的角色定位

综合来看，金砖五国在金融合作过程中存在较好的互补性，各方在产业结构、金融体系、本币国际化、区域影响力等方面的影响力互有短长。

中国的优势主要体现在：一是在高铁技术、核电装备、风电设备、特高压技术、信息与通信解决方案、卫星导航、港口机械、船舶制造、无人机等先进装备制造业和重化工业等领域具备一定的国际竞争力。二是外汇储备庞大，有较强的抗外部冲击的能力。三是近年来人民币国际化的进程大大加速，人民币加入 SDR 后，国际储备规模和交易规模有望大大提升；四是随着中国经济实力显著提升，中国在国际政治、经济及区域事务中的影响力越来越大。此外，中国还是联合国五大常任理事国之一。中国的短板主要集中在：一是金融体系较不发达，且相对不够开放；二是金属矿产、能源等自然资源的分布存在结构性不平衡，如果以人均计算，则更为贫乏。

巴西的优势主要体现在：一是自然资源丰富；二是在航空等部分工业领域有一定国际竞争力；三是农业较为发达；四是在拉丁美洲影响力较大。其短板主要表现为：一是制造业整体不突出，特别是高技术领域还依赖进口；二是与其他拉美国家一样，货币和金融较不稳定，容易受到外部冲击。

印度的优势主要体现在：一是计算机和软件产品具备一定研发能力；二是人口众多，人口结构较为年轻，劳动力成本相对廉价，有一定自然资

源可供出口；三是金融体系相对开放；四是近年来经济增速较快，在南亚地区影响力较大。其短板主要表现为：一是整个国家工业体系发展极不均衡，除部分领域外，自主研发能力较弱；二是居民教育水平相对较不发达，劳动力素质较为一般；三是与其庞大的人口相比，其国际影响力还有待提高。

俄罗斯的优势主要体现在：一是传统工业基础雄厚，特别是军工、航天、重工业等；二是自然资源，特别是天然气储量丰富；三是与部分前苏联成员国（如白俄罗斯、哈萨克斯坦及其他中亚国家）之间存在较为密切的准同盟关系，对这些国家的政治、经济影响力较大；四是与中国一样，是联合国五大常任理事国之一。其短板也非常明显：一是整个国家经济过于依赖能源和资源出口，有"荷兰病"倾向；二是东西部人口、经济等发展极不均衡；三是货币较不稳定，容易受外部环境影响；四是受地缘政治影响较大，2014年以来与美国为首的西方国家关系较为僵化。

南非的优势相对不突出，主要是部分矿产资源较为丰富，同时军工业在国际上有一定市场。

对于金砖国家在金融合作中的角色定位，东亚长期盛行的"雁行发展模式"或许可以提供一定的对比参照。第二次世界大战后，作为战败国的日本由于成功实施了以政府主导性、出口扩张性为主要特征的经济发展战略，国民经济在战争的废墟上得以迅速恢复和发展。随着日本经济在战后的重振，从20世纪60年代开始，特别是七八十年代以来，作为在东亚地区唯一的经济发达国家，日本开始逐步向东亚地区输出资本，在东亚地区建立了以自己为核心的国际分工体系，并在此基础上形成了"东亚雁行发展模式"。其中，日本为"配套完整的制造工厂型的发达国家"，属第一层次，其技术先进、工业发达、资金雄厚，居东亚经济发展的领头雁地位；"亚洲四小龙"是新兴工业化国家和地区，属第二层次，有比较先进的技术，但主要是在日本技术转移的基础上承接的，重点发展资本密集型企业，是东亚经济发展与合作的雁身；东南亚国家联盟各国是从农业起步向发展出口型工业方向迈进的一些国家，属第三层次，拥有较为丰富的资源和劳动力，重点发展劳动密集型工业，在东亚经济发展中充当雁尾的角色。

与"雁行发展模式"相比，金砖国家之间的关系更为复杂。一是中国尽管拥有较强的整体优势，但尚不具备日本在"雁阵发展模式"中体现出的资金、技术等绝对优势。二是其余四国，除南非外，也都在某些方面拥有相对优势，并不一定必然扮演雁身或雁尾的角色。三是"雁阵发展模式"更适用于具有产业梯次转移性质的区域分工，而金砖五国之间更侧重于资源、产品等互补流通的跨区域贸易分工。因此，对于金砖国家的合作关系，特别是金融合作关系需精确定位。

在金砖国家的整体合作中，中国、印度、俄罗斯由于综合实力相对突出，事实上具备相对更大的影响力，可以视为推动金砖国家合作的"三驾马车"。其中，中国一马当中，印度和俄罗斯分列两侧。巴西有可能成为迎头赶上的第四驾马车，而南非暂时处于跟随者的地位。尽管三驾马车的居中者在引领方向的作用方面相对更为突出，但印度和俄罗斯也有各自的核心利益和诉求，如果三者不能在战略方向和一些具体议题上取得共识，就有可能导致金砖集团这驾马车的前进轨迹偏离预定路线，甚至出现倒退。

具体到金砖国家的金融合作中，更没有绝对的主导者，五国之间发挥各自金融比较优势，优势互补、相互支持尤显重要。当然，由于中国超强的政治影响力、经济实力和外汇储备规模，加上人民币国际化的强劲步伐，可以多发挥一点作用，为其他四国提供较强的金融安全支持。但印度、巴西、俄罗斯也同样可作为金融合作的积极推动者。其中，印度和巴西在金融市场深化、金融开放等领域可以为中国提供有益借鉴；俄罗斯近年来也在努力推动卢布国际化，其经验和教训都可与中国进行交流。即便是南非，凭借其在非洲大陆的重要政治和经济影响力，也可以成为中国、印度等资金输出国参与非洲金融合作的重要桥梁。

第三章　新开发银行与金砖国家金融合作

第一节　开发性金融的理论与实践

通过比较开发性金融与政策性金融、商业性金融的异同，本章对开发性金融的含义和特点进行了总结，认为开发性金融是政策性金融的发展，与商业性金融有完全不同的经营目标和适用范围。开发性金融可以覆盖商业性金融所不会覆盖的领域，因而对社会经济的均衡增长具有积极意义。通过对世界银行等全球性和区域性开发性金融机构的比较，分析主要开发性金融机构的特点和运营模式，为分析金砖国家新开发银行进行理论和国际实践的铺垫。

一、开发性金融的相关文献综述

（一）开发性金融的含义

关于开发性金融（Development Financing），国外研究主要集中在对开发性金融机构的成立背景、业务模式及其发挥的社会功能的评价上，很少有研究者明确给出开发性金融具体的定义。归纳国外学者的研究，普遍认为开发性金融是指为了提高整体社会福利，由政府出资建立特定的金融机构，向金融支持不足或商业银行不能服务的行业提供贷款等金融支持的金融活动。

我国关于开发性金融的研究，是随着国家开发银行（三大政策性银行之一）成立和开发性金融业务探索而进行的。在国内，"开发性金融"一词较早由陈元在2003年首次提出，认为开发性金融是政策性金融的发展，与商业性金融有着完全不同的目标和范围。国家开发银行课题研究组（2006）认为，开发性金融是单一国家或国家联合体通过建立具有国家信用的金融机构（通常为开发性银行），为特定需求者提供中长期信用，同时以建设市场和健全制度的方式，加快经济发展，实现长期经济增长以及其他政府目标的一种金融形式。在总结国内外研究基础上，王绍宏（2008）认为，开发性金融是政策性金融的高级阶段，是指由政府赋权具有政府和国家信用的金融机构，通过融资推动制度建设和市场建设以实现政府特定经济和社会发展目标的资金融通方式。张存刚和张小英（2009）认为，开发性金融是指一国通过建立具有国家信用、体现政府意志的金融机构，以弥补市场失灵和政府失灵为理论基础，为经济与社会发展中的基础性产业或领域，或具有某种特殊战略重要性的产业或部门，或落后的地区提供中长期信用等金融服务。开发性金融是以政策性为原则、兼顾盈利性，以市场业绩为支柱，进行市场化运作，并以融资方式进行信用建设、市场建设和制度建设的金融活动的总称，是政策性金融的深化和发展。

在以上研究基础上结合国家开发银行的实践，时任国家开发银行行长的陈元（2010）认为，开发性金融是指国家或国家联合体通过建立具有国家信用的金融机构，为特定需求者提供中长期融资，同时以建设市场和健全制度的方式，推动市场主体的发展和自身业务的发展，从而实现政府目标的一种金融形式。可见开发性金融是以服务本国（或国家联合体）发展战略为宗旨，以中长期投融资为手段，把国家信用与市场化运作相结合，是缓解经济社会发展瓶颈制约、维护国家金融稳定、增强竞争力的一种金融形态和金融方法，具有国家信用的支持，体现政府意志和政策意图，能够把国家信用与市场原理有机结合起来。

由于意识到开发性金融和政策性金融、商业性金融之间关系界定不清晰，开发性金融还没有摆脱政策性金融框架的束缚，国内学者袁乐平、陈森和袁振华（2012）重新界定并进一步细分了开发性金融的内涵，认为开发性金融是以中长期投融资业务为主的金融活动，可以分为政策形态的开发性金融和商业形态的开发性金融。开发性金融机构是主要从事中长期投融资业务的金融机构，开发性金融机构的盈利主要依靠赚取高额的风险溢价。从资产和负债期限结构相匹配的角度看，开发性金融中长期的投资业务决定了它的资金不可能依靠吸收居民存款，而只能通过国家信用或自身信用背书，发行中长期债券等筹集资金。

（二）开发性金融、政策性金融和商业性金融

根据一般不完全金融市场理论，现代社会金融体系整体由三部分组成：商业性金融、政策性金融和开发性金融。其中，商业性金融和政策性金融是相对对立的概念，前者以经济利益最大化为第一目标，而后者以社会利益最大化为第一目标，开发性金融是介于纯粹的政策性金融和商业性金融之间的一种金融形态。开发性金融在具备政府信用、弥补市场失灵的同时，又兼具市场机制的优势，并且能克服政府计划的缺陷，因此开发性金融是弥补市场缺损和克服制度落后、维护国家金融稳定、增强国际竞争力的一种金融形式（陈元，2010）。从开发性金融和其他两类金融类型的关系出发，可辨析开发性金融的独特作用。

首先，开发性金融与政策性金融的异同。政策性金融是以国家信用和财政支持为依托，以优于商业性金融的条件向特定项目提供中长期大额贷款，以实现国家对特定欠发达领域的支持，实现社会和谐发展，并不追求自身业绩，其实质是财政拨款的延伸和补充，作用有限。在依靠政府信用增信、实现政府目标、促进经济社会协调发展以及不以盈利为主要目的等方面，开发性金融和政策性金融是一致的。但开发性金融是纯粹的政策性金融在引入市场运作机制下的新发展形式，是政策性金融的更高形式。因而开发性金融不像政策性金融那样依赖政府财政资金，它具有一定的商业化属性和"自生能力"，能实现可持续发展，可以说是传统的政策性金融的发展和超越。

其次，开发性金融和商业性金融的异同。开发性金融与商业性金融都采取市场化运作的方式，但两者的根本不同之处在于，开发性金融不以盈

利为唯一目标，从所支持的领域看，开发性金融不直接进入已经高度成熟的商业化领域，因而其支持重点是在市场缺损、制度缺失的领域，以融资为杠杆，引导社会资本投向国家重点支持领域，在没有市场的地方建设市场，在有市场的地方充分利用和完善市场，有效填补薄弱环节和落后领域的金融市场空白，并在这一过程中取得自身可持续发展必需的利润。不仅要通过长期、大额、稳定的资金支持，加快社会发展瓶颈领域和薄弱环节的发展，同时也要以开发性方法弥补信用和市场的空白和缺损，构建健康的市场主体，增强经济发展的内生动力，这是开发性金融与商业性金融的根本区别。

国内也有学者进一步将开发性金融、政策性金融和商业性金融之间的关系总结为包含、交叉和并列三重关系（袁乐平、陈森和袁振华，2012）。一是政策性金融和开发性金融之间是包含与被包含的关系。由于开发性金融是政策性金融的深化和发展，它不仅能从事传统的政策性金融业务，而且能进行市场化经营，其能力和潜力均远远大于政策性金融。开发性金融发端于政策性金融，是传统的政策性金融的继承和超越，也带有明显的政府参与特征，具有明显的政策导向性。从这一角度讲，也从属于政策性金融。二是开发性金融是政策性金融和商业性金融的交集，三者存在交叉关系。开发性金融是政策性金融和商业性金融的融合。三是开发性金融又是有别于政策性金融和商业性金融的一种独立的金融形态。开发性金融从业务范围和金融支持效率上弥补上了政策性金融的不足，目前部分开发性金融机构的国际实践已经突破了政策性金融的框架，实现了完全商业化运作，对已有开发性金融的定义提出了严峻挑战。从这一角度看，开发性金融、政策性金融和商业性金融之间是并列关系。

根据开发性金融发展的层次和范围，可将其分为四个发展阶段。

第一阶段是"政策性金融初级阶段"，开发性金融作为政府财政政策的延伸，以财政性手段为主弥补市场失灵，资金来源主要依靠财政资金。

第二阶段是"机构和制度建设阶段"，成立专门的开发性金融机构，作为提供信贷资金的主体以国家信用参与经济运行，推动市场建设和制度建设。

第三阶段是"作为市场主体参与运行"阶段，随着市场的充分发育，各类相关制度不断完善，国家信用与金融市场运行逐步分离，经济运行完全纳入市场的轨道，开发性金融也就完成了基础制度建设的任务，开发性金融机构作为市场主体参与运行。

第四阶段是"开发性金融跨国合作"阶段。能突破单一国家、单一机构的局限，实现不同国家之间的开发性投融资行为的共享，支持欠发达国家和地区的基础设施建设等存在发展欠缺的领域的发展，同时平抑国家联合体成员的经济波动和防止风险外溢。目前，我国的国家开发银行已走过政策性金融初级阶段，正处于制度建设阶段（张存刚和张小英，2009）。世界银行、亚洲开发银行以及2014年成立的新开发银行都是类似的跨国开发金融合作机构，再如德国复兴信贷银行也已走过了国内发展阶段，作为欧洲最大的开发性金融机构之一，为全球发展中国家的私营企业提供融资服务。

（三）开发性金融的理论基础

1. 开发性金融有助于克服市场失灵和政府失灵

现实经济生活中，完全竞争的市场条件是不存在的，纯粹的市场机制在许多领域都是无能为力的，无法通过市场的"无形之手"达到充分竞争和资源的最优配置，这就是经济学中的"市场失灵"。市场失灵具体有三种类型：一是结构性市场失灵，表现为公共物品、垄断和自然垄断、信息不对称与不充分；二是功能性市场失灵，主要表现为外部不经济、宏观经济失衡和经济的周期性波动；三是制度性市场失灵，如收入分配不公平、需求者与支付者的矛盾，以及有益商品的生产和有害商品的消除等。

由于市场失灵的普遍存在，政府不得不采取各种宏观调节措施对市场机制的缺陷加以弥补或矫正。然而政府"有形之手"在弥补市场失灵而对经济、社会生活进行干预的过程中，由于政府行为自身的局限性和其他客观因素的制约会产生新的缺陷，进而无法使社会资源达到最佳配置，这即所谓"政府失灵"。表现主要包括金融体系发育滞后、经济结构扭曲、融资制度僵化、运营效率低下、信息不对称、激励和约束机制不足等，政府失灵的结果会导致政府的浪费、预算软约束、宏观经济政策滞后或偏差造成市场机制扭曲、公共物品的生产供应不足或过剩、"寻租活动"和贿赂行为的蔓延，从而造成社会交易成本提高、滥用职权等官僚现象严重等。

经济实践越来越表明，社会经济中存在一个处于政府和市场之间的领域，这个领域的问题单单凭借市场或政府都难以有效解决。而开发性金融正是人们不断深化认识市场调节与政府调节相融合趋势的产物，也是缓解和克服市场失灵与政府失灵的现实选择（张存刚和张小英，2009）。

2. 金融体系的维度划分与开发性金融

从金融机构的经营目标维度看，金融体系从可以分为商业性金融和政策性金融。商业性金融的第一经营目标是经济效益最大化，政策性金融的第一经营目标是社会效益最大化。现实社会中，两种金融模式的界限往往不是那么泾渭分明，商业性金融可能会兼顾社会效益，那是为了更好地实现其所追求的经济效益；政策性金融也可能会兼顾经济效益，那是为了保持持续经营，以更好地实现社会效益（曾康霖，2006）。

从投融资期限维度，也可区分开发性金融和传统性金融，开发性金融支持的多为基础设施建设等较长期限的项目，因而主要以中长期投融资为核心业务，贷款支持期限为 5 到 10 年甚至更长期限；而传统性金融（如商业银行）则是以中短期投融资为主要业务，而且受到资产和负债期限结构匹配的限制，5 年期以上的长期贷款占比不可能过高。

如果同时从经营目标和投融资期限两个维度划分，则金融体系可以分为如下四种模式。一是传统商业性金融，是以短期投融资为主要业务、以获取经济利润为主要经营目标的金融活动。二是传统政策性金融，是指以短期投融资为主要业务，以实现社会公平为主要经营目标的金融活动。三是开发商业性金融，是指以中长期投融资为主要业务，以获取利润为主要经营目标的金融活动。四是开发政策性金融，是以中长期投融资为主要业务，以实现社会公平为主要经营目标的金融活动。如图 3 - 1 所示，开发性金融与政策性金融之间的关系并非是简单的包含或者交叉关系，而是金融理论从不同维度划分的结果（袁乐平、陈森和袁振华，2012）。

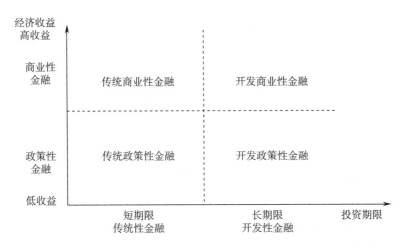

图 3 - 1　开发性金融、商业性金融和政策性金融的关系

3. 我国开发性金融运行的基本原理

在发展中国家的发展进程中，资金资源的有效配置受到两方面的制约。一方面，存在着明显的市场失灵，需要政府的干预来加以纠正；另一方面，发展中国家普遍存在政府财政资金不足、制度不健全的缺陷，政府干预的能力不足，也即政府失灵。为了克服这两方面矛盾，通过金融制度的创新构建一种介于市场调节与政府干预之间、既体现政府意图又遵循市场规律、以市场化手段实现政府目标的金融制度。各国在探索这种金融制度的曲折经历表明，以财政补贴为特征的传统政策性银行多数难以实现其制度初衷，在这一过程中开发性金融的形式逐渐产生并日益完善。

我国开发性金融一个重要的运行机制就是"政府入口、开发性金融孵化、市场出口"（陈元，2010）。也即通过将开发性金融机构的融资优势与政府的组织协调优势相结合，通过组织增信，把政府的力量转化为市场的力量。一方面，开发性金融通过信用建设、培育贷款主体和引入政府协调与增信等手段，大大增强了金融信息和资源的可获得性，降低了市场信息成本和交易成本，促进了金融市场的完善。另一方面，政府通过开发性金融向有发展潜力的生产部门融资，一定程度上弥补了金融市场的失灵。这里，最核心的是通过融资推动社会各方共建市场、信用、制度，为发展提供根本的动力。

二、开发性金融的特征

从上述开发性金融的含义，以及国内外开发性金融的开展实践，我们可以总结出其具有以下方面的特征，从多个侧面观察，才能全面了解开发性金融的真实面貌。

第一，开发性金融是对政策性金融的深化和发展。开发性金融在相当程度上是为了弥补"市场失灵"缺陷，为了宏观和长远的经济、社会发展目标，代表国家和政府进行的金融资源开发与服务；开发性金融作为政府意志的载体，帮助实现政府的战略目标。因而，开发性金融的政策性是其一个基本特征。具体而言，政府借助开发性金融，作用于市场机制不予选择的空白领域或不予选择的薄弱环节，从国家战略高度实现资金的有效转移和配置，使得社会瓶颈领域得以建设，体现国家产业政策和结构调整的要求，更好服务于国家经济的发展。同时，开发性金融比政策性金融发展之处在于，其更多地体现市场建设和市场融资，强调国家信用和市场业绩的统一，从而实现社会效益最大化的目标。

第二，国家信用是开发性金融市场化运作的基础。开发性金融以国家信用为基础，是在政府增信、政府主导下运行的。政府增信是开发性金融机构的重要特点，其核心在于运用国家及政府信用，建设市场配置资源的基础和支柱。国家及政府为其增信，是开发性金融市场化运作的基础。在开发性金融发展的过程中保留了政策性金融的基本性质，这也是开发性金融存在和发展的重要基础。由于国家信用的支持，开发性金融机构才能够在资本市场上发行风险小、易为市场接受的债券，筹集到长期稳定、成本低的资金，对国家重点发展领域提供融资支持。只有以国家信用为基础构建资源配置平台，才能将政府的组织优势与开发性金融机构的市场融资优势相结合，依靠信用体系和制度体系的重新整合，以实现政府稳定经济和社会发展目标。

第三，开发性金融以市场业绩为持续运行的支柱。开发性金融追求优异的市场业绩，以商业性金融的方式运作开展盈利业务，有着明确的定价理论和产权关系，是通过建设市场来实现政府目标的。将国家信用与市场业绩相结合，以资产质量保证市场业绩，以市场业绩维护和增强国家信用，坚持依靠自己的资产质量和盈利能力来维持开发性金融的可持续发展，正是开发性金融区别于政策性金融的主要特征。但与商业性金融不同的是，开发性金融强调市场业绩，并不是为了个体利益或部门利益，而是把财力集中用于社会的瓶颈领域和欠发展领域，促进经济社会协调和整体发展，追求社会宏观效益最大化。总之，开发性金融能将以市场化的融资优势和政府的政策和组织协调优势相结合，同时有效发挥政府和市场的作用。

第四，开发性金融针对商业性金融不介入的领域。开发性金融并不进入高度成熟的市场领域与商业性金融竞争，而是主要支持市场缺失或有发展瓶颈的领域（包括本国乃至国际范围），如发展中国家的基础设施建设领域，主动运用和依托国家信用来培育市场、完善市场条件和市场环境，进行项目建设、市场建设、制度建设和信用建设等。而当市场培育成熟后主动退出市场，把它留给商业性金融或社会资金进入。

第五，开发性金融实行政府机构债券和金融资产管理方式相结合。在资金来源上，开发性金融享有在市场上发行金融债券的特许权，属于政府机构债券，是基于政府信用而尚未被市场分化的融资形态，具有准财政、准信贷和准股权性质，可以根据职能任务的需要进行转化，可用于债权融资，也可用于股权融资。在管理上，是用金融资产管理方式，考核资产质量。通过滚动发行债券保持流动性，强调远期的损益平衡，不立足于当期回报，以将来收益为主，实现流动性平衡和损益平衡的适度分离，最终达到平衡和统一。

第六，开发性金融实行以融资优势和政府组织协调优势相结合。政府和市场要相互结合、相互作用，政府推动市场发展，市场为政府目标服务。开发性金融把政府、市场观念和开发性金融主动结合起来，使政府力量和市场的力量相互转化和互相促进。政府利用其掌握的财力、协调能力、立法能力等加速市场建设，提高整体效率。一旦市场建设起来，就变成政府影响力在其中推动的市场，变成了与政府合作的市场，在市场发展中实现政府的发展目标。

三、开发性金融对经济增长的影响

经济现实的多样化决定了金融形态的多样化，无论是单一依赖市场还是依赖政府的金融结构都无法从根本上满足经济发展的需求。市场的缺失使商业性金融无从着手，指令经济的效率低下又使得政策性金融无法发挥应有的作用。开发性金融作为一种独立的金融形态，有利于弥补商业性金融的不足，在经济中发挥独特的作用。

刘大为、周苗（2007）分析了开发性金融债券的发行和创新实践活动，说明开发性金融债券不仅有效促进了开发性金融机构融资体制的完善及中国债券市场的发展，还推动了中国金融体系和金融结构的调整和转变，在经济中发挥了重要作用。李志辉、李萌（2007）基于开发性金融原理对中小企业融资的开发性金融支持模式（DFS）的机理、经济效用和运作流程进行了系统分析，研究表明该模式能够使中小企业获得潜在外部利润、扩大中小企业融资的可能性边界、减轻融资双方的信息不对称程度，从而缓解中小企业的融资困境。林勇、张宗益（2007）在归纳总结现代金融理论体系的基础上，对开发性金融进行了理论研究上的定位，并提出了该理论的研究框架。开发性金融理论是不完全市场金融理论的重要组成部分，在理论研究中应注重借鉴新制度经济学和信息经济学的研究思路和方法。李惠彬和高金龙（2009）对商业性金融与开发性金融对经济增长的影响强度系数进行了测算，结果表明，开发性金融要素比商业性金融要素更加稀缺，资源配置的效率更高，经济增长对开发性金融要素反应更加敏感。根据开发性金融理论及一般金融理论，罗玲玲（2012）基于开发性金融对经济增长的基本作用路径，运用夸克自回归模型对开发性金融对经济增长的影响强度进行动态测量，认为开发性金融对经济增长的影响长期效应明显，而且外部性显著。

理论研究和经济发展实践均表明，开发性金融对经济增长具有显著的影响强度，能弥补市场发展的缺陷，熨平经济发展的波动，而且长期效应明显、外部性显著，开发性金融对社会经济长期稳定增长的作用明显。

第一，对发展中国家而言，开发性金融可以补充和完善市场建设。市场根据发展规律可分为空白、缺损、低效、稳定和高效五个阶段（陈元，2009）。在市场建设的前期阶段，是开发性金融在政府和市场间发挥作用的关键点。这一理论适用于大部分发展中国家。如在我国市场空白、缺损的情况下，开发性金融就要主动担负起建设和完善市场的责任。市场建设能够将投资、消费、出口三大需求变为有效需求，因而可将市场化建设看作拉动经济增长的第四动力。在具体操作上，开发性金融机构的融资推动是市场建设的载体和动力，通过资金支持弥补市场欠发展的领域，共同建设市场良性运转的制度、规则和体系。通过建设市场，开发性金融把一般商业金融不愿介入的瓶颈领域变成了可以商业化运作和持续发展的成熟领域，从而促进经济的均衡和全面发展。

第二，开发性金融能以中长期投融资平抑经济周期波动。与商业金融相比，开发性金融机构能运用资本市场发行金融债券，促进短期、零散储蓄向长期、大额资金转变，支持中长期业务领域发展，对平抑经济周期发挥积极作用；同时也能避免一般商业性金融机构短期负债和长期资产之间的期限错配风险。开发性金融机构由于不以经济利益最大化为首要目标，可以在经济上升期让出市场份额，为商业性金融发挥作用让渡空间；在经济下行期率先向需要重点发展的领域注入资金，增强市场信心，拉动经济增长，并有效熨平经济波动周期。

第三，开发性金融能有效缓解经济社会发展中的"瓶颈"制约问题。多数发展中国家在基础设施、基础产业和支柱产业领域的建设任务还远没有完成，农业发展、中小企业、文教卫生等民生领域发展严重滞后。在这些领域，传统财政支持作用有限，而由于市场和信用建设不完善，商业性金融无力也不愿涉足，有效资金支持的缺乏使其成为整个社会经济发展的

"瓶颈"，制约了整体经济的均衡健康发展。而开发性金融能够通过融资推动，把政府、市场和金融等力量结合起来形成合力，共同推进市场建设，完善微观制度和金融基础设施，用市场化方式实现政府的发展目标，有力支持瓶颈领域的发展，有效缓解经济社会发展中"瓶颈"的制约。

第四，开发性金融对经济实体具有更大的外部性。财政资源、物质资本、人力资本等经济增长要素在开发性金融的催化下，得到了更加有效的释放和发挥，对经济增长具有较大的引导和促进作用，表现出巨大的经济外部性。开发性金融资金投向国家基础性、战略性、源头性生产领域，而这些产业具有明显的经济增长效应，所以开发性金融对经济增长具有强烈的乘数传导效应和巨大的经济溢出效应。同时，开发性金融作为重要的宏观金融工具，肩负着弥补社会发展短板、开拓未成熟市场、建设制度、贯彻国家经济政策的重要使命，对整个社会经济的外部性效应明显。

第五，开发性金融有助于完善国家投融资体系。开发性金融通过建设市场的方式构建出新型的投融资模式，在商业性金融、政策性金融的基础上，弥补国家投融资体制的缺损，结合发挥其融资优势与政府组织协调优势，以组织增信的方式促进经济发展和市场建设。

第六，开发性金融对经济增长具有更强的长期支持效应。开发性金融强调基础性建设和发展平台的搭建，着眼于经济未来长远的发展态势，尤其体现在它对基础设施建设、技术进步的促进以及由此带来的一系列重大的、持续的、深刻的变革上。所以开发性金融投资和服务规模巨大、运作周期较长，具有明显的长期支持效应，即随着时间的推移，开发性金融影响强度系数会越来越大。开发性金融的这种作用主要体现在对技术进步的促进以及由技术进步所带来的一系列重大变革上，相较而言，商业性金融的短期信贷行为及其投资领域决定了其对社会经济进步的长期影响有限。

四、开发性金融的国际实践和合作

在国际上，开发性金融在第二次世界大战后各国的重建过程中开始发展，世界主要的开发性（或政策性）金融机构中，致力于帮助在第二次世界大战中被破坏的国家重建的世界银行和国际货币基金组织（1945 年成立）、德国复兴信贷银行（1948 年成立）、韩国产业银行（1954 年成立）、新加坡星展银行（1968 年成立），均是在第二次世界大战结束及其后不久成立的。2008 年金融危机后，开发性金融在世界上进入新的发展高潮，但此时中国、印度等发展中国家的经济实力已经和第二次世界大战结束时期不可同日而语，对布雷顿森林体系下世界银行和国际货币基金组织改革的呼声日益高涨，这一背景下金砖国家倡导成立的新开发银行（BRICS New De-velopment Bank），是对世界开发性金融机构的重要补充，甚至会对全球金融体系产生深远的冲击和影响。下文对新开发银行成立之前的开发性金融在世界各国的实践进行介绍和比较，有关新开发银行的内容在下一章中介绍。

（一）世界银行及全球开发性金融

世界银行（World Bank）成立于 1945 年 12 月 27 日，和国际货币基金组织（IMF）一起作为第二次世界大战后布雷顿森林体系的重要组成部分。而且两者是紧密联系的：凡是参加世界银行的国家必须首先是国际货币基金组织的会员国。

世界银行是一个国际组织，一开始的使命是帮助在第二次世界大战中被破坏的国家的重建；如今的任务是资助世界各个国家克服穷困和提高生活水平。主要支持领域为人类发展领域（如教育、医疗）、农业及农村发展领域（如灌溉、农村建设）、环境保护领域（如降低环境污染、制定实施相关法规）、基础设施建设（如修建新路、城市复兴、电网增容）等。世界银行通过向成员国提供优惠贷款支持其发展，同时向受贷国提出一定的要求，比如减少贪污或建立民主制度等。

从构成结构来看，世界银行是世界银行集团（WBG）的俗称，主要包括五个机构：1945 年成立的国际复兴开发银行（IBRD），1956 年成立的世界金融公司（IFC），1960 年成立的国际开发协会（IDA），1966 年成立的国际投资争端解决中心（ICSID），以及 1988 年成立的多边投资担保机构（MIGA）。这些机构联合向发展中国家提供低息贷款、无息信贷和赠款。2012 年，世界银行为发展中国家或转型国家提供了大约 300 亿美元的贷款或帮助。

从表决机制来看，世界银行实行加权表决制。表决方式分为简单多数通过和特别多数通过，特别多数又包括 70% 特别多数和 85% 特别多数。非重要事务简单多数即可通过，重要事务必须经总投票权 70% 多数通过，重大事项必须有 85% 以上的投票权通过方能决策实施。当前，美国占总投票权的 16.75%，对于需要 85% 特别多数通过的决议事项，美国拥有"一票否决权"。与此同时，新兴国家的投票权数仍较低，与其经济地位不相符合，改革世界银行投票权的呼声自 2008 年金融危机以来日益高涨。

国际货币基金组织和世界银行能够主导国际清算银行（BIS）的决定。贫穷国家可能会遭到国际清算银行的勒索，被迫与国际货币基金组织达成协议，否则就会被冻结国际贷款信用。近年来，在开发资金贷款方面，世界银行已被中国的国家开发银行和巴西开发银行（BNDES）等超越。

世界银行近年来坚持发布年度的《全球开发性金融报告》（Global Development Finance）。在《2009 年全球开发性金融：制定全球复苏路线图》中，世界银行认为自美国抵押贷款市场的问题引发大萧条以来最严重的金融危机之后，资本向发展中国家流动的前景十分黯淡。金融危机的加剧极大地改变了世界的经济前景，2009 年出现了自第二次世界大战以来的首次收缩，而国际贸易则可能遭受第二次世界大战以来最大幅度的下滑。金融危机的全球性本质使政策协调受到重视，要改善监管和防止危机，就必须在国家层面和国际层面的措施之间取得平衡。

2012 年 1 月，世界银行的一份关于开发性金融的调查指出了一个"有趣的发现"：在 2008 年至 2010 年的国际金融危机中，大部分开发性银行都融资支持了面临暂时性困难、无法从私营商业银行或资本市场融资的企业，发挥了反周期作用。2007 年到 2009 年间，被调查的开发性银行累计贷款额从 1.16 万亿美元增长到 1.58 万亿美元，3 年间增长了 36%，远远高于同期商业性银行贷款 10% 的增长。报告强调，国际金融危机仍然是世界经济的主要风险，开发性银行可以在金融市场动荡、企业融资成本和能力严重受损时继续发挥作用。世界银行的这份报告把开发性金融机构的规模划分为小型、中型、大型和巨型，其中巨型占5%，包括中国国家开发银行、巴西开发银行、德国复兴信贷银行和北莱茵威斯特法伦州银行，其中前三家银行的资产均超过世界银行。

世界银行公布的《全球开发性金融2012》采用了截至2010年的数据，反映了当今世界经济发展现状和国际金融体系的特点。即无论从经济规模、融资需求、增长速度等各方面来看，以金砖国家为代表的发展中国家都成为当今世界越来越重要的经济力量。首先，在129个发展中国家中，金融危机后的债务增长需求巨大，而且主要集中在前十大借款国，尤其是金砖国家身上。2010年发展中国家的外债中，金砖四国（巴西、俄罗斯、印度和中国）几乎占40%，前十大借款国占外债总额的64%。就2010年净资金流入而言，前十大借款国家平均增长了接近80%，而其他所有发展中国家的净资金流入合计仅增长了44%；前十大借款国的净资金流入增至3590亿美元，几乎是其他119个发展中国家的两倍；而前十大借款国股票融资增长了30%，其他发展中国家增长了16%。仅中国一个国家就吸纳了2010年当年所有发展中国家资金净流入的30%，金砖四国合计占58%（见表3-1）。

表3-1　　2010年底外部债务存量和2010年净流入前十名国家

单位：亿美元

国家	2010年底外债存量		2010年净流入			外债占比（%）
	金额	占比（%）	合计	债务	股权	
中国	5486	13.5	3373	1209	2164	29.9
俄罗斯	3847	9.4	521	140	381	4.6
巴西	3470	8.5	1646	785	861	14.6
土耳其	2939	7.2	404	277	127	3.6
印度	2903	7.1	1027	386	641	9.1
墨西哥	2001	4.9	487	294	193	4.3
印度尼西亚	1791	4.4	299	145	154	2.6
阿根廷	1279	3.1	232	171	61	2.1

续表

| 国家 | 2010 年底外债存量 | | 2010 年净流入 | | | 外债 |
	金额	占比（%）	合计	债务	股权	占比（%）
罗马尼亚	1215	3.0	137	102	35	1.2
哈萨克斯坦	1187	2.9	178	77	101	1.6
前十个借债国	26118	64.1	8304	3585	4719	73.5
其他发展中国家	14645	35.9	2993	1367	1626	26.5
所有发展中国家	40763	100	11297	4952	6345	100

资料来源：World Bank Debtor Reporting System。

其次，从发展中国家的外部债务来源看，布雷顿森林体系下的机构，包括国际货币基金组织和世界银行（国际开发协会和国际复兴开发银行），对发展中国家的融资支持并不占主要地位。从图3－2可见，在2005年到2010年间，对发展中国家而言最主要的债务融资来源分别是：其他多边债权人、双边债务人、国际复兴开发银行、国际货币基金组织，以及国际开发协会。尤其是国际货币基金组织对发展中国家的债务支持在2010年甚至下降了41%。

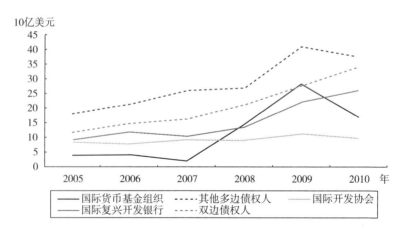

资料来源：World Bank Debtor Reporting System。

图3－2　发展中国家的双边和多边债权人总额（2005—2010年）

再次，发展中国家吸收的外商直接投资（FDI）高度集中于中国等金砖国家。2010 年，流入中国的 FDI 大幅增长 62%，达到 1850 亿美元，占 129 个发展中国家 FDI 总和的 37%（见图 3-3）。如果不考虑中国，其他发展中国家的 FDI 流入量在 2010 年仅增长了 12%。根据中国政府 2011 年修改后的统计数据，2005 年到 2010 年，中国的 FDI 占所有向世界银行债务人报告系统（DRS）报告的 129 个发展中国家 FDI 总量的 30%。不仅在发展中国家，甚至在所有发达国家中，中国也是最大的 FDI 接受国。其中，中国的制造业是 FDI 的主要投向，2010 年吸引 FDI 达 700 亿美元，比 2009 年增长 50%；与此同时，金融业吸收的 FDI 增长了 300%，达到 120 亿美元，房地产行业吸收的 FDI 增长了 78%，达到 210 亿美元。

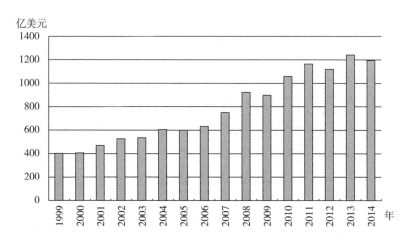

资料来源：中国人民银行。

图 3-3　中国吸引的外商直接对外投资

在 2010 年的 FDI 前十大接受国中，只有两个国家的 FDI 数据出现了下降（见图 3-4）。可见大部分发展中国家，尤其是收入水平较低的国家 2010 年吸引的 FDI 显著增长，这主要是在农渔矿业和基础设施建设方面，发展中国家内部的"南南投资"增长所致。

最后，发展中国家在 2010 年总的股权资本流入增长有限。股权资本流动是发展中国家资本流动高度集中的部分。2005 年到 2010 年间，投资者提

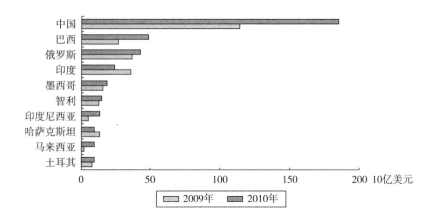

资料来源：国际货币基金组织和世界银行。

图 3 - 4 2009—2010 年 FDI 净流入前十大接受国

供了 4920 亿美元的股权资本流动，其中 99% 集中于 10 个发展中国家，而中国、巴西和印度三个国家就占 73% 的股权投资（见表 3 - 2）。2008 年金融危机期间，发展中国家的股权投资减少了 530 亿美元；但在金融危机以后看到了新兴市场经济具有较好的增长前景，股权投资快速恢复。2009 年发展中国家股权投资净流入达到 1080 亿美元，而且 2010 年投资者意识到经济危机对新兴市场的影响已经消减，FDI 继续增长 18%，达到 1280 亿美元。但发展中国家在 2010 年总的股权资本流入增长有限，除印度外，其他所有发展中国家的股权资本增长只有 1%，而俄罗斯竟有 48 亿美元的股权资本流出。

表 3 - 2   2005—2010 年股权资本净流入前十大接受国

单位：10 亿美元

	2005 年	2006 年	2007 年	2008 年	2009 年	2010 年
中国	20.3	42.9	18.5	8.7	28.2	31.4
巴西	6.5	7.7	26.2	-7.6	37.1	37.7
印度	12.2	9.5	32.9	-15.0	21.1	40.0
南非	7.2	15.0	8.7	-4.7	9.4	5.8

续表

	2005 年	2006 年	2007 年	2008 年	2009 年	2010 年
土耳其	5.7	1.9	5.1	0.7	2.8	3.5
泰国	5.1	5.2	4.3	−3.8	1.3	3.4
越南	0.1	1.3	6.2	−0.6	0.1	2.4
俄罗斯	−0.1	6.5	18.7	−15.0	3.4	−4.8
印度尼西亚	−0.2	1.9	3.6	0.3	0.8	2.1
墨西哥	3.4	2.8	−0.5	−3.5	4.2	0.6
前十国合计	60.2	94.7	123.7	−40.5	108.4	122.1
所有发展中国家合计	67.5	107.7	133.0	−53.4	108.8	128.4

资料来源：国际货币基金组织和世界银行。

（二）具有代表性的国际开发性金融机构比较

金砖国家新开发银行是一种新兴的国际金融机构，它是政策性、跨区域性的洲际银行。目前全球性的国际金融机构主要有国际货币基金组织、世界银行、国际开发协会、国际金融公司，区域性的金融机构主要有国际清算银行、欧洲投资银行、亚洲开发银行、欧洲复兴开发银行、美洲开发银行等。比较典型的国际金融机构的模式对金砖国家新开发银行的构建和顺利运行会有所启发。

如总部位于华盛顿的美洲开发银行，是成立最早、最大的多边和区域性开发银行，在对拉美国家经济社会发展计划提供贷款时，经常与其他机构联合融资。如它和欧盟分别提供 3760 万美元和 2690 万美元，联合为圭亚那电力系统改造项目提供融资支持；它与中国国家开发银行合作，为美洲地区的基础设施、民生项目筹集资金等。

总部位于伦敦的欧洲复兴开发银行，成立之初就鼓励公私部门开展融资合作，为中东欧国家的私营企业和基础设施建设提供资金支持。如它长期与哈萨克斯坦商业银行合作开展的小企业规模化贷款业务，已成为中亚地区最成功的金融项目之一。

总部位于科特迪瓦阿比让（2002 年临时迁至突尼斯至今）的非洲开发银行，与亚洲开发银行、美洲开发银行、阿拉伯金融机构等有良好合作关系。其与中国人民银行于 2014 年 5 月签署 20 亿美元的融资协议，联合为非洲基础设施建设和工业化提供融资支持。

与亚洲国家更为相关的亚洲开发银行（ADB）是 1965 年 3 月根据联合国亚洲及远东经济委员会第 21 届会议签署的《关于成立亚洲开发银行的协议》而创立的。总部设在菲律宾马尼拉。亚洲开发银行的宗旨是，为亚太地区的发展计划筹集资金、提供技术援助。与国际货币基金组织及世界银行不同，亚洲开发银行资金来源主要是成员国缴纳的股金、亚洲开发基金和在国际金融市场上发行债券。该行的业务活动主要是向成员国提供项目贷款和技术援助，参与股票投资与共同投资。由于亚洲开发银行前两大股东分别是美国和日本，其决策也不免受到美日等发达国家的影响，无法很好回应新兴市场国家的发展诉求。

亚洲开发银行共由 48 个亚太地区国家和 19 个非亚太国家组成，初始法定股本为 10 亿美元，后来经过多次增资，截至 1996 年底，亚洲开发银行的核定股本增至 500 亿美元。亚洲开发银行各成员国的投票权，大体根据当时各国经济实力分布。两个最大股东是日本和美国，两国各占同样的 15.6% 的股权和 12.8% 的投票权，中国是第三大股东，占 6.6%。亚洲地区作为世界上最有经济活力和潜力的地区，需要大量的资金进行基础设施建设，亚洲开发银行重视吸收多边、双边机构和商业性金融机构的参与，对亚洲各国的基础设施建设提供了大量资金支持。

表 3 – 3　　　　　　　　主要国际开发性金融机构概况

机构名称	成立时间	总部	初始资本	成员国数量	最大股东（占比）
世界银行	1944 年	华盛顿	100 亿美元	186	美国（15.85%）
国际货币基金组织	1945 年	华盛顿	——	188	美国（16.75%）
美洲开发银行	1959 年	华盛顿	8.13 亿美元	48	美国（30%）
非洲开发银行	1964 年	突尼斯	2.5 亿记账单位*	86	日本（未披露）
亚洲开发银行	1966 年	马尼拉	10 亿美金	67	日本（15.7%）
欧洲复兴开发银行	1991 年	伦敦	100 亿欧元	61	美国（10%）

续表

机构名称	成立时间	总部	初始资本	成员国数量	最大股东（占比）
金砖国家新开发银行	2014 年	上海	500 亿美元	5	金砖五国各占 20%
亚洲基础设施投资银行**	2015 年	北京	1000 亿美元	57 个创始成员国	中国

注：＊每记账单位价值 0.888671 克纯金。

＊＊亚洲基础设施投资银行（亚投行），截至 2015 年 4 月 15 日共有 57 个国家和地区申请或意向表态成为初始成员国，包括除美日以外的主要发达国家。

　　下文我们选取四家发达国家的开发性金融机构进行介绍和比较，分别是德国复兴信贷银行（1948 年成立）、韩国产业银行（1954 年成立）、新加坡星展银行（1968 年成立）以及日本政策投资银行（2008 年 10 月成立）。这些开发性银行的共同特点是，初始均由政府设立、在国内开展业务；随着国家经济和社会的发展以及银行自身实力的扩大，这些银行的业务范围逐步走出国门；而且部分政策性银行在其发展过程中被动或主动地进入了商业银行业务领域，与商业银行进行竞争。从业务模式上，这四家机构可以分为以下种类：

　　第一类是纯政策性业务模式。日本政策投资银行就是典型的政府政策性金融机构。一旦政府决定对某些产业提供政策性资金支持，则反映了国家经济发展的长远目标，表明政策对这些部门的扶持。政策性金融支持增强了商业性金融机构对相应产业的信心，而一旦民间商业性金融的投资热情高涨起来，政策性金融就逐渐减少其份额，把该投资领域让给民间商业性金融，自己转而扶持其他欠发展的行业。这反映出密切配合政府经济政策，政策性金融对商业性金融诱导补充而不替代，对融资对象加以扶持而不包揽。

　　第二类是混合经营模式。韩国产业银行成立于 1954 年，是韩国唯一的政策性金融机构。其成立的初始目的是为了恢复战后严重被破坏的国家经济，为经济发展提供长期资金。在 1997 年亚洲金融危机后，韩国产业银行负责对整个市场提供资金，通过债转股和其他贷款重组方式帮助企业重组；并通过担保债券凭证和担保贷款凭证解决信贷紧缩问题。其作为政策性银行，在经济危机中通过提供金融支持对经济的恢复作出贡献。在半个多世纪的发展过程中，韩国产业银行逐渐对政策性业务和市场业务进行混合经营，成立了不同的业务部门进行专门经营，并分开核算。如韩国产业银行积极开展项目融资、企业并购、债务重组、承销债券和风险投资等业务，并自我定位为世界领先的投资银行。但是由于其政策性银行的基因，其享受的国家信用以及基于此的低成本融资，使得其在市场业务中与其他商业银行相比更有优势，这在一定程度上破坏了市场竞争机制。

第三类是分离模式。德国复兴信贷银行将与商业银行产生竞争的出口信贷和项目融资业务独立出来成立子公司单独经营，最终保留了纯粹的政策性银行性质。银行本体充分利用优惠政策和国家信用，通过市场规律的运作，达到了促进德国经济发展和德国与发展中国家及转型国家合作的政策性目标。分离出的子公司则成为纯粹的商业银行进行运作，既保留了该行有一定竞争优势的市场业务，又避免利用国家优惠政策与商业银行进行竞争的问题。与德国复兴信贷银行相反，星展银行是将原有的政策性业务分离出来，成为一个纯粹的商业银行。

四家政策性银行的经营模式详细比较及其之间的关系见图 3 – 5（郑新华和黄剑辉，2005）。

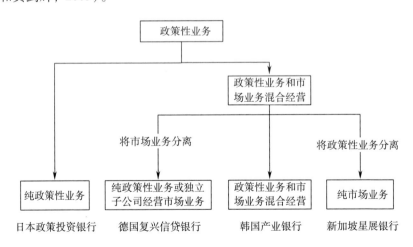

图 3 – 5　四家政策性银行经营模式比较

第二节　新开发银行在金砖国家金融合作中的作用

金砖国家间的金融合作，可以通过双边合作或多边合作展开，具体的模式包括协调监督及监管合作、市场基础设施合作建设、资本市场合作、商业银行合作等，其中开发性金融合作因其兼具政府信用和市场机制，是金砖国家开展广泛深入金融合作的重要模式。金砖国家新开发银行的提出和设立，不仅丰富了全球金融体系的结构，更是金砖国家间金融合作的新的重要平台，有望在金砖国家促进基础设施建设、实现经济社会全面发展方面发挥巨大的积极作用。

一、新开发银行是金砖国家经济发展的客观要求

（一）全球经济版图变迁要求全球金融体系适应性改革

世界银行和国际货币基金组织是现行国际金融体系的主要组成部分。第二次世界大战后，全球经济百废待兴，以美国为主的世界银行和国际货币基金组织等国际组织，强势确立了美元取代英镑的国际货币体系，恢复世界和国际市场的秩序。其职责是监察货币汇率和各国贸易情况，提供技术和资金协助，确保全球金融制度运作正常。经过 70 余年的发展，世界银行和国际货币基金组织虽然在一定程度上推动和维护了全球经济发展，但其依然由美国和其欧洲同盟国主导。

随着全球经济格局的变迁，现行国际金融体系已经不能反映高速发展的发展中国家的合理诉求。目前国际金融秩序的现状是，美国把持世界银行，西欧各发达国家掌控国际货币基金组织。美欧牢牢把握话语权，政策走向千方百计向西方发达国家利益倾斜。而代表发展中国家利益的金砖五国在世界银行和国际货币基金组织内发言权有限，代表不了发展中国家的合理利益诉求。金砖国家等新兴经济体对世界银行和国际货币基金组织等现行国际金融秩序的不满主要表现在以下四个方面。

一是投票份额分配有失公平。投票份额的分配就使得发展中国家在全球决策中处于被边缘化的位置。国际货币基金组织和世界银行的投票体系给每个成员国家以投票权，投票权的比例和这个国家的相对经济体量成比例，而经济以 GDP 和其他经济指标如外汇储备规模、出口的波动性等衡量。在 1944 年的布雷顿森林会议之后，美国最终获得了国际货币基金组织 33% 的投票权以及世界银行 35% 的投票权。然而发展中国家崛起带来的经济格局变化并未在投票权分配中得到充分的体现。所有的金砖国家尽管合计占世界经济体量的 21%，但仅持有国际货币基金组织 11% 的投票份额。再以中国为例，尽管中国拥有全球 16% 的 GDP，但是在国际货币基金组织中仅有 3.8% 的投票权。反观发达国家，至今美国仍持有国际货币基金组织中 16.8% 的投票份额，是单一国家最多的；欧盟国家在 GDP 全球占比 24% 的情况下，合计持有 32% 的投票份额，且英国和法国各自持有的表决权也都大于任何一个金砖国家。

在世界银行中，美国一家就占据 15% 的投票权，而金砖五国加在一起才占 13% 的投票权。毫无疑问，美国和欧盟国家通过这个复杂的投票份额安排主导了国际货币基金组织和世界银行。看到国际货币基金组织由西方力量所控制，就不会对大部分基金直接紧急援助陷入危机的西方发达国家、置其他发展中国家于不顾而感到意外了。

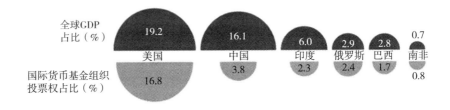

资料来源：国际货币基金组织。

图 3-6 2014 年美国与金砖国家国际货币基金组织投票权和 GDP 占比

二是国际货币体系过度依赖美元。经历了 2008 年国际金融危机的冲击，金砖国家热切希望能减少它们对美元的依赖。在这一体系下，全球外汇储备、资产价格相当程度上维系于美元汇率，当华盛顿制定经济政策时全球都能感觉到震动，而美国经济波动、美元汇率不稳定时，给世界各国带来严重的汇率风险。金砖国家迫切感到需要建立一个外汇储备池，能公平地面向各国的经济紧急状况，如本币贬值、收支赤字和资本波动。新开发银行计划建立一个替代性的货币储备池，因而其出现被认为将重塑各国传统的作为"美元接受者"的地位，将代表一个新的全球合作关系时代的来临。

三是改革现行国际金融秩序短期无望。在 2010 年的 G20 会议上，主要发展中国家提出改革国际货币基金组织等机构的份额分配结构，给予新兴经济体更多的、与其经济地位相匹配的投票权利。这项改革将使国际货币基金组织的份额翻倍至 7200 亿美元，并将 6% 的份额转移给新兴经济体场。尽管这项改革仅仅会减少美国 16.8% 投票权的大约 0.5%，但美国国会没有批准这项改革，没有达到批准改革需要的 85% 的绝对多数。而且，美国不会放弃其在国际货币基金组织的否决权。美国国会使这项国际货币基金组织投票份额改革停滞至今，这已经严重影响了美国、国际货币基金组织乃至 G20 的可信性。国际货币基金组织总裁明确表达了失望之情，而且进一步声明为了使国际货币基金组织的决策程序和当今世界经济相一致，这些改革是必要的。然而，改革还是受到美国的影响而止步不前（Nansel Stobdan and Rucheta Singh，2014）。

在中国等发展中国家看来，这一基于布雷顿森林体系的国际金融秩序是以欧美发达国家为主导制定的。这一体系虽然在第二次世界大战后对各国经济恢复起到积极的促进作用，曾经是积极有效的多边金融机构，但是目前已完全严重不能反映各国经济实力和实际需求。发展中国家提升在国际事务中发言权的合理诉求无法得到满足。而且美国认为，现行国际金融秩序的规则和标准已经在世界上运行了 70 余年，不愿意进行自我革命，对国际货币基金组织适应这种现实趋势的改革采取消极抵制的态度。

金砖国家新开发银行诞生之前，发展中国家对国际货币基金组织和世界银行的结构调整进行了多次尝试，均以失败告终。时至 2015 年 3 月，美国国会尚未批准 2010 年的改革协议，同意赋予中国和其他新兴经济体在世界银行和国际货币基金组织中更大的、与其经济体量相匹配的投票权。从2010 年这项协议提出以来，中国的经济规模已几乎翻了一番，比法、德、意三国之和还大。金砖国家的失望之情可以想象，中国等发展中国家越来越对原有体系的改革失去耐心。通过设立金砖国家新开发银行等新机构来重塑国际金融体系，这样的做法也就不难理解了。美国不愿给新兴国家在现有金融体系中适当的话语权，这造成适得其反的结果，发展中国家不愿再被动等待，新开发银行由此而产生。

四是借款条件过于苛刻。自第二次世界大战结束以来，世界银行和国际货币基金组织一直向国际社会借出资本，但其借款条件以及上述投票机制一直以来备受争议。世界银行和国际货币基金组织强加于其借款国家的"结构调整方案"（Structural Adjustment Programs）包括本币贬值、财政紧缩、市场自由化以及国有公司私有化等。尽管布雷顿森林机构不断向国际社会保证，这些条件从长远看将有助于这些国家的经济发展，但事实证明并非如此。拉丁美洲在 20 世纪 80 年代"失落的十年"，以及牙买加等国当前正在克服经济危机的努力，都是上述结构调整方案在历史上对发展中国家的灾难性后果的例子。

过去数十年间，不仅世界银行、国际货币基金组织，而且包括亚洲开发银行、非洲开发银行、欧洲复兴开发银行等区域性多边组织，实际上都是由美国、日本、加拿大、澳大利亚及西欧等发达国家发起和主导的。新开发银行由金砖五国发起，也就是由巴西、俄罗斯、印度、中国及南非作为发起者，这五国跨越亚洲、南美洲、欧洲和非洲，是全球第一家不是由发达国家发起的国际性机构。新开发银行是由新兴市场国家发起的跨国机构，是顺应当前国际经济新格局的（左晓蕾，2013）。金砖国家试图通过筹建自己的金融体系来替代长期受西方发达国家把控的国际金融体系的功能，以减少其对世界银行和国际货币基金组织的依赖，从而减少对美元和欧元的依赖。

（二）金砖五国等发展中国家的全球经济地位不断提高

第二次世界大战以来，原殖民地及欠发达国家和地区先后获得民族独立，实现了政治上的独立和经济上的快速发展。尤其是 30 多年来，中国等新兴经济体成为全球经济增长的主要动力。欧美等传统发达国家不仅长期经济增速较低，而且 2008 年美国爆发次贷危机，欧元区希腊等多国随后发生欧债危机，至今深陷债务泥潭未能实现实质性恢复，本国经济遭受重创，也对全球各国的经济造成极大影响。与此相对应的是，中国、印度等新兴市场国家依靠自身的努力，不仅受到危机冲击较为微小和间接，而且率先走出危机，对世界经济增长的贡献越来越大。

以金砖五国（中国、俄罗斯、印度、巴西、南非）为例，2008 年国际金融危机以来，对全球经济增长的贡献就超过 50% 以上。新兴经济体蓝皮书《金砖国家经济社会发展报告（2011）》指出，21 世纪前十年中，金砖国家平均经济增长率超过 8%，远高于发达国家 2.6% 的平均增长率及 4.1% 左右的全球平均增长率。2013 年，新兴市场经济规模首次超越发达国家。目前金砖五国的经济总量约占世界经济的 21%，占全球贸易额接近 20%，国际储备占全球总量的 40% 以上，人口数占世界人口总数的 43%，国土面积占全球的 26.8%。随着金砖五国的经济继续发展，占全球人口总数四成以上的巨大人口基础将提供巨大的潜在消费市场，未来金砖五国的经济规模有望继续扩展。2003 年至 2012 年，金砖国家间的贸易额从 365 亿美元迅速增长到 3100 亿美元，增长速度快于同期全球其他地区间贸易的增速；与此同时，金砖国家全球资本流出占比从 1% 增加到 10%，成为全球投资资金的重要来源。

无论从经济增长贡献度、经济规模、市场潜力各方面看，金砖五国等主要发展中国家都是当前和未来世界经济格局中不可忽视的重要力量。在如此态势下，新开发银行的出现顺应了世界经济发展态势，或者说是世界经济新格局催生了新开发银行的提出和产生。

可是，与金砖国家经济地位极不相符的是，金砖国家在当前国际金融秩序中的地位和话语权过低。在美欧仍旧主导的布雷顿森林体系的国际金融秩序下，世界银行和国际货币基金组织由欧美主持，金砖五国在世界银行和国际货币基金组织的表决权总和分别只有 13% 和 11%，分别低于美国一国的 15% 和 16.8%，英、法、日等国的表决权也高于任何一个金砖国家。经济实力与金融地位的不对等，严重影响了全球资金的合理配置。而且美国对改变国际货币基金组织投票权的改革方案采取消极抵制的态度。在这样的情形下，建立金砖国家自己主导的新开发银行和外汇储备库，可以加强成员国之间的货币金融合作，促进国际经济与货币多元化发展。正是经济实力与金融权利的严重错位，促成金砖五国打破现有国际金融秩序的共同愿望。

（三）后危机时代金砖国家面临下一轮货币危机冲击

金融危机以来，美国金融政策变动导致国际金融市场资金的波动，对新兴市场国家的币值稳定造成很大影响。而靠国际货币基金组织救助存在不及时和力度不够的问题，金砖国家为避免在下一轮金融危机中受到货币不稳定的影响，计划构筑一个共同的金融安全网。降低对世界银行和国际货币基金组织的依赖，从而减少对美元和欧元的依赖。而当前进入后危机时代，美国等全球发达经济体逐渐复苏，其宽松的货币政策面临转折性的变化。如果美国退出量化宽松政策、利率大幅调整，可能会诱发国际资本的外逃和金融动荡。

金砖五国中除中国外，都曾先后因资本流出而陷入过货币危机。如2013 年 6 月，由于全球投资者预期美联储即将退出量化宽松政策，资金开始流出新兴市场。在短短 3 个月时间内印度卢比贬值 25% 以上，股市下跌20% 以上。而 2014 年以来，因为乌克兰事件、国际油价持续下跌、受到欧美制裁等多重因素影响，俄罗斯也面临巨额资本外逃问题。仅 2014 年上半年，俄罗斯有将近 750 亿美元的资本外逃，超过了 2013 年全年规模。受此影响，俄罗斯卢布已贬值 8.3%，RTS 股票指数下跌 16%，外汇储备减少345 亿美元。

现行国际金融体系在应对金融危机方面广受诟病，比如援助要附加很多带有西方主观意识的条款，以及应对速度不够快等。新兴国家建立自己的金融保护机制势在必行。早在 1997 年亚洲金融危机之后，亚洲有了《清迈倡议》和亚洲共同外汇储备库；在欧债危机发生之后欧洲产生了欧洲金融稳定基金（ESM）等。在这种情形下，金砖国家为避免在下一轮金融危机中受到货币不稳定的影响，通过成立金砖国家新开发银行、设立共同的外汇储备和应急基金，以集体打造金融市场安全网，也是为缓冲货币风险压力的现实需求。其中金砖应急储备安排是新兴市场金融安全网的重要组成部分。它不仅可为金砖国家和其他新兴市场提供替代融资渠道，而且可以在成员国出现国际收支困难时给予适当援助，减少外部冲击对该国经济的影响。

世界银行政策制定者和研究组织已经意识到多级世界的重要性，其中负责起草刻画2015年以后经济增长特点的可持续发展目标的跨政府"开放工作组"（Open Working Group）意识到，"发展中国家需要额外的资源来发展经济"，而且要促使可持续发展，需要资产向发展中国家明显转移以及金融资源的充分利用（Nansel Stobdan and Rucheta Singh, 2014），而且这对缓解2008年金融危机以来全球政治上和货币上的扰动而言是非常关键的。

（四）金砖国家普遍较为缺乏长期基础投资

基础设施建设资金短缺是目前发展中国家面临的较大障碍。一方面，发展中国家每年的基础设施资金缺口达1.5万亿美元之巨，而投资资金只有8000亿美元左右，其中大部分来自公共部门的投资，大约2500亿美元来自私人部门。2008年国际金融危机爆发后，来自公共部门的资金更是下降明显。根据亚洲开发银行测算，2015年到2020年间，亚洲地区每年基础设施投资需求将达到7300亿美元，现存的国际金融机构远远不能满足这个需求。另一方面，世界银行主要是针对欠发达地区，帮助其脱贫、妇女权益保护、历史文化保护以及疾病救助等，国际援助和国家开发只是世界银行业务中的一小部分，远远不能满足发展中国家巨大的基础设施投资需求。同时，世界银行给金砖国家的放贷门槛过高，贷款申请手续繁琐，申请时间较长，且还带有其他附加条款，增加了贷款成本。对此，金砖国家期待更多简化、高效的贷款政策，这些都促使金砖国家考虑建立自己的贷款机构，为对各国基础设施建设提供有力支持。

综上所述，正是因为全球经济格局的变迁、金砖国家在全球金融体系中谋取发言权的诉求，以及金砖国家自身基础设施建设等发展需求的共同驱动，启动金砖国家新开发银行的想法才成为金砖五国的共识，并已经逐步受到世界各国的欢迎。

二、新开发银行与现有国际金融体系是包容性竞争关系

（一）促进传统国际金融机构体系改革步伐

金砖国家新开发银行成立的背景之一，就是金砖国家在国际货币基金组织等传统国际金融体系中受到不公平对待，虽然不能就此认为成立新开发银行的目的就是为了推翻布雷顿森林体系、取代世界银行，但经济影响在全球不可忽视的金砖国家集体的意见和力量，通过新开发银行这一机制得到了进一步放大，得到了全世界的瞩目。在这种情况下，传统金融机构体系改革就显得格外迫切。

正如《华尔街时报》作者 Richard Silk 所说的，新开发银行的设立将刺激现行全球金融组织的变革。例如，新开发银行的成立将促使国际货币基金组织最终向发展中国家让渡出一部分特权。美国继续抵制国际货币基金组织投票权改革将会受到更多国家的反对；而顺势推动改革的实施，将有助于提高美国等发达国家在国际社会的可信度。改革方案将使欧洲国家损失投票份额，最大受益者将是中国，然后是印度和巴西。无论如何，国际货币基金组织治理结构的改革将是新开发银行成立的一个重大成就。

金砖五国从不隐瞒其对国际货币基金组织改革的关切和不满。在 2014 年 7 月 15 日金砖五国签署的《福塔莱萨宣言》中就明确提出：我们对 2010 年国际货币基金组织改革方案无法落实表示失望和严重关切，这将给国际货币基金组织合法性、可信度和有效性带来负面影响。下一步必须使国际货币基金组织治理结构现代化以更好地反映新兴市场和发展中国家在世界经济中不断增加的权重。国际货币基金组织必须是基于份额的国际机构。金砖国家在宣言中多次呼吁成员国一起推动国际货币基金组织改革方案的落实进程。

同时，金砖国家欢迎世界银行集团制定帮助各国消除极端贫困和促进

共同繁荣的目标。但是，释放支持国际社会的潜力，需要世界银行所有成员推动世界银行治理结构更加民主，进一步强化世界银行的融资能力，探索创新型方式加强发展融资和知识共享，以受援国为导向并尊重各国发展需求。金砖国家期待尽快开展世界银行集团股权审议，建设更有助于解决挑战的国际金融架构。金砖国家愿意通过多边协调和金融合作行动，积极参与完善国际金融架构，以一种补充的方式增加发展资源的多样性和可及性，维护全球经济稳定。

随着新开发银行的成立和开展运营，以人民币为代表的新兴市场货币的重要性日益提高。正如高盛前首席经济学家吉姆·奥尼尔指出的，如果美国继续抵制金砖国家，不愿意"给中国腾个位置"，可能会导致现有布雷顿森林体系下国际金融机构的衰落。因而，从长远来看，新开发银行并不是定位于挑战全球自由经济秩序，而是希望通过在新开发银行中示范性地设定民主化的治理体系，从而推动国际货币基金组织和世界银行更加公平、开放和透明。

2015 年 11 月 30 日，国际货币基金组织执董会决定将人民币纳入特别提款权货币篮子，这一决定将于 2016 年 10 月 1 日生效。至此特别提款权货币篮子相应扩大至美元、欧元、人民币、日元、英镑 5 种货币，其中人民币在货币篮子中的权重为 10.92%，列美元和欧元之后居第三位。对此，国际货币基金组织总裁拉加德表示，这是中国经济融入全球金融体系的一个重要里程碑，是对中国当局过去多年来在改革其货币和金融体系方面取得成就的认可，中国在这一领域的持续推进和深化改革将推动建立一个更加充满活力的国际货币和金融体系，这又会支持中国和全球经济的发展和稳定。

(二) 致力成为国际金融体系的有益补充

实际上，新开发银行不仅当前尚未启动业务，即便后续开展业务，其注册资金规模也远小于世界银行和国际货币基金组织，成员国和业务范围相对较为局限，在功能上更多的是对现有国际金融体系必要、及时和有益的补充（王吉培，2014）。

从建立背景、宗旨、成员国结构等方面对比，也可见新开发银行与现有全球金融体系更可能是相互补充而非彼此取代的（姚菲，2015）。一是建立背景不同。世界银行和国际货币基金组织，都是世界地缘政治版图和大国间经济实力对比在第二次世界大战后达到质变的临界点后出现的金融组织。新开发银行成立的背景是2008年金融危机爆发后，新兴经济体和发展中国家经济总量在2013年首次超过发达经济体，传统国际金融体系与机制已无法满足以金砖国家为代表的新兴大国的发展需求。二是设立宗旨不同。世界银行的目的是消除全球贫困，国际货币基金组织则关注系统性重要经济体之间危机救助和风险防范。新开发银行更关注发展中国家基础设施建设等投融资业务，并共同应对全球挑战。三是成员国结构不同。截至2013年，世界银行有186个成员，国际货币基金组织有188个成员国，总部都设在美国首都华盛顿，是以发达国家尤其是美国为主导的。新开发银行由中国、俄罗斯、印度、巴西、南非等金砖国家组成，总部设在中国上海，初始成员国均为发展中国家。

再从经济理论上来看，新开发银行与国际货币基金组织和世界银行的差异点在于自由的（liberal）和选举的（elective）的理论差异。从这一点来说，新开发银行与国际货币基金组织和世界银行之间是一个相互补充的关系。可以确定的是，新开发银行不可能在短期内能够替代国际货币基金组织和世界银行，在可预见的未来，后者仍将是未来世界经济秩序中重要的参与者。两者之间的关系更有可能是合作互补的关系，而不是冲突对立的关系。

世界银行与国际货币基金组织对于上述两个机制并不排斥。世界银行行长金墉公开表示了对新开发银行的欢迎，并且表达了未来的合作意向。国际货币基金组织也希望金砖国家应急储备安排成为其机制的一个补充。而金砖国家对上述两个机制的定位，始终强调的是为避免传统机制在某些时间点的失灵，给相关国家的经济运行带来困境，或者说是金砖国家集团乃至以后的新兴市场开展自助的金融制度安排。从实际运行层面看，世界银行70余年的开发性金融业务的经验可以帮助新开发银行更好地启动和成长。

长远来看，随着发展中国家经济实力的继续壮大以及新开发银行发挥作用，也许新开发银行和传统金融体系之间的竞争将不断升级，这将依赖于发达国家和发展中国家这两大阵营力量的对比；但如果竞争的结果是使全世界的发展更加均衡，我们也没有理由不乐见两个阵营由相互补充到良性竞争。

（三）逐步推进国际货币体系改革进程

新开发银行在运行中如果能选择适当的货币，将可能促进国际货币体系的多元化改革。作为多边开发性银行，在各项业务的运转中货币是最重要的媒介。那么新开发银行选择什么货币作为发放信贷、紧急流动性援助等活动的货币媒介，将会对国际货币体系产生重大影响。

当今绝大部分全球性和区域性国际金融组织都使用美元作为媒介，包括援助贷款、项目投资、咨询费用、职员工资、日常运行支出等活动。国际货币基金组织使用特别提款权作为基本计算单位。但实际使用范围很小，主要还是使用美元、欧元、英镑、日元等主要发达国家的货币。

当今国际货币体系中，美元是最重要的国际货币，欧元、英镑、日元等也都是接受程度较高的国际货币。而新开发银行各国货币，目前基本都不是真正意义上的国际货币，只有人民币近年来国际化程度较快。无论选择人民币还是金砖国家多国货币，新开发银行的运行都将冲击现有国际货币体系，至少在金砖国家内部"去美元化"的趋势得到加快。

如果新开发银行选择其他货币，比如人民币作为主要媒介行使职能，无疑对单纯依赖美元的国际货币体系是一个重大改变，也无疑是对人民币国际化的巨大跨越式推进。当然，新开发银行也可以按照比例选择一揽子货币作为运行的媒介，类似国际货币基金组织的特别提款权。一揽子货币的构成将主要是包括人民币在内的金砖五国的货币，这也将是独立于现行国际货币体系的新形式。无论新开发银行如何选择货币，无疑都会促进国际货币体系的多元化改革。

（四）成为多极世界中代表发展中国家的重要一极

金砖国家新开发银行是共同作为新兴经济体的金砖五国，基于发展中国家共同的利益诉求而成立的。因而，新开发银行天然地具备着广大发展中国家的基因：成员国是金砖五国和更多的发展中国家，资金来源是发展中国家，资金投向也是发展中国家的基础设施建设等领域，应急储备安排也是为了防止发展中国家陷入危机而设计的。因而，对发展中国家的发展，新开发银行将起到世界银行和其他区域性发展组织起不到的作用。

每个多边国际性组织都有其定位和目标，为了实现目标制定相应的规则。与世界银行和其他区域性组织不同，新开发银行的运行规则更具针对性、民主性和灵活性。特别是金砖国家同属发展中国家，正在经历相类似的发展过程，相互之间更能理解发展中国家在发展中面临的问题和困难。新开发银行对成员国的支持和帮助将更务实、更到位、更有效率，会用更符合发展中国家的思路和方式，去扶持和帮助发展中国家（左晓蕾，2013）。从而团结更多新兴市场国家站在一起，为各发展中国家在国际事务中获得更大的话语权。

作为国际经济增长的最主要力量，金砖国家以前是有热情、有动力改变全球经济秩序的，但缺乏有效的渠道和工具；新开发银行成立后，可以作为发展中国家用来撬动国际经济治理机制改革的杠杆而发挥作用。短期内，新开发银行最重要的任务是如何尽快按照自己的原则顺利运转起来；从长远来看，新开发银行要作为发展中国家的重要合作枢纽，新开发银行要和现有金融体系合理分工、相互补充、良性互动，作为发展中国家共同的发声器，发挥在全球经济政治事务中的积极作用，和世界银行、国际货币基金组织等由发达国家主宰的国际金融体系一起，为全球经济的均衡发展和稳定运行而贡献力量。

三、新开发银行是金砖国家金融合作的重要载体

金砖国家新开发银行是全球第一家由发展中国家牵头成立并掌握主导权的国际性金融机构，新开发银行和金砖应急储备安排的成立，标志着金砖国家间的经济合作由宏观层面的磋商跨入实质性合作开展阶段，不仅将会大大促进金砖国家间的经贸合作和经济金融发展，还会为更多新兴经济

体的发展提供支持，更会对现行世界金融体系产生不可忽视的影响。

（一）形成金砖国家在世界经济舞台上集体发声的平台

从 2009 年开始的金砖国家领导人峰会，尤其是新开发银行的成立，一再证明金砖国家集团的五个成员国，虽然来自四个大洲，拥有不同的地缘状况、政治制度、意识形态、经济结构、历史文化、宗教信仰，但是都作为发展中国家拥有共同的诉求，形成一个拥有决心和行动力的组织，已经成为国际政治经济格局中一支具有强大影响力的力量。金砖国家之间的合作行动，是发展中国家自我意识再度觉醒的重要标志，有利于鼓舞发展中国家作为一个整体发挥作用，让发展中国家通过政治经济领域的合作，共同在国际政治舞台上发出自己的声音。

新开发银行是全球范围内第一个以新兴市场国家为主的银行，意味着经济总量占全球 21%、拥有全世界 40% 外汇储备的金砖国家，在全球金融架构中将发挥更积极的影响。新开发银行可以说是发展中国家自己的世界银行。新开发银行成立以后，发展中国家在面临经济困难和债务危机时，除了向世界银行和国际货币基金组织求援外，也可以求助于新开发银行。而且不同于以往的区域性开发银行多局限于某一特定地区，如亚洲开发银行主要聚焦于亚洲地区，类似的非洲开发银行、拉美开发银行，也主要聚焦于本地区；新开发银行不局限于某个地区、某个国家，甚至也不只聚焦于金砖五国，而是关注全球的新兴市场国家和发展中国家。

（二）推进国际金融机构增加金砖国家话语权

2008 年的金融危机及以后世界经济格局的演变，表明欧美主导的国际经济体系已难以适应时代的现实需要。但提高发展中国家在国际货币基金组织中股权比重等顺应趋势的决议，由于美国反对至今难以落实。新开发银行的定位是为发展中国家提供基础设施和可持续发展项目的长期贷款，因此类似于世界银行的角色；而应急储备安排则定位于解决成员国及其他发展中国家短期融资的应急需求，职能相当于国际货币基金组织。

新开发银行将基于发展中国家的共同利益，内部的投票权安排更多体现了公平性和开放性，避免现有金融机构不平等的投票权与份额分配的情况，为成员国及发展中国家发放贷款时更加公平，同时给予需要援助的国家更多的话语权。从而克服了世界银行和国际货币基金组织这两个布雷顿森林机构的根本性弱点。这无疑会对现有的国际金融体系产生竞争压力，在一定程度上会倒逼布雷顿森林机构的改革步伐。因而金砖国家新开发银行的设立对推动全球经济治理与国际金融机构改革有着非常重要的意义。这将有利于发展中国家获得更加公平的国际经济参与权，提高金砖国家在国际经济事务中的影响力和话语权，并推动全球经济治理体系朝着公正合理的方向发展。

未来，金砖国家通过新开发银行的有效连接，有望成为积极参与乃至主导全球金融秩序治理的重要一极，从而推动国际经济体系向多元化、民主化方向发展。

（三）为金砖国家经济社会均衡发展提供重要融资途径

在资金需求方面，在后危机时代各国投资发展需求旺盛的背景下，全球每年仅仅是基础建设投资需求就高达 1 万亿美元，而世界银行仅能提供 600 亿美元左右，即使加上来自私营部门的 1500 亿美元投资，最多也只能满足五分之一的投资需求。存在高达 8000 亿美元的资金缺口，显然需要有新的金融平台来解决。世界银行提供的贷款额度，在金融危机之后已连续 4 年下跌，2013 年只有 315.47 亿美元，而且针对发展中国家的贷款额度有限，显然无法满足广大发展中国家的需求。以金砖国家为代表的新兴市场虽然存在巨大的投资需求，但资金获取渠道存在较大瓶颈。目前，发展中国家在公路、发电、教育以及公共卫生等基础设施领域需要大量的资金支持，这直接关系到发展中国家人民的温饱、教育和健康等问题；金砖五国的经济发展也均不同程度地存在基础设施瓶颈问题，特别是巴西、印度和南非基础设施缺口巨大，俄罗斯也急需大量资金用于油气管道铺设，而中国发展东北老工业基地和西部大开发战略也都需要大量的资金安排。

在资金供给方面，由于基础设施建设等投资项目一般周期长、回报慢，一般商业性金融机构不愿进入这些领域。而且长久以来，以世界银行为代表的国际多边开发银行的话语权一直由发达经济体把控，况且由于此前几十年的发展，不少新兴市场经济体的收入增速不断提升，已经超越了世界银行扶贫支持的门槛，也不愿接受世界银行和国际货币基金组织融资支持的附带条件。2008 年金融危机以来，重创美欧各国经济，发达国家不得不紧缩国际货币基金组织等国际组织对发展中国家的援助，大部分资金用于发达国家，导致世界银行对发展中国家的贷款额度逐年下降；而国际货币基金组织在救助方面严苛的条件曾经使得一些新兴市场国家错过最佳救助时机。

因而，新开发银行为发展中国家的基础设施建设提供了新的融资选择，能够集五国合力通过合理的资金投放，以较大的金额、优惠的利率、更长的期限帮助重点基础设施项目顺利开展。在为发展中国家间的经贸合作、项目投资提供更加便利的融资渠道的同时，确保不干涉贷款国的国内经济事务，弥补了单纯依靠国际主要金融机构的不足。因而可以看到，新开发银行的成立，是经济与金融实力显著提升的金砖五国为保护本国经济发展成果，并向发展中国家提供力所能及的金融服务的制度化探索。而且新开发银行运行机制的开放性，表明不只是会资金支持金砖国家成员国，未来还可以面向更多的发展中国家提供融资支持和风险共担，从而促进发展中国家实现经济社会均衡平稳发展。

（四）增强金砖国家共同抵御风险的能力

2008 年金融危机以来，美国和欧洲多国都先后陷入财政困境和债务危机，发展中国家也间接受到出口降速、外汇储备紧张等严重冲击。欧美国家为了避免经济衰退不断放宽货币政策，如美联储自 2008 年以来接连推出三轮量化宽松政策，给新兴市场国家输出很大的通胀压力。如今随着美国经济的企稳，美国逐步退出量化宽松政策，由此带来的资本外流、金融市场流动性紧张、资金价格和国际大宗商品价格波动等影响，对外汇储备不足的发展中国家甚至会造成汇率波动导致的货币危机。

新开发银行的成立，尤其是金砖国家应急储备安排建立后，将帮助金砖国家应对短期流动性压力，防范发达国家宽松货币政策的外溢效应以及世界经济的尾部风险，有效提高金砖国家应对金融冲击的能力，也增加了投资者对金砖国家金融市场的信心。正如《德班宣言》所倡导的：应急储备安排"将作为一道增加的防线，为补充现有的国际外汇储备安排、加强全球金融安全网作出贡献"。

金砖国家建立应急储备安排，是新兴市场经济体为应对全球金融风险、突破地域限制而创建集体金融安全网的重大尝试。金砖国家通过建立应急储备安排加强货币合作，丰富和充实了金砖合作的内容，强化了金砖国家集体防御外部冲击的能力。正如巴西总统罗塞夫在福塔莱萨峰会上所表示的，1000亿美元的应急储备基金将是一个能够抵御金融动荡的"安全网"，尤其是在美国退出量化宽松之际。

此外，新开发银行还将推进金砖国家间经贸往来，规避美元汇率风险。新开发银行的成立，将更有利于金砖国家间的贸易和投资使用本币进行计价和结算，降低美元作为单一结算货币的风险。在节约交易成本的同时，促进成员国间的资金流通、贸易往来和本币的国际化。总之，基于新开发银行，金砖国家从此有了维护自身发展、应对金融危机的重要金融稳定器。

（五）逐步形成金砖国家之间的经济命运共同体

新开发银行的一个重要功能，就是为金砖国家之间基础设施建设、教育、医疗等资金支持创造便利，促进所有成员国的经济社会均衡发展；同时，在成员国面临流动性危机的必要时刻，还会为其保持金融稳定提供资金支持。新开发银行这一金融机构的建立和成功运行，将会彻底改变金砖国家机制以往较为松散的论坛属性，能通过向金砖国家及其他发展中国家提供贷款，给这些国家的基础设施建设和金融投资带来便利，得到新开发银行援助和支持的发展中国家，将会在提供资金和获得资金的过程中，越来越成为利益相关的命运共同体；也更有底气、更有动力作为一个整体，从被动参与国际事务变为主动制定规则、创建新机制来捍卫自身的经济利益和金融安全。

因此，新开发银行的成立事实上为广大发展中国家打造一个自己的开发性金融机构和金融安全防护网，基于共同的经济利益形成命运共同体，以此为基础，未来金砖国家在其他社会领域的合作也有望更加广泛和深入。

第三节　新开发银行的成立及其运作模式

2014 年 7 月 15 日，金砖五国——中国、巴西、俄罗斯、印度和南非在巴西福塔莱萨签发表了《福塔莱萨宣言》（*Fortaleza Declaration*），宣布成立金砖国家新开发银行和金砖国家应急储备安排。2015 年 7 月 21 日，金砖国家新开发银行在上海隆重成立，金砖银行首任行长卡马特正式上任。新开发银行终于从概念走向现实，开始成为国际金融体系中新的重要一员。

一、新开发银行的发展历程

2011 年 4 月 14 日，第三次金砖峰会首次提出金砖国家金融合作意向，五个成员国正式签署了《金砖国家银行合作机制金融合作框架协议》，"金砖银行"合作框架初步形成。2012 年 3 月在印度新德里举行的第四次金砖峰会上，更是将金砖国家金融合作作为主要议题，具体提出建立新开发银行的构想，这标志着金砖国家金融合作机制迈入实务阶段。

2013 年 3 月 26 日至 27 日在南非德班举行第五次金砖国家领导人峰会上，决定建立金砖国家新开发银行，同时提议筹备建立金砖国家外汇储备基金，将其作为布雷顿森林体系的一个"稳定器"，并决定成立工商理事会。这次峰会要求各成员国财政部长提出一个关于金砖国家新开发银行的可行性报告。至此，金砖国家之间的合作从宏观的政治合作走向经贸方面具体务实的合作。

2013 年秋，金砖五国领导签署合作备忘录，同意成立一个初始注册资本为 500 亿美元的开发银行。该行的目标是满足发展中国家的融资需求，为发展中国家的可持续发展和基础设施建设提供金融支持，并主要定位于街道、桥梁、电力和铁路等领域的基础设施，这一目标和世界银行是一致的。与此同时，金砖五国共同成立一个初始规模为 1000 亿美元的外汇储备基金，为陷入金融困境的成员国提供货币救助，这更像是国际货币基金组织的功能。金砖国家新开发银行将有助于降低金砖国家对西方金融体系的依赖程度。

经过两年的筹备，2014 年 7 月 16 日，在巴西福塔莱萨的第六次金砖国家领导人峰会上，中国国家主席习近平、巴西总统罗塞芙、俄罗斯总统普京、南非总统祖马、印度总理莫迪一道，发表了《福塔莱萨宣言》，决定成立新开发银行（New Development Bank，或"金砖银行"）和金砖国家应急储备基金。

新开发银行法定资本 1000 亿美元，初始认缴资本 500 亿美元，由创始成员国均等出资各 100 亿美元，最终将增加到 1000 亿美元。经各国协商，新开发银行总部设于上海，行长由五国轮流担任，任期一年，首任行长将来自印度，首任理事会主席来自俄罗斯，首任董事会主席来自巴西。主要职能是向金砖国家和其他发展中国家提供用于基础设施建设的长期贷款。

新开发银行和应急储备安排两大合作机制的诞生，事实上打造出由主要发展中国家主导的"微缩版"的世界银行和国际货币基金组织。新开发银行无疑将成为国际金融体系中一个新的、具有全球影响潜力的多边开发金融机构。这也是金砖国家迄今为止最重要的合作成果，以及金砖国家合作走向实体化的重要载体。

2015 年 7 月 21 日，新开发银行在上海正式成立。正如首任行长卡马特所说，新开发银行将立足于发展中国家和新兴国家，对接基础设施建设等方面的需求，加强与包括亚投行在内的合作伙伴之间的联系，打造快速响应、高效运营的金融机构。目前，新开发银行管理层正在各成员国的通力支持下，开展各项新开发银行的启动运营工作，包括设计组织架构、制定业务政策、开展项目准备等。预计新开发银行将于 2015 年底或 2016 年初启动运营。

专栏 3-1

《福塔莱萨宣言》内容摘要

《福塔莱萨宣言》全文涉及政治、经济、文化等各方面合作内容，有关金砖国家金融合作的内容如下，标号为原文条款。

1. 我们，巴西、俄罗斯、印度、中国和南非领导人，于 2014 年 7 月 15 日在巴西福塔莱萨举行金砖国家领导人第六次会晤。作为金砖国家领导人会晤第二轮首场，为体现金砖国家政府采取的包容性宏观经济和社会政策以及为应对人类实现增长、包容性和环保挑战的迫切需要，本次会晤主题为"包容性增长的可持续解决方案"。

11. 金砖国家及其他新兴市场和发展中国家在解决基础设施缺口和满足可持续发展需求方面仍面临很大融资困难。鉴此，我们高兴地宣布签署成立金砖国家新开发银行协议，为金砖国家以及其他新兴市场和发展中国家的基础设施建设、可持续发展项目筹措资金。我们感谢财长们所做的工作。该银行将本着稳健的银行业经营原则，深化金砖国家间合作，作为全球发展领域的多边和区域性金融机构的补充，为实现强劲、可持续和平衡增长的共同目标作出贡献。

12. 金砖国家新开发银行法定资本 1000 亿美元。初始认缴资本 500 亿美元，由创始成员国平等出资。银行首任理事会主席将来自俄罗斯，首任董事会主席将来自巴西，首任行长将来自印度。银行总部设于上海，同时在南非设立非洲区域中心。我们指示金砖国家财长研究确定银行运营模式。

13. 我们高兴地宣布签署建立初始资金规模为 1000 亿美元的应急储备安排协议。该机制在帮助成员国应对短期流动性压力方面具有积极的预防作用，将有助于促进金砖国家进一步合作，加强全球金融安全网，并对现有的国际机制形成补充。我们感谢财长和央行行长在此方面所做工作。该机制旨在通过货币互换提供流动性以应对实际及潜在的短期收支失衡压力。

18. 我们对 2010 年国际货币基金组织改革方案无法落实表示失望和严重关切，这将给国际货币基金组织合法性、可信度和有效性带来负面影响。国际货币基金组织改革系各国高层承诺，目前已增加了国际货币基金组织资源，下一步必须使国际货币基金组织治理结构现代化以更好地反映新兴市场和发展中国家在世界经济中不断增加的权重。国际货币基金组织必须是基于份额的国际机构。我们呼吁国际货币基金组织成员寻找出落实第 14 轮份额总检查的方式，避免进一步推迟。我们再次呼吁，如 2010 年改革方案在 2014 年底前无法生效，国际货币基金组织应研拟推动改革进程的方案，以确保提高新兴市场和发展中国家的话语权和代表性。我们呼吁国际货币基金组织成员就新的份额公式和第 15 轮份额总检查达成最终协议，以免进一步危及已推迟至 2015 年 1 月的最后期限。

19. 我们欢迎世界银行集团制定帮助各国消除极端贫困和促进共同繁荣的目标。我们认识到这一新战略对支持国际社会实现雄伟目标具有很大潜力。尽管如此，释放这些潜力需要世界银行及其成员推动世界银行治理结构更加民主，进一步强化世界银行的融资能力，探索创新型方式，加强发展融资和知识共享，以受援国为导向并尊重各国发展需求。我们期待尽快开展世界银行集团下一轮股权审议，以按各方共识于 2015 年 10 月前完成这项工作。为此，我们呼吁建设更有助于解决发展挑战的国际金融架构。我们通过多边协调和金融合作行动，积极参与完善国际金融架构，以一种补充的方式增加发展资源的多样性和可及性，维护全球经济稳定。

二、新开发银行的运作模式分析及展望

新开发银行作为新型的国际多边金融机构，其运作模式既要吸收世界银行等现有国际金融机构的经验，同时又具有鲜明的民主化、多元化等特色。下文从融资机制、治理结构、业务发展模式和风险管理模式共四个方

面对新开发银行的运作模式进行分析和展望。

（一）融资机制

尽管新开发银行和应急储备基金在经济功能上被很多人看作是"发展中国家的世界银行和国际货币基金组织"，但新开发银行未来要有持续、广阔的发展空间，甚至发挥其重塑国际金融体系的作用，首先要作为一个多边开发性金融机构稳步发展起来，特别是在经营初期，要发动金砖五国及其他发展中国家进行联合融资，注册资本和储备基金具有一定规模后，才能发挥其应有的作用。

结合现有国际金融机构的经验，新开发银行应同时依托各国政府的资金来源以及基于市场的融资渠道，建立中长期、低成本的融资机制，拓展资金来源、优化融资结构（汤凌霄、欧阳峣和黄泽先，2014）。

依托政府的资金来源包括以下方面。（1）创立初期的资金来源应以会员国认缴为主，也即金砖五国以外汇储备缴纳资本金。《福塔莱萨宣言》明确金砖国家新开发银行法定资本1000亿美元，初始认缴资本500亿美元由五国均摊，同时后续还将向其他发展中国家开放。（2）随着新开发银行业务发展和会员国的增加，还可根据需要由新、老会员国进行多次增资。鉴于各国经济发展水平不同、外汇储备实力不均，后续各国出资可不受等额出资的限制，各国根据自身实力和意愿予以认缴。同时，在吸收非金砖国家参股时，为了保持金砖国家作为发起国的地位，可将55%的资本金限于金砖五国。（3）建立金砖国家财政或央行再贷款、债券发行等增资机制。根据新开发银行的业务发展和盈利状况，金砖国家财政或央行可参与购买由新开发银行发行的债券等。（4）政府捐赠的特别资金和受托管理资金。如日本政府就于1988年建立"日本特别基金"、2000年建立"日本扶贫基金"，分别向亚洲开发银行注入资金。（5）以政府担保或提供贷款保险等手段实现组织增信。国内外开发性金融机构的经验表明，政府增信是开发性金融机构的重要特点，在缓解信息不对称、提高信用评级、降低融资成本方面都有重要作用。

源于市场资金的渠道可包括以下方面。（1）在国内或国际市场发行债

券和票据。大多数区域性开发机构的资金来源通常采取市场型。如在 2010
年，欧洲投资银行 94.3% 的资金、泛美开发银行 97.5% 的资金，均以债券
和票据形式从国际金融市场上筹集。国际复兴开发银行 2013 年在国际债券
市场上筹资 221 亿美元。而我国的国家开发银行则以发行债券作为最主要的
资金来源，2013 年底发行债券余额 5.84 万亿元，占总资产的 71.33%（见
图 3-7）。为拓宽多元化融资品种和其他融资渠道，也可在国际金融市场上
发行欧洲债券等品种。（2）尝试在金融市场上运用金融衍生工具融资，如
对冲汇率风险、利率风险的各种金融衍生工具，以丰富融资工具和融资渠
道。如 2010 年非洲开发银行通过发行金融衍生工具筹得 16.4% 的资金。
（3）新开发银行是"准商业性"的国际开发性金融机构，在业务开展过程
中追求一定的市场业绩和适度盈利，其贷款业务收入及担保业务收入等盈
利来源也可作为资金补充来源。

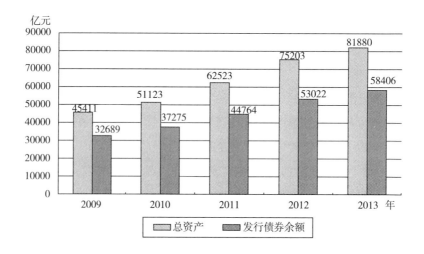

资料来源：《国家开发银行 2013 年年报》。

图 3-7　中国国家开发银行总资产与发行债券余额

多边开发银行的资金来源除了成员国缴纳的资本金外，主要通过金融
市场筹集。比如世界银行在 2014 年 6 月底借款总额为 1548 亿美元，在 2014

年以 22 国货币发行了 510 亿美元的中长期债券。美洲开发银行承诺资本金总额为 1288 亿美元，成员国实际支付仅有 49.41 亿美元。亚洲开发银行的承诺资本金为 1636 亿美元，成员国实际缴纳 82 亿美元，在 2013 年发行了 120 亿美元的新债务。

要获得通过金融市场筹集资金的较低成本，多边开发银行需要保持高水平的信用评级。当前主要的国际多边开发银行都维持着 3A 的信用评级，如世界银行、美洲开发银行、非洲开发银行和亚洲开发银行等。新开发银行成立之初，其业绩尚未显现，在国际市场上的信用暂未确立，除主要成员国中国的信用评级为 AA - 级外，其他成员国均介于 BBB - 级与 BBB + 级之间，需要通过国家信用来进行增信以获得较高的评级。

由于当前金砖国家资本市场相对欠发达，成立初期的金砖国家新开发银行应充分利用各国政府充裕的外汇储备，随着债券等发行经验积累及市场认可度的提高，逐步转向多从国际金融市场融资，从以美元定价发行转向更多以金砖国家的货币定价发行，实现中长期融资成本最小化，最大限度地满足金砖国家基础设施等的投资需求。

相比较而言，市场融资渠道的融资成本较高、融资期限较短、融资规模较小且资金结构单一，与新开发银行的中长期优惠批发贷款业务不相匹配。资金来源的商业性、短期性、硬负债，与资金投向的政策性、长期性、软资产存在矛盾。而过度依赖政府融资机制又可能导致各国政府过多干预和低效率。因此，金砖国家新开发银行须结合二者融资优势，建立同时依托二者的低成本、中长期融资机制。

（二）治理结构

作为处于转型时期的新兴大国金融合作机构，新开发银行应选择一种适宜的治理结构，首先要能为金砖五国等发展中国家所接受，体现各成员国的价值观念和利益取向，从而使新开发银行成为具有凝聚力和执行力的国际金融合作机构；其次要能克服布雷顿森林体系下现行国际金融体系的缺点，以多元化和民主化为特征，为各发展中国家提供充分交流和民主决策的平台。

1. 会员国资格

新开发银行发起国为五个，这样能够更有效率地进行沟通，设置有利于自身利益的会员章程和规则。未来，新开发银行将进一步吸收其他发展中国家作为会员，甚至也不排除吸纳部分发达国家或金融机构成为会员加入，以谋求共同发展。对于新开发银行发展宗旨和运行规则的认同以及对潜在利益的追求将成为各国加盟的基础。

从国际上开发性金融机构的经验来看，会员资格一般有以下几种获取方式。一是区域内的国家申请获得会员资格。例如美洲、非洲、亚洲地域内的国家分别是美洲开发银行、非洲开发银行、亚洲开发银行的会员国。新开发银行的发起成员国目前为五个金砖国家。五国分属不同大陆，说明新开发银行未来会员构成上不设定地域限制，是一个开放的机构。二是向特定组织开放会员资格。例如亚洲开发银行成立的主导之一是联合国亚洲及远东经济委员会，因此该委员会的会员均是亚洲开发银行的会员国。三是区域外国家特别申请。如中国于 1993 年正式申请加入美洲开发银行，最终于 2009 年正式成为美洲开发银行第 20 个区域外会员国。

2. 人事和组织机构

新开发银行设立初期，组织结构及相应的人事安排是五个创始成员国讨论和博弈的重要内容，从目前公布的结果来看，组织结构和人事安排体现了显著的公平、公开、民主、多元的特征。

根据 2014 年 7 月 15 日的《福塔莱萨宣言》，新开发银行与世界银行的组织结构相似，设有理事会、董事会和以行长为首的管理层。首任理事长来自俄罗斯，首任董事长来自巴西，行长在金砖国家中轮流产生，任期一年，首任行长将来自印度。新开发银行总部设于上海，南非则设立非洲区域中心，并由各创始成员国平等出资。新开发银行理事会由五国派代表组成。金砖五国各选派一名理事，每位理事代表该国行使投票权。执行董事会是负责组织日常业务的机构，行使由理事会授予的职权。金砖应急储备安排的决策机构主要由部长理事会和常务理事会组成，金砖国家各指派一名理事和一名副理事组成部长理事会，以共识的方式作出战略性高级别决策。常务委员会由金砖各国任命的一名董事和一名副董事组成，通过共识或简单多数票的方式作出操作性或行政性决策。这种人事和组织机构的安排，突破了世界银行和其他多边金融组织的规则，体现更多针对性和灵活性。

随着经济实力的提高和在全球经济金融格局中地位的提升，金砖国家等发展中国家对话语权的要求迫切。这些国家虽然有共同的利益诉求，但也有难以避免的利益冲突。未来随着新开发银行进入实际运营和会员国的逐渐增加，董事会等组织结构及人数分配规则等也将成为各成员国的核心议题。无论如何，中国等金砖国家要吸取欧美等国在世界银行和国际货币基金组织的教训，一方面必须以掌控对新开发银行的适度主导权、维持新开发银行高效运转为前提，另一方面要能公平合理地分配投票权，争取更广泛的发展中国家的加入和支持（郭红玉和任玮玮，2014）。目前，这无疑既体现国与国之间博弈的技巧，也体现中国等大国在国际金融体系重构中的眼界和胸怀。

3. 股权和投票权分配

新开发银行成立后，各成员国都需要缴纳一定数额的资本金，用于日常运转。新开发银行的核定资本为1000亿美元，初始认缴资本为500亿美元，在金砖国家间平均分配。金砖国家将至少持有55%的股权，由金砖五国平均分配。同时，五个金砖国家也持有相同的投票权，体现了新开发银行所倡导的平等互利的原则。事实上，金砖五国的经济实力迥异，发展速度也各有不同，未来在这55%的资本当中，五国是否仍维持当前这种"平均分配"的方式，将取决于五国未来能否保持各自经济增长的良好态势，以及各国在利益诉求当中能否求同存异。如巴西和俄罗斯的经济增长未来有可能陷入衰退，南非经济实力远逊于其他国家，中国经济增速可能会被印度超越，等等。

在新开发银行的治理机制中，中国虽然经济实力最强，但并不谋求一票否决权。不同于布雷顿森林体系的决策政策，金砖成员国保持平等的投票权的努力无疑是具有吸引力的，同时也获得了世界多数国家的赞赏。

国际金融机构的经验表明，会员国股权认缴不仅关系到收益分配，更与决策权密切相关。一般多边金融机构的股权分配通常有以下几种模式：一是大国（尤其是发达国家）主导型。如美洲开发银行成立时美国的股权份额占比达到41%，其次是阿根廷和巴西，各占12%，尽管后来股权分配比例有所变动，但美国仍居于主导地位；国际复兴开发银行成立时美国股权份额占比为35%，其次是英国，占比为14%；美国在欧洲复兴开发银行的出资比例为10%，德国、英国、法国、意大利和日本的出资比例均为8.6%。二是区域垄断型。在区域性多边开发机构中，通常大部分股权掌握在区域内成员手中，如欧洲投资银行的股权掌握在欧共体成员手中。三是相对均衡型。非洲开发银行采用的是这种方式，各会员国的股权差别不大。

多边金融机构决策权的分配，通常考虑以下三个方面。第一方面是基本权利，所有会员国无论国家大小和出资额多少，均有相同数量的投票权。第二方面与贡献度相关，出资额高的国家相应决策权重占比高。第三方面是平衡区域内外国家的投票权。如美洲开发银行规定拉美国家表决权在任何情况下不得低于现比例，非洲开发银行规定非洲国家资本额占2/3，亚洲开发银行要求本地区的国家至少持有60%的投票权。一般而言，出资较多、拥有股权较多的会员国往往获得较多的投票权。例如，国际货币基金组织虽然是全球性机构，但美国、欧盟和日本的影响力巨大，国际货币基金组织重大议题都需要85%的投票通过率，而美国拥有超过15%的投票权；而世界银行通过重大议案需要80%的投票权，而美国占有22%的投票权，因而在这两个机构中，美国均可达到一票否决的目的。

（三）业务发展模式

后危机时代的国际经济形势下，新开发银行的成立和应急储备的安排有利于与现有多边和区域开发银行在促进基础设施建设和可持续发展方面相互补充。尽管新开发银行要到2016年以后才会正式投入运作并开始发放贷款，但结合现有国际多边开发金融机构的经验，我们可以将新开发银行的业务发展模式归纳为以下几个方面。

1. 为发展中国家提供贷款

第一，新开发银行贷款支持的对象，不仅仅面向金砖五国，而是面向全部发展中国家。一般多边金融机构由于其成员的区域性，资金的使用通常都呈现区域化的特征。比如美洲开发银行的资金主要用于拉美国家贷款，亚洲开发银行主要为亚太地区会员国的经济发展服务。但是由于金砖五国是分属四个大陆，又是各自大陆发展中国家的代表性经济体，因而新开发银行天生就具有跨区域、全球化的特征。

第二，新开发银行贷款重点支持领域。首要是支持金砖国家及其他新兴市场的基础设施建设和可持续发展，特别优先支持发电、交通、通讯和清洁用水提供，这也是成立新开发银行的宗旨之一。事实上，历史上大部分的区域性和多边的开发银行的建立，均以基础设施建设为主要目标。如世界银行的建立始于第二次世界大战后修复欧洲基础设施这一目的。基础设施和可持续发展项目的建设对于发展中国家的经济复苏以及结构转型与升级都具有重要的意义，金砖五国普遍国土面积辽阔（占全世界的26.8%）、人口众多（占全世界人口的42.88%）、经济发展程度不高，因而这方面将面临较大的资金缺口和广阔的发展空间。另一方面，新开发银行贷款的目的是促进经济和社会均衡发展，减少贫困，包括促进社会弱势领域的发展和社会整体福利的提高，如公用事业、教育、环境保护等多个领域。新开发银行的宗旨和重点投资方向可总结为：以金砖国家及其他发展中国家基础设施融资为主，促进能源资源适度开发和合理利用，兼顾减贫、中小企业发展、区域整合、气候变化与环保等公共事业，推动经济结构转型、产业结构升级和社会均衡发展（汤凌霄、欧阳峣和黄泽先，2014）。

第三，新开发银行的贷款具有开发性金融共同的特点。世界银行、亚洲开发银行等开发性金融机构的贷款，普遍不以利润最大化为首要目标，与商业银行贷款相比，具有期限长、利率低的特点。贷款期限通常为10 - 30年（含宽限期3 - 7年），如亚洲开发银行的贷款期限最长达40年（含10年宽限期），同时贷款的利率极低或仅收取部分手续费。可以预见，未来新开发银行的贷款也将会有类似特征。

第四，贷款规模的预测。新开发银行的发展速度将取决于每年的贷款资金投入规模和股本吸纳情况两方面。以国际复兴开发银行为例，其采用股本与贷款的比例这个总体指标衡量风险，将这一比率严格控制在35%以内。2009年至2013年，这一比率分别为34.3%、29.4%、28.6%、26.9%、26.8%。假设新开发银行的股本与贷款比例为较高的35%，以初始500亿美元计算，估算新开发银行的贷款额度可达到近1500亿美元。参照世界银行2013年贷款承诺额度315.4亿美元，假设新开发银行以每年300亿美元的速度投入贷款资金，且贷款期限为长期贷款的话，预计5年后即需成员国继续缴纳股本金。

第五，贷款审批效率和条件要优于世界银行。虽然新开发银行具体如何选择项目和批准贷款尚不明确，但可以确定的是，基于金砖国家对现行开发性金融体系弊端的认识深刻，与现有机构相比，新开发银行的贷款审批将会有更少的限制和延迟，对贷款国家附带的政治和经济条件（如通货紧缩、开放市场等）也会更少。

第六，要坚持"准商业性"，合理追求市场业绩。作为一家多边开发银行，新开发银行虽然不单纯以利润最大化为目标，而是为贯彻或配合政府政策意图，引导社会资金投向政府鼓励发展的基础设施、重点产业等领域，但同时不同于纯公益性机构和政策性金融机构，而应坚持其"准商业性"，具体的业务运作要按照开发银行的业务模式和市场原则来运营，最大程度地避免各成员国的"政治干预"。通过重点支持发展中国家的基础设施建设和其他社会发展薄弱领域，通过承担风险获得合理利润，在追求社会效益最大化的同时获得市场业绩，以实现资金良性循环和机构可持续发展。

第七，对贷款进行项目化管理和运行。在具体贷款项目运作过程中，新开发银行可以借鉴世界银行、欧洲投资银行等数十年的经验，按照市场的规律和专业化的原则，赋予管理层以充分的自主性和自由裁量权，全面提升项目的科学管理水平，做好事前、事中和事后三个环节的监督。具体要借鉴项目贷款的管理模式，严格进行项目论证、公开招投标、财务资金管理、实时监督、评价反馈等项目全程管理，通过符合国际规范的商业化运作，防范贷款失败风险。

第八，新开发银行要充分了解并尊重借款国发展需求。世界银行长期被诟病的一点就是只从发达国家的利益需求和发展经验出发，片面教条地推行"华盛顿共识"，忽视了发展中国家自身的发展条件和需求，结果导致发展中国家自主发展的能力长期得不到提升。新开发银行应树立"以客户为导向"的意识，业务运营要高度重视发展中国家的需求，积极探索更灵活、更高效、更快捷的贷款工具和方式，满足实际情况的需求。

2. 对外金融投资

除了发放贷款以外，通过股权投资或者资本市场投资，也是国际开发性金融机构重要的金融业务形式。新开发银行在提供中长期贷款的基础上，还可以采用多样化的金融工具进行投资，不仅满足发展中国家多样化的融资需求，还可以提升业务的灵活性和对所支持领域的效率。一方面新开发银行可利用股权投资，在中长期参与基础设施等方面的建设，并获得长期可观的收益。如德国复兴信贷银行（KfW）集团的成员公司 DEG，作为欧洲最大的开发性金融机构之一，在亚洲、拉丁美洲、非洲及中欧和东欧国家的投资总额超过 300 亿欧元。其核心业务范围包括股本金投资，既提供企业起步融资，也为企业拓展业务融资。另一方面可利用债券等投资工具在全球金融市场进行投资，以保证短期流动性需要。如世界银行 2014 年的收支平衡表显示，其在金融市场投资 427 亿美元。

3. 在国际市场发行债券

通过发行债券融资，是通过金融市场解决开发性金融机构资金来源的重要渠道。新开发银行在业务持续发展一段时间后，会面临各国政府初始出资消耗后需要补充资本金的问题，可以参考其他区域性开发机构的市场型融资手段，通过发行债券获得持续的资金。这些债券一般具有政府信用背书、中长期、较低利率等特点。国际上，欧洲投资银行、美洲开发银行等开发性金融机构，均重视以债券和票据形式从国际金融市场上筹资。而我国的国家开发银行则以发行债券作为最主要的资金来源，2013 年底发行债券余额 5.84 万亿元，占总资产的 71.33%。

4. 提供综合性金融服务

国际开放性金融机构在基础的投融资业务之外，通常还会提供技术援助、政策指导、咨询顾问和担保等多样化的金融服务。金砖五国和作为未来潜在贷款对象的一些发展中国家均面临国内经济结构的转型与升级，战略性新兴产业、新能源、节能减排等项目不仅需要资金，还需要新开发银行在进一步的规划设计、技术指导、市场建设和政策咨询方面发挥积极作用。

例如，亚洲开发银行在联合融资和担保业务中，不仅自身提供资金，而且吸引其他多边机构以及商业性金融机构的资金投向共同的项目；还帮助会员国协调与经济发展相关的政策，促进会员国对外经贸关系的发展，并与联合国及有关国际公益组织或机构合作。再如，美洲开发银行掌管美国、加拿大等政府及梵蒂冈提供的"拉美开发基金"，下设拉美一体化研究所，为各会员国提供有关经济、法律和社会重大问题的咨询。非洲开发银行下设非洲开发基金、尼日利亚信托基金、非洲投资与开发国际金融公司、非洲再保险公司等机构。新开发银行随着贷款、融资等基本任务的完成，也可根据机构自身发展的需要以及发展中国家市场需求，围绕支持金砖国家和发展中国家的更好发展，不断拓展综合金融服务业务。如德国 KfW 集团下属的投资银行 DEG，除了提供长期贷款外，还通过提供咨询服务和风险管理等各种措施来保证投资成功。

5. 多方面深化五国金融合作

除以上各项业务外，新开发银行成员国间还可以进一步加强创新，深化多领域的金融合作。如金砖国家保险和再保险市场的合作潜力巨大，各国出口信贷保险机构之间可以签署技术合作谅解备忘录等协议，为金砖国家之间不断扩大贸易活动提供更好的支持。同时，会员国之间的国有企业、中小企业均可建立并加强经贸合作联系（郭红玉和任玮玮，2014），其他多边金融机构均有类似功能，新开发银行这一平台未来可成为促成成员国之间更多金融合作的载体。

（四）风险管理模式

新开发银行运行面临两个层面的风险。第一个层面是通过贷款或投资支持项目的项目风险，要建立以项目管理为核心的发展业务运行机制。由于开发性金融所支持的项目具有周期长、收益较低的特点，面临较大的不确定性。因而要建立以项目管理为核心，以促进发展为目标的发展业务运行机制，实行项目评估和跟踪制度。具体而言，新开发银行应依靠与政府的天然联系，分析世界经济与金砖各国宏观经济信息，以更宏观视角对整个金砖区域的资金配置进行统筹规划，有限支持那些风险高、回收期长但对经济发展具有支撑性作用领域的项目。同时，要借鉴世界银行等开发性金融机构贷款项目管理模式，严格进行项目论证、公开招投标、财务资金管理、实时监督、评价反馈等全流程项目管理，提前防范和有效化解项目风险。

第二个层面是新开发银行成员国个体或整体的金融稳定风险，要建立防范系统性金融风险的稳定机制。金砖国家是当前全球最主要的吸引外资的国家，在后危机时代全球金融市场动荡频繁的背景下，2013 年以来俄罗斯、巴西等国已经出现资本流入骤停、巨量资本外逃导致的局部危机。因此，新开发银行的稳定运行要求重点应对巨量资本流入的突然逆转，防止成员国陷入严重流动性紧张、通货紧缩和经济衰退，尤其要能有效地阻隔危机向其他成员国的传染。

三、新开发银行面临的问题和挑战

（一）初期挑战

1. 成员国利益诉求协调难度较大

金砖国家并不是严格意义上的政治或经济共同体，由于地理区域、政治体制、宗教民族、经济体量、发展速度等各方面的巨大差异，金砖国家之间的关系并不牢固。首先，由于各成员国经济发展阶段不同，宏观政策矛盾在双边和多边关系中时有出现。如认为中国过低估值人民币的政策导致一些国家制造业出现了问题，受到了巴西和印度的批评；再如，金砖国家对人民币的认可度不高，中国推行人民币国际化的意图可能受到其他成员国的警惕。其次，成员国之间的经济地位不均等，生产能力和资本输出能力也有较大差异，这种差异在金融合作中也会有所体现。如应急储备基金就与新开发银行不同，没有按照平均分配的原则建立，中国贡献了1000亿美元基金中的410亿美元，几乎是总量的一半。最后，金砖国家因为利益诉求、地缘政治冲突等原因也存在内部竞争关系。金砖国家能否团结一致，以组建新开发银行为契机实现求同存异，为扩大发展中国家的影响力作出贡献，目前仍存在较大不确定性。

尽管有不少人将新开发银行乐观地看作是对世界银行和国际货币基金组织的潜在替代，但也有人担心现有成员国之间不均等的经济表现将会导致新开发银行的表现令人失望。可见，在新开发银行内部协调成员国各自利益诉求、保持民主决策的氛围将是一个巨大的挑战。

2. 缺乏组建国际性金融机构的经验和人才

历史经验表明，国际性的金融机构从筹建到运行均经历了复杂的过程。如1961年亚洲及远东经济委员会就有筹建区域性开发机构的想法，在经过了大量的国际会议和调研沟通后，时隔5年之后亚洲开发银行才真正成立。当前金砖各国在国际金融机构中并未担任过发起者或筹建者的角色，只是作为会员国在既定的机制和程序下参与日常运行。中国虽然是亚洲开发银行的第三大股东，但是1986年才加入亚行，2000年才在北京设立亚行驻中国代表处。中国国家开发银行虽然已经是全球最大的开发性金融机构之一，但不存在多个国家之间的协调，其发行债券、发放贷款等相关业务仍主要集中于国内市场。相应地，金砖各国也缺乏类似国际金融机构的专业人才储备，这正是当前新开发银行搭建框架、启动业务之际的最大挑战。

3. 在实际运行中需要兼顾平等与效率

在布雷顿森林体系中，各国根据出资额的多少来决定话语权的大小。出资多的国家与出资少的国家之间是不平等的，充当贷款国的大国与充当借款国的小国更不平等。附加严格的"贷款条件"正是这种不平等的体现，小国必须按照大国的意志来进行"结构调整"，否则就无法获得贷款。从世界银行的发展过程来看，美国居于绝对主导地位。其背景是该行成立时美国首屈一指的经济实力，虽然目前美国的经济地位有所下降，但其主导角色也确保了第二次世界大战后世界银行和国际货币基金组织等机构的正常、高效运行。

金砖国家明确反对这种制度，认为虽然各国能力和发展水平不同，但在全球经济、金融和贸易事务中应当权利平等、机会平等和参与平等。因此，新开发银行在创始阶段应各国的政治诉求实施了"平均主义"，用实际行动表明了反对欧美发达国家不公平压制发展中国家的坚决态度。新开发银行从酝酿到成立，一直在极力避免由某一国主导的情况发生，从平均出资、分派领导人到商定总部，追求平等的做法一直贯穿始终。然而，这一方式虽然能够保证新开发银行的成立，但未必能够保证其后续的运行效率。在缺乏主导者的情况下，平均分权的治理机制能否维持这个跨国开发性银行的高效运作，平衡其政策性特征与市场化运营模式，并兼顾不同成员国之间的需求，将成为其真正的考验。

新开发银行作为一个跨区域的多边金融机构，要顺利运行和不断壮大，必须解决好以下几个关键问题。一是如何在权利、机会和参与平等的"均权模式"下，兼顾决策效率？二是如何在不附加贷款条件的情况下，确保发放的贷款资金合理合规地用于规定的领域？三是在不同成员国就资金投向、投放规模、项目管理、风险管理等问题产生矛盾时，如何在银行内部进行协商解决？实际上，中国近年来一直倡导加强发展中国家之间治国理政经验的交流，以实现发展中国家发展理念和发展战略的有效对接，新开发银行正是实现这一理念的重要平台。在公平、共赢大原则之下，新开发银行兼顾平等和效率的协商机制有望顺利建立。

4. 面临与其他开发性金融机构的差异化定位

环顾全球，当今世界既不缺乏全球性的国际开发性金融机构，如世界银行和国际货币基金组织，也不缺乏区域性的开发性金融机构，如亚洲开发银行、美洲开发银行、非洲开发银行、欧洲复兴开发银行、欧洲投资银行等。那么，新开发银行作为国际金融体系中的新成员，要体现出其不可替代的"存在感",就要具备区别于其他多边开发性金融机构的特点。

新开发银行的差异化定位,可能主要体现在以下几个方面。一是成员对象,不是简单的全球性的或区域性的,而是以金砖五国为代表的广大发展中国家。二是更加公平的治理机制,在国际货币基金组织等机构中被不公平对待,是发展中国家谋求设立新开发银行的重要原因。只有在新开发银行体系下,各成员国能公平发声、合理谋求利益,新开发银行才能具有凝聚力。三是具体业务开展的条件要简化、透明、高效。要吸取世界银行等的教训,提供贷款的条件不能过于苛刻,否则资金需求国只需向世界银行或国际货币基金组织求助即可。只有新开发银行具备了区别于其他开发性金融机构的差异化定位,其在国际金融体系中存在的必要性和生命力才会大大增强。

(二)中长期挑战

新开发银行进入实质运行阶段以后,无论是内部成员国之间还是外部国际金融形势,都对新开发银行长期稳定发展形成挑战。

1. 形成新开发银行内部相对的主导权力量

美国在世界银行和国际货币基金组织中的主导权是在第二次世界大战后特定的历史条件下形成的,美元也借助布雷顿森林体系乘势成为最主要的国际货币。70年来,欧美主导下的世界银行和国际货币基金组织运转正常,不仅帮助世界各国恢复了第二次世界大战后的社会经济,也在多次金融危机中积极发挥作用,为国际金融市场稳定作出了一定的贡献。虽然在当今以金砖五国为代表的发展中国家强势崛起的背景下,这一体系不能说是合理和公平的,但迄今为止其在美国主导下,基本是有效运转的。

新开发银行的成立坚持了发起国平等的原则,在筹建初期有助于成员国达成共识,但在未来发展过程中,尤其是当成员国之间产生利益冲突、决策分歧时,为了能够保证新开发银行顺利运行和高效决策,防止将民主决策变成无休止的推诿扯皮,或者各家在风险来临时大难临头、各奔东西,新开发银行仍需要在平等的基础上,设计更为合理的决策机制。如改变成员国之间完全平等的投票权，根据经济规模、出资额度等因素区分成员国不同的投票权比例。但为了防止类似国际货币基金组织中美国绝对主导的情况出现，有必要通过限制权重最大国的权重比例，避免单一国家拥有一票否决权。这样既能相对反映各国责任和权利的不同，又能保证不出现一家独大的情况，持续新开发银行正常运转。

2. 逐步在新开发银行运行范围内实现"去美元化"

不可否认，在金砖五国的货币中，无论是中国人民币、印度卢比，还是俄罗斯卢布、巴西雷亚尔抑或南非兰特，目前都不是真正的国际储备货币，更遑论挑战美元的国际地位。尽管国际社会上"去美元化"、推动国际货币多元化的趋势为新开发银行提供了较好的国际环境，但新开发银行短期内依然离不开美元框架，这从新开发银行出资额依然用美元计价可见一斑。这显然与金砖国家想脱离美元主导的国际金融体系、谋求更大自主权和发言权的初衷不相符合。

那么，选择何种非美元货币作为新开发银行体系运行的基础货币呢？对新开发银行的贷款、投资业务而言，需要明确具体的货币种类作为交易媒介；而对于应急储备基金的筹集和计价，既可以选择某一国的单一货币，又可以选择类似国际货币基金组织特别提款权的一篮子货币。如果选择一篮子货币，哪些货币有资格进入这个篮子，并分别赋予什么样的权重？对新开发银行而言，这将是和国际货币基金组织此前面临的一个同样非常现实的难题。

当前，尽管新开发银行基础币种并未正式公布，但综观五个创始成员国的货币，人民币的国际化程度和潜力无疑最具吸引力。很多人相信，新开发银行的贷款将以人民币形式发放，如果事实如此，无疑会继续加强中国在全球经济中的地位，但这种做法相较于世界银行以美元发放贷款并没有根本性的改变，因此这能否为其他成员国所接受，尚有待于观察。

3. 规避与现行国际金融体系之间的潜在冲突

首先，客观来看，原有国际金融体系依然有其历史和现实作用，仍是影响世界的重要机制。受历史原因和经济实力等因素影响，美国和欧盟等发达国家长期在国际经济事务上拥有较大话语权，其主导的国际组织也在国际金融体系中占据顶层地位。其次，新开发银行属于新兴事物，其成长和壮大仍需较长的历史过程。虽然新开发银行成立本身就带有突破传统治理结构的意味，发达国家原来在发展中国家的既得利益还有可能受到影响，但这一影响完全是逐步体现的，而且可以通过差异化定位予以避免。进一步讲，新开发银行和世界银行，就性质而言都是开发性金融机构，两者促进各国协调发展、提升全球经济稳定性的根本目的是相同的；而两者的争议在于投票权安排等技术细节层面。

因而，无论是新开发银行还是世界银行和国际货币基金组织，都应将对方作为新型全球金融治理格局的合作伙伴，而非相互替代的竞争对手。新生的新开发银行和已经有70多年发展经验的世界银行体系，如果能形成相互补充、良性互动的关系，无疑最有利于全球经济的稳定和发展。

新开发银行挑战国际金融秩序说易行难。虽说新开发银行具有1000亿美元的体量，其面向的新兴市场也是一个广阔的金融市场，但新开发银行的对手是传统西方金融体系，无论从国际化水平、资金实力还是国际货币等各方面来看，相较于世界银行和国际货币基金组织等具有70余年经营经验的机构，新生的新开发银行还不具备竞争实力，要挑战美欧在国际金融市场的主导地位，仍言之过早。

第四章　金砖国家应急储备安排

第一节　现行的国际救援机制

20 世纪 90 年代以来，随着金融自由化的推进和各国对资本账户管制的放松，各国之间的金融联系随之增强。对发展中国家而言，一方面，更开放的金融市场可以通过更有效地配置资源、缓解信息的不对称和便利技术、管理知识的转移，促进经济的发展。同时，进入国际资本市场的经济体也可以通过风险分摊和吸引投资来稳定自身（Kose et al.，2006；Prasad and Rajan，2008）。另一方面，发展中国家本身存在着的实体经济和金融体系脆弱性的顽疾，无疑又会放大金融自由化的负面影响，如金融风险的溢出与传染、金融危机的多发性以及金融系统的顺周期性正是这种负面影响的体现。

金融自由化程度越高，其带来的金融风险程度与范围都会越大，原本单个金融机构、金融市场和单个国家承受的金融风险都有可能演化为系统性的、全球性的金融风险。金融风险的失控便会演化为金融危机，其破坏力和传染性并非单一经济个体所能承担。

对发展中国家而言，面临金融风险冲击时，一方面寄希望于国际性的（如国际货币基金组织）、地区性的（地区融资安排，如清迈倡议多边化机制）救援组织的帮助，另一方面也可以通过自身囤积足量储备来缓解压力。从国际实践看，储备资源丰富的国家可以有效稳定汇率波动、弥补资本突

然外逃带来的流动性约束，同时增强这些国家面对国际游资冲击的信心。相比之下，由于贷款条件苛刻、组织架构不成熟等原因，目前国际性和地区性救援组织发挥的实际作用有限。

一、国际货币基金组织

作为战后世界金融格局的两大支撑点之一，国际货币基金组织在维护国际金融秩序稳定方面作出了重要贡献。但由于话语权和决策权被欧美牢牢把控，并且援助条件往往附带政治性，这使得国际货币基金组织的作用受到限制，而深受危机冲击的发展中国家往往面临经济主权的部分丧失。

1998 年亚洲金融危机中，菲律宾、泰国、印度尼西亚、韩国四大受灾国向国际货币基金组织求援，国际货币基金组织在资金救援的同时，也提出了较为苛刻的援助条件：要求受援国实行严格的财政政策，推进市场自由化改革，甚至在政治上也要作出必要让步。如韩国在接受 570 亿美元紧急援助的同时，被要求开放国内银行业（后来导致国内银行业的部分空心化）、开放对日本的进口市场等；印度尼西亚为了获得 30 亿美元的第二批贷款援助，被迫接受国际货币基金组织的 117 项经济改革措施等。通过紧急资金救助，发达国家获得了正常谈判中难以获得的利益，甚至干涉了受援国的内政。这在某种程度上表明，国际货币基金组织对发展中国家的经济救助存在局限性。

然而，国际货币基金组织的短期资金救助没能阻止这些国家经济形势的恶化，不切实际地干预受援国的经济政策和金融改革使得受援国脆弱的经济形势雪上加霜。2008 年国际金融危机期间，国际货币基金组织救援条件的苛刻程度虽然有所降低，但差别性条款仍然存在，距离公平、透明的金融风险救援组织尚有距离。

二、欧洲稳定机制

欧债危机爆发后，债务风险呈蔓延之势，为了救助深陷债务危机的国家和稳定欧洲的金融形势，欧盟领导人决定临时成立欧洲金融稳定机制

（EFSM）以及欧洲金融稳定机构（EFSF，也称作欧洲金融稳定基金），同国际货币基金组织、欧洲央行共同进行欧债债务的救助工作。由于欧洲金融稳定机制以及欧洲金融稳定机构都属于临时性组织（计划在 2013 年结束），在欧盟的相关法律法规上存在合法性质疑。因此，欧洲需要一个更加稳定的长久的救助机制来协助成员国解决财政危机或金融危机，欧洲稳定机制（European Stability Mechanism，ESM）便应运而生。

欧洲稳定机制（ESM）2012 年 10 月生效，总额为 7000 亿欧元，主要用于向债务危机国家提供资金援助或出资购买严重金融困境国家的国债，恢复市场信心并提高受援国在金融市场上筹集资本的能力。然而，作为欧元区内部出资成立的金融救助机制，ESM 具有强烈的地区性，即只有欧元区成员国才能得到 EMS 的救助，并未对发展中国家开放。因此对发展中国家而言，诸如 ESM 的地区金融救助机制如果不在排他性问题上作出调整，其面临的安全救助选择依然屈指可数，且收效甚微。由此带来的全球整体金融稳定环境也不容乐观。

三、清迈倡议与区域储备安排

在金融开放与金融联系加深的格局中，国际收支失衡和流动性约束成为困扰发展中国家的一个常见问题。单单依靠国际货币基金组织的救援，金融风险问题往往得不到及时解决，甚至会给经济带来新的外部冲击。因此，多元化的救援机制需求广泛。

亚洲金融危机的爆发，暴露出国际最后贷款人救助的不力以及地区危机救援机制的缺乏，这直接推动了东亚国家"双边货币互换机制"的达成，即《清迈倡议》。在《清迈倡议》框架下，东盟十国与中日韩之间目前签订了 16 个货币互换双边协议，共涉及 800 多亿美元（后来增至 1200 亿美元）的资金。《清迈倡议》体现的是协议签署双方短期的相互资金支持行为，用以缓解受流动性约束和国际收支失衡一方的压力。

面对金融危机的巨大破坏性和强传染性，原先的双边援助网络显得较为单薄和松散，区域财金合作需要迈向更高层次，区域外汇储备库即为在清迈倡议基础上构建的新型多边资金融通机制。各成员国分别划出一定数量的外汇建立区域共同储备基金，用于应对成员国遭遇的流动性困境。

《清迈倡议》和区域外汇储备库是东亚国家强化金融危机预警和国际救援合作的重要体现，不仅补充了现有的国际救援机制，也是对目前地区金融体系改革的有益探索。但由于各国承诺的资金仍然存留在各国央行，在非危机阶段作为各国的外汇储备，一旦发生危机，资金的归集和账户的合并、管理都会面临重大的技术问题。因此区域储备库的实际运行效果有待检验，如 2008 年韩国陷入金融危机泥潭时，宁愿执行韩美之间的货币互换协议，也没有使用《清迈倡议》中的双边和多边货币救助机制。

第二节　金砖国家应急储备安排的建立及其机制

金砖国家新开发银行和应急储备安排的建立，是金砖国家推进国际金融体系改革和完善全球金融安全网的有益尝试。与东亚储备库等区域内的金融救助机制不同，金砖国家的应急储备安排是跨区域的多边救助体系，是对目前金融救助机制层次性的扩展。

一、应急储备安排建立的背景

金砖国家应急储备安排的建立并非这些国家的一时决定，而是有着深刻的时代背景，是金砖国家共同应对全球挑战，突破地域限制加深金融合作的重要表现。

（一）金砖国家的合作层次有待提高

总体而言，金砖国家的经济体量不断增大，但由于经济结构、文化、民族、宗教等方面存在较大差异，现阶段的合作还存在一定问题。从发展现状来看，俄罗斯、巴西、南非作为原材料的重要供应国，其经济发展受国际大宗商品市场影响较大。美元近期进入升值通道，世界经济增长疲软对原材料需求的下降，导致了大宗商品价格低迷，不仅影响了这些国家的收入增长，也导致其汇率的大幅波动。其中，俄罗斯还面临乌克兰危机，经济形势更加不容乐观。印度虽然增长形势不错，但近期也面临着美元加息、资本外逃而导致的卢比贬值问题。而中国经济正步入新常态，增速下降，经济改革转型压力增大。从合作形式来看，目前金砖国家的合作形式较为单一，围绕中国的经贸往来频繁，合作较为松散，甚至存在竞争关系，如巴西和印度在世贸组织对中国的倾销诉讼，指责人民币升值力度不大等。又如中国和印度的地缘政治之争等。从现实需求来看，金融危机后，金砖国家的经济增长动能有所减弱，经济面临转型调整，增长压力有所增大。倘若不进行更深层次的合作，金砖国家的凝聚力将大打折扣，新兴市场国家整体的发展振兴也会无从谈起。

打造金砖国家新开发银行和应急储备安排等平台，可以更有效地开展基于各国共同利益诉求的合作，将成员国之间的经济合作意愿落到实处。如通过互联互通，可以充分发挥中国的资本和产能、印度的潜在制造能力以及其余三国的丰富资源等优势，最大化地开发一体化大市场的需求。同时，开展类似经济金融合作可以有效增进战略互信，推进彼此之间的政治团结。

（二）发达国家货币政策的溢出效应明显

从国际金融史来看，发展中国家的金融危机多与发达国家的汇率变动相关，如20世纪80年代的拉美债务危机就是因为货币错配问题的存在，美元升值引起债务违约所致。90年代东南亚国家的货币危机也与美元进入升值通道相关。2008年金融危机以来，以美国为首的发达国家为了恢复经济活力，普遍实施量化宽松的货币政策，对发展中国家造成了巨大而又反复的影响：一方面，过剩的流动性往往转换为国际游资，对发展中国家的金融体系造成冲击；另一方面，由于众多新兴经济体存在货币错配问题，储备货币的贬值导致其外汇资产缩水，同时造成大宗商品价格高企，造成原材料进口国的生产成本上升。

当发达国家退出量化宽松政策时，又会带来资本的国际性回流，造成发展中国家的流动性约束，导致本币贬值压力增大，处理不当，震荡的汇率波动就可能演化为货币危机。

（三）国际救援机制僵化

国际货币基金组织是目前全球金融稳定的基石，对促进全球货币合作、稳定汇率起到过积极的作用，但其僵化地奉行"市场原教旨主义"，过度关注受援国的资产负债表问题，忽视了众多国家的实际发展状况，导致其信誉度和使用率明显下降。同时，新兴经济体经济规模不断扩大（2014 年底，其经济规模占世界的五分之一强），对世界经济增长的贡献度也在不断提升，但经济实力的上升并没有带来金融话语权的变更。

2010 年的 G20 会议上，主要发展中国家提出针对国际货币基金组织的改革建议，试图为新兴经济体争取与经济地位相匹配的投票权利。其中包括将国际货币基金组织的份额扩大至 7200 亿美元，并将 6% 的份额转移给新兴经济体。尽管这份改革建议对发达国家的影响较小，如仅减少美国投票权的 0.5%，但依然没有得到发达国家的积极响应。可以说，发达国家试图对金融控制权的持续把控，不愿意促成新兴经济体影响力的上升，使得国际金融体系改革进程阻力重重。

二、应急储备安排的运作模式

应急储备安排是金砖国家本着平等互利原则进行的一项金融合作，本质上属于跨区域的多边货币协议性质。其在治理结构、决策机制、预警机制等方面可以参考业已存在的货币救助机制，如清迈倡议多边化机制（CMIM）、欧洲稳定机制（ESM）等。

（一）出资方式与救助方式

应急储备安排本质上属于货币互换协议，暂不必实际出资。金砖各国承诺的初始资金规模为 1000 亿美元，各成员国的承诺出资额度分别为：中国出资 410 亿美元，巴西、俄罗斯、印度各出资 180 亿美元，南非出资 50 亿美元。出资额的不同带来投票权的差异：基于权利与义务匹配的原则，各成员国拥有 5% 的基本投票权，剩余 95% 的投票权按承诺出资额成比例分配。综合计算，中国投票权为 39.95%，巴西、俄罗斯、印度各为 18.10%，南非为 5.75%。

出资额度的不同并不影响成员国实际的救助意愿。CMIM 通过借款乘数的设定来平衡各方权益。应急储备安排同样可以如此，当成员国储备存量较少、经济实力较弱时，可以适当放大其借款乘数，以满足其在流动性约束时的融资需求。

在具体运作方式上，应急储备安排只是成员国承诺的货币互换，并不涉及储备的真实转移。当成员国有实际需要、且满足相应的申请条件时互换协议才能启动。例如，成员国面临国际收支危机时，该国央行按即期汇率向其他成员国的央行出售本币购买美元；其他成员国则根据承诺出资的比例向受援国出售美元。在贷款到期日，受援国再按照相同的汇率使用美元购回本国货币，并支付一定的利息。通过本外币的交换，来缓解成员国的流动性危机。

（二）治理结构与决策机制

从与应急储备安排性质相近的清迈倡议多边化机制来看，如果救助机制缺乏拥有独立法人地位的载体组织，那么救援机制的运作和职能的发挥就会面临诸多质疑。因此应急储备机制必须设立一个各成员国认可的政府间国际组织，作为应急储备安排运作和职能发挥的载体，在这个载体上完善治理结构。这个组织载体包括理事会和常务委员会，前者以共识决定战略性问题，后者则以共识或简单多数票决定操作性问题。组织载体的严谨性和合法性使应急储备安排能真正起到应急救助、减少道德风险的作用。

在决策机制上，注重协商一致原则与简单多数原则相结合。将基础性问题（如基金规模、成员国份额等）与操作性问题（贷款投放、贷款延期、贷款违约等）分开决策。前者可以通过部长理事会一致通过决定，后者则由执行层决策机构经三分之二多数通过即可，从而兼顾公平与效率。

这种治理与决策机制既体现了金砖国家间战略互信、合作共赢的精神，又兼顾了决策效率与各方利益。

（三）救助条件与利益保护

在帮助受援国渡过难关的同时，援助国的利益同样需要保障。《德班宣言》明确表示，应急储备安排的设计应符合各国国内法律和具有适当安全保证。因此，在金砖国家合作框架下，各方应履行应急储备安排下的各项义务、法律法规和资金支付保证等约定；同时，针对各种可能的违约情形制定更为详细的化解和惩罚措施，以保证资金的灵活运用和资金安全。

为了防止受援国可能发生的道德风险，可要求受援国为救助资金提供价值充足的抵押物。包括以石油或矿产等资源开采权为抵押，既具有可行性，又不会对国家主权造成冲击；同时，为推进金砖国家货币国际化进程，还可考虑将成员国的货币作为抵押物，以控制道德风险（汤凌霄、欧阳峣和黄泽先，2014）。如果发生受援国故意拖欠所借资金的行为，或者其他原因导致长期无力偿还资金时，应急储备安排应启动相应的惩罚措施，提高其违约成本。

另一方面，应急储备安排可以参考 CMIM 的做法，将借款条件与国际货币基金组织挂钩：当成员国寻求贷款支援时，90% 的信贷额度需要满足国际货币基金组织的借款条件（随着年份的增长，条件脱钩比例也随之上升，2005 年为 80% 满足，2012 年为 70% 满足，2014 年为 60% 满足）。或者考虑引入国际货币基金组织的预防性工具"灵活信贷"（FCL）或者预防性和流动性额度（PLL），通过国际货币基金组织的监测机制来防范道德风险的发生。

由于不少发展中国家在历次金融危机期间遗留的对国际货币基金组织的反感情结，应急储备安排的贷款条件与国际货币基金组织挂钩也可能引致反感，而国际货币基金组织的预防性工具"灵活信贷"或者预防性和流动性额度则要求成员国有良好的经济基本面和政策记录，这对目前处于经济较为动荡俄罗斯、巴西来说并非可行的选项。一种可替代的方式是考虑分层贷款条件设定，按照贷款金额的不同设立不同的审查条件，以确保各国在还款能力范围内进行借贷。这样兼顾了资金的安全性和使用的有效性。

（四）预警机制

作为危机救助机制，不仅要求在危机发生时能迅速提供有效的资金支援，而且本身需具备完善的危机预警功能。从国际货币基金组织的作用来看，在非危机时段，国际货币基金组织会对各成员国的宏观经济运行状况和政策进行监测并定期发布季度和年度报告（如《全球金融稳定报告》、《世界经济展望》、《财政监测报告》等），从而为各成员国的经济、金融预警提供依据。与此同时，国际货币基金组织努力打造信息交流平台，从全球整体形势出发协调各国的经济金融政策，妥善化解主权债务、跨境资本无序流动等金融风险。

而 CMIM 的执行机构——东盟与中日韩宏观经济研究办公室（AMRO），在监测做法上与国际货币基金组织稍有不同，考虑到域内国家国情的相似性，其监测报告主要采用内部交流方式进行，以鼓励域内各国之间的深入交流。

因此，应急储备安排要充分发挥危机救助功能，不仅需要完善的治理结构，同时也要健全危机预警系统。一方面，需要联动监控跨境资本流动情况，早期预警热钱的流向；另一方面，也要定期发布金砖国家的金融稳定报告和经济发展报告，为成员国的经济发展提供指导。同时，基于金砖国家的发展阶段与面临的金融风险类似，应急储备安排可以参照 CMIM 充当信息交流平台，通过内部平台交流敏感的经济金融信息与数据。

通过以上几个方面立体式的构建，能够最大限度地发挥应急储备安排的独立性、有效性和专业性。

第三节　应急储备安排的作用与展望

一、应急储备安排的特点

金砖国家应急储备安排旨在成员国出现国际收支困难时，其他成员以货币互换的形式向其提供流动性支持，属于帮助纾困的集体承诺。与其他救助形式相比，应急储备安排有自身的特点。

（一）复合型金融危机的产物

金融危机的爆发以及所带来的危害，是发展中国家参与双边或多边救助协议的重要原因。以亚洲金融危机为例，在危机爆发之前，众多国家实行固定汇率制度，在金融监管没有完善之前过早开放了资本市场。当美元进入升值通道后，资本净流出增加，为了保持汇率稳定，这些国家被迫动用外汇储备。由于储备有限，外债增加，其中又以中短期外债为主，在国际游资的冲击下，货币贬值不可避免。大规模普遍的货币贬值，最终导致危机的爆发。而这也是带有区域性质的清迈倡议双边和多边化机制建立的原因。

2008 年的国际金融危机始于美国的次贷危机，通过国际金融、贸易渠道传递到全球，进而对发展中国家脆弱的金融体系造成冲击。为了应对金融危机带来的危害，不少国家开始实施宽松的财政政策和货币政策，由此又带来了内部的通货膨胀问题和投资产能过剩问题。可以说，危机范围的扩展、破坏程度的加深以及危机性质的复杂使得新兴经济体的货币合作从区域内扩展到区域外，通过全球联动来共同应对金融风险。

（二）成员国金融体系互补性较强

世界银行通过银行资产占 GDP 的比重和股票市值占 GDP 的比重将金融体系分为三种类型：不发达的金融体系、银行主导型的金融体系（以法国、德国、日本为代表）和市场主导型的金融体系（以英国、美国为代表）。从金砖五国来看，南非、印度属于市场主导型，巴西、俄罗斯两者较均衡，中国属于典型的银行主导型（孙丹，2014）。

印度从 20 世纪 90 年代开始金融改革，目前基本改变了银行作为融资主渠道的状况。直接融资与间接融资并重，既有发达的资本市场，又有较完善的商业银行体系，二者在印度经济运行中都占有重要地位。中国目前的金融市场结构以银行为中心，对企业的投融资进行引导，股权融资市场仍然不占主导地位。在俄罗斯，代表国家资本主义的大型国有银行和资源型企业主导金融市场。巴西在拉美资本市场的地位比较突出，新发和增发的股票多数通过巴西的股市进行，交易量中的外资比重高达 30%；南非的金融服务业发展较好，外资金融机构入驻情况较好，资本流动性也较强。

从金融结构来看，金砖五国的金融体系存在一定的互补性，市场主导型的国家充满活力但风险较高，如巴西的债务风险发生频率明显高于其他金砖国家。而中国、俄罗斯银行主导型的金融结构虽然相对稳健，但是市场垄断痕迹明显，活力有待提高，如中国目前正在积极推动股权融资市场的发展，以改变目前银行为主的社会融资结构。因此，不同金融结构类型的国家可以互相借鉴，互相进行金融安全网络的补充。

（三）制度设计体现公平透明原则

国际货币基金组织的制度安排主要存在两大缺陷，一是投票权的份额计算公式缺乏公正性，二是基本投票权的丧失。1944 年以来，国际货币基金组织一共出现过 6 个份额公式，公式均由诸多参数和对应的权重构成，前五个份额公式由于复杂并且缺乏透明度，饱受批评。第六个公式虽有所简化，但仍然没有改变发达国家在其中被"夸大"的经济分量，严重影响份额公式作为决定成员国份额和投票权的客观依据的公平性与合理性（朱光耀，2009）。此外，基本投票权的作用也在逐渐丧失，自国际货币基金组织成立以来，以份额投票的数额增加了数十倍，而每个国家等额的基本投票权却没有增加，导致基本投票权在总投票权的比重降至目前的 2.1%，以"一国一票"为代表的主权平等原则彻底让位于"一美元一票"的原则（邹佳怡，2005），发达国家占尽优势。

应急储备安排的承诺出资额是根据各国经济发展水平和外汇储备规模等国情综合确定的。而各国投票权与承诺出资额挂钩，并设 5% 的基本票由五国均分。综合计算后，中国投票权为 39.95%，巴西、俄罗斯、印度各为 18%，南非为 5.75%。虽然中国在投票权方面具有主导权，但并非由此获得了一票否决权，这是与国际货币基金组织等国际金融机构的最大区别。不仅如此，应急储备安排在进行资金援助时，并不会去干预受援国的内部事务，也不会对其经济体制和管理制度提出建议要求。

二、应急储备安排的积极作用

（一）降低贸易成本

金砖国家在全球经济生活中的地位逐渐提升，截至 2013 年底，金砖五国的 GDP 总量为 16 万亿美元，约占全球 GDP 总量（74 万亿美元）的五分之一。与此对应，金砖国家的贸易规模也在不断增大，2014 年，金砖国家进出口商品总额约为 6.5 万亿美元，占世界商品进出口总额的 20%。在增速方面，2000—2014 年间金砖国家商品贸易额年均增长 16.5%，快于同期世界商品贸易总额 7.5% 的增速。

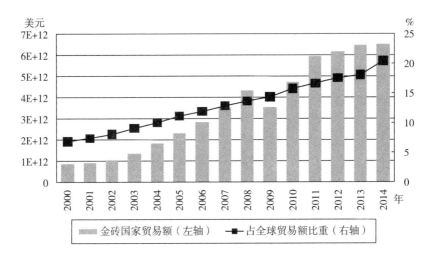

资料来源：UNCTAD 数据库。

图 4-1　金砖国家商品进出口总额

　　对外贸易已经成为金砖国家与外界经济交往的一个重要方面，在现有的金砖国家之间的双边和多边贸易体系中，计价和结算主要通过美元进行，成员国的货币本身并不具备自由流通的功能，这使得交易成本直接与美元汇率相关。一旦美元汇率波动频繁，即会对这些国家的贸易成本和汇率稳定产生影响。自 2008 年金融危机以来，美国实施了四轮量化宽松的货币政策，不仅导致大宗商品价格上涨，同时也加大了金砖国家的贸易成本。

　　作为应急储备安排的载体形式之一——外汇储备基金的建立可以有效缓解此问题。一方面，在双边或多边贸易过程中，一旦成员国出现国际收支失衡，外汇短缺时，可以向应急储备基金申请，暂时拆借资金池的储备资金进行贸易结算，日后偿付。这既可以发挥应急储备基金的贸易担保功能，同时便捷了金砖国家的贸易往来。另一方面，如果使用某一成员国的货币或者成员国的一揽子货币进行贸易结算，则会极大减少国际市场波动带来的汇率风险，但使用哪一国货币，或者货币篮子如何构成则需要成员国根据经济实力、金融条件等协商决定。

（二）维护金融稳定

发达国家货币政策的溢出效应之一就是将过剩流动性转化为国际游资，而游资的逐利性流动对发展中国家脆弱的金融体系造成重大威胁。2013年下半年以来，美联储退出量化宽松政策、加息的消息不断释放，直接导致了新兴经济体的资本外流，加之部分国家外汇储备不足，货币贬值在所难免。在此期间，印度的卢比和南非兰特均遭遇了严重冲击，贬值幅度超过20%，严重影响金融稳定。此外，危机的破坏性又会通过贸易与金融渠道进行国别传染（Chui et al.，2004）。金砖国家设立应急储备安排，是这些国家共同面对金融风险的必然选择。

从目的上看，应急储备安排主要负责在成员国出现资本外流、债务危机等金融紧急情况时提供援助资金，以维护成员国金融稳定，帮助其渡过金融危机。因而，应急储备安排实际上将在成员国之间扮演最后贷款人的角色，有关国家在满足一定条件下提出申请时，其他成员国通过货币互换提供救助资金。

事实上，金砖各国对应急储备安排承诺出资，只是一种预防性安排，并不需要立即实际支付资金，而是只做名义互换承诺，不涉及直接的外汇储备转移。只有当成员国有实际需要、申请借款并满足一定条件时，应急储备安排才启动互换操作、实际拨付资金给申请国。在危机时代，金砖应急储备安排机制的建立，也有助于促进全球经济复苏，为全球长期经济稳定增长提供动力。

应急储备安排的金融稳定作用有直接和间接两方面。从直接作用来看，在某成员国出现流动性紧张的情况下，应急储备安排可以通过货币互换等流动性工具为其提供紧急资金支持，不仅降低了成员国央行累积外汇的必要性以及外汇累积相关的成本，而且可以有效化解成员国的债务危机。然而应急储备安排的间接作用也许更大。在微观层面，有了这一预防性机制的安排，在实际流动性困难发生前，市场预期到各成员国建立的互换承诺，能在很大程度上提振市场信心，稳定市场预期，避免盲目撤资行为的发生，从而减少金融市场的波动。在宏观层面，应急储备安排不仅可以有效地防患于未然，而且可以有效阻断金融风险国别之间的传染与蔓延，从而化解外部冲击对各成员国金融稳定的影响。

毫无疑问，应急储备安排的设立不仅可以保障金砖国家的金融安全，而且也有利于国际金融市场的稳定，强化全球金融治理的效果。

（三）增强偿债能力

作为快速发展的发展中大国，金砖国家需要拆借大量短期外债进行经济建设和国际支付。由于这些国家的本币不具备世界货币的职能，外币债务的偿还能力成为外界判断其经济健康状况的重要方面。一方面，如果本币的偿还能力低于外币的债务能力，又无外部流动性支持，容易导致流动性的枯竭。另一方面，货币错配问题的存在，又容易导致债务国外债负担的增加，倘若没有外币信用支持，则会加重国家的债务危机，损害其国家形象，导致国际信用评级下降。因此，应急储备安排的设立，可以作为金砖国家外部流动性的重要补充，成员国可以在一定时期使用本币交换外币，以增强自身的外币偿债能力。并使本币、外币形成联动，有效应对汇率变动引致的货币错配问题。通过外币信用形成对国家信用的支持。

（四）降低汇兑风险

在金融市场治理不完善的条件下，过早开放金融市场有可能导致预料不到的后果，如亚洲金融危机期间的部分东南亚国家。因此，在储备资金不足的情况下，为了防止热钱的频繁流动，进行资本市场管制成了发展中国家抵御外部冲击的一种手段，却同时又是与国际贸易、跨境直接投资为代表的金融开放趋势相悖的一种方式。从应急储备安排的功能来说，提供可靠的资金支持，可以有效减少成员国因汇兑实力不足对资本转移和利润兑汇进行的限制，从而有助于成员国降低国家风险并吸引外商直接投资。

（五）推动国际货币体系改革

布雷顿森林体系虽然解体，但以美元为基础的国际货币体系却没有改变，发达国家货币政策的溢出效应依然会对新兴经济体脆弱的金融体系产生影响。与此同时，国际主要金融组织均由美欧等国主导，无论是世界银行的贷款性条件还是国际货币基金组织的救助条件均附带苛刻的政治条款，对新兴经济体的救助往往适得其反。

新兴经济体的经济实力不断上升，但这却未能在份额及投票权中得到应有的体现，发展中国家的话语权与经济地位不匹配的现象日渐严重。国际货币基金组织 2010 年底通过份额和治理改革方案，要求发达国家向新兴市场和发展中国家转移约 6% 的份额，中国的投票权也将因此提升至第三位，但迄今为止，美国国会仍然拒绝批准国际货币基金组织的改革方案。

表 4 - 1　改革前与改革后国际货币基金组织前六名国家及所占份额

改革前		改革后	
国家	所占份额（%）	国家	所占份额（%）
美国	17.661	美国	17.398
日本	6.553	日本	6.461
德国	6.107	中国	6.390
法国	4.502	德国	5.583
英国	4.502	法国	4.225
中国	3.994	英国	4.225

资料来源：国际货币基金组织。

为提升在全球经济治理中的话语权，新兴经济体积极推动国际金融组织的改革，至今步履维艰。为摆脱发达国家的金融干预，发展中大国开始谋求国际金融的独立权与自主权，应急储备安排的建立就是发展中大国拒绝盲目妥协的重要体现。它不仅可以为发展中国家提供真正公平、合理的救援机制，也可以带动国际规则的重置，推动全球救援机制的多元化。

三、应急储备安排的未来发展

应急储备安排是发展中国家参与全球治理的一项尝试，目前仍处于创始阶段，相较其他国际机制的发展路径，应急储备安排存在较大的发展空间。

首先，资金规模有待扩大。在金融全球化不断深化的背景下，金融危机的破坏性和范围都在增大，而应对全球性冲击的资金需求无疑是巨大的。为应对 2008 年国际金融危机，美国经过四轮量化宽松的货币政策，总共投放约 5 万亿美元的流动性。在欧债危机中，欧洲金融稳定工具 EFSF 通过杠杆化，将救助资金从 4400 亿欧元扩大至 1 万亿欧元。可见危机期间的巨大流动性对于稳定经济具有至关重要的作用。而目前应急储备安排的初始资金仅为 1000 亿美元，如果面对重大金融风险冲击时，该机制目前能调动的资金无疑非常有限，因此扩充资金规模是维护金融稳定的内在要求。从操作性上看，应急储备安排扩大资金规模只需成员国提高承诺额度，无需直接支付资金，增资成本相对较低，但却可以极大地稳定市场情绪。

其次，成员国数量的增加。应急储备安排是金砖国家应对外部流动性危机的协作机制，其本身并非像欧洲稳定机制一样具有排他性。相反，更多新兴经济体的加入反而有助于金融稳定合作的深化，如 2011 年南非的加入，2014 年巴西福塔莱萨峰会前，阿根廷也有加入的意向。因此，金砖国家对吸纳新成员国持开放态度。金砖五国政府代表在巴西福塔莱萨签署的《关于建立金砖国家应急储备安排的条约》中已经设置了新成员加入的条款，新成员加入并不存在制度上的障碍。未来应急储备安排的组织框架和治理结构逐渐成熟，成员国数量的增多和资金规模的扩大，可以推动应急储备安排发挥更大的作用。

最后，独立法人资格的奠定。现阶段应急储备安排本质上是一个多边货币互换框架，不具有独立国际法人地位，因此无权签订协议、提起诉讼或被起诉。一方面，在全球性冲击下，应急储备安排需要提供巨量流动性以维护成员国的金融安全。然而，由于独立国际法人资格的缺失，应急储备安排不能像国际货币基金组织那样通过向成员国借款或是在国际市场上发行债券等方式进行融资，只能依靠成员国承诺的出资份额，这会极大地限制应急储备安排的资金来源和作用的发挥。另一方面，当债务国发生债务违约时，以目前应急储备安排的法律地位是无法对违约成员国进行诉讼的，只能通过金砖国家双边或多边谈判来协商，这将严重影响自身运作的效率。不具备独立法人地位，也使得应急储备安排无法签订有效法律协议同其他国际机构展开直接合作，这将影响救助效果。

第四节　应急储备安排的外部关系协调

一、与现行的国际救援组织的关系

应急储备安排的设立是金砖国家争取金融自主权、构建发展中经济体多层次金融防火墙的重要尝试。其设立与发展不是孤立的，与业已存在的救助机制之间的协调合作是金融防火墙发挥有效作用的重要保证。

（一）与国际货币基金组织的关系

虽然国际货币基金组织在数次金融危机中的表现不尽如人意，如救援迟缓僵化、干涉受援国的经济金融政策等，加之欧美国家改革意愿低落，导致国际货币基金组织声誉有所下降。但不可否认，国际货币基金组织仍然是目前全球范围内维护金融稳定的最主要组织，扮演着金融稳定基石的作用。金砖国家应急储备安排的设立，并不是对现有国际金融秩序的颠覆，而是对现有救助机制的补充和完善。因此，应急储备安排要发挥有效的作用，应优先处理好与国际货币基金组织的关系。

首先，在救助方案方面，可以借鉴国际货币基金组织的市场化机制。根据国际货币基金组织判定的受援国债务可持续性的高低，国际货币基金组织目前对受援国家的援助方案主要分为提供贷款（Bail - outs）与债务重组（Debt Restructuring）。前者使受援国在短时期内获得所需资金，以应对流动性约束。但必须面临国际货币基金组织教条式的结构化改革，包括紧缩性的财政政策（增加税收与压缩财政支出）、市场开放等，客观上造成对受援国经济的二次侵害，容易引发集体性反感事件。而债务重组是在市场预期债务不可持续时，解决危机、平衡债务人债权人利益的一种有效手段。但时间消耗过长，有悖于危机的及时化解，并且可能引起市场的误读，造成"踩踏"事件。

可见国际货币基金组织的救助以市场化为基础，按照经济指标的健康程度来确定救助方式。而应急储备安排是金砖国家合作深化的体现，更多侧重于政治因素考量，体现金砖国家集体维持金融稳定的意愿，因此在救助标准上可能要低于国际货币基金组织的救助标准。包括借款利率可能低于国际货币基金组织的借款利率，借款期限更为宽松。宽泛的标准可能引发道德风险，因此，应急储备安排应该在保证深化合作的基础上，学习国际货币基金组织的做法，引入市场化机制，按照一定的指标体系考察成员国的债务状况和还款能力，进而及时有效地发放资金。这既能保证资金的相对安全，又能满足成员国的短期资金需求。

其次，区域融资安排在地区资源的整合方面相对于国际货币基金组织的全球管理范围有优势，且内部信息交流更为紧密。但区域融资安排的知识密集型程度和机制建设能力明显与国际货币基金组织存在巨大差距，如CMIM的执行机构——东盟与中日韩宏观经济研究办公室（AMRO）中的经济学家不到10名，而同期国际货币基金组织的经济学家则有上百名，且每年每季度都会发布大量的金融稳定报告、经济发展报告和财务监测报告等。基于此，应急储备安排同样应该效仿国际货币基金组织的制度建设，壮大专业人才队伍，定时发布成员国的监测报告，同时完善内外部信息交流平台的构建。

制度上的相似性，方便应急储备安排与国际货币基金组织进行人员交流、监测数据交流以及监管信息互换等，从而提高应急储备安排的规范性和专业性。

再次，国际货币基金组织在全球安全网络中居于核心地位，区域融资安排或者双边救助机制应该考虑在整个金融安全网络中的定位，统一协调地区和双边机制，确保各自发挥比较优势和发挥合力。从目前救援机制的协作来看，区域融资安排与国际货币基金组织无摩擦的协同几乎不可能。

为了规避与国际货币基金组织的潜在冲突，地区融资安排和双边机制应在救助标准和机制设计上与国际货币基金组织进行一定程度的挂钩，如 CMIM 贷款的 70% 就与国际货币基金组织贷款条件挂钩。对应急储备安排而言，在救援机制设计不成熟的情况下，融资标准按照商定比例与国际货币基金组织挂钩，可以有效避免相互绊脚和机会主义行为。

多层次的协同网络可以展开对金融风险的立体型救助。当金砖国家遭遇金融危机冲击时，可以首先执行成员国自身签署的有关双边互换协议，其次可以利用多边化的应急储备安排，如果仍然不能有效化解危机，可以寻求国际货币基金组织的介入。

最后，布雷顿森林体系的解体削弱了美元的储备货币地位，但并没有根本改变以美元为主导的国际货币体系，国际主要金融组织也多被欧美国家掌控，可以说国际金融秩序的主导权被发达国家牢牢把控。作为发展中国家的代表，金砖国家设立的应急储备安排一方面是为了集体抵御金融风险，另一方面也体现了发展中国家对金融独立性的渴望。但这并不意味着设立新的救援机制是为了挑战当今的国际经济和金融秩序，谋求利益竞争。而是在现有的体系下，对国际金融秩序进行有序改革和完善，以增强发展中国家的自主权和发言权。

总之，应急储备安排既要学习国际货币基金组织先进的管理制度与经验，同时也要摒弃国际货币基金组织利用救援机会干预受援国国内经济事务的做法。

（二）与地区融资安排的关系

作为新生的地区融资安排机制，应急储备安排要发挥好作用，不仅要学习国际货币基金组织的管理与救助模式，协调好与国际货币基金组织的关系。也要处理好与其他地区性融资安排的关系，完善多层次的救助网络，发挥协同作用。

表 4 - 2　　　　　　　　　全球金融安全网络

	欧盟	北美	东亚	中东	中亚	拉美	金砖国家
区域性金融安排	欧洲稳定基金	北美框架协议	清迈倡议多边化机制	阿拉伯货币基金	欧亚反危机基金	拉美储备基金	应急储备安排
创立时间	2012 年	1994 年	2000 年	1976 年	2009 年	1978 年	2014 年

资料来源：国际货币基金组织。

1. 与清迈倡议多边化机制的关系——借鉴与合作

相较于最初的《清迈倡议》，金砖国家设立的应急储备安排有自身的特点。第一，不再局限于亚洲区域，而是面向所有金砖国家乃至全球的新兴市场经济体；第二，各国之间的货币交换协议不再仅限于美元，允许成员国使用本币进行互换；第三，不再受制于国际货币基金组织及其条件的限制，与国际货币基金组织的公共采购法脱钩，体现成员国之间更多的自主性。

清迈倡议多边化机制（CMIM）是在原有清迈倡议双边货币互换机制基础上建立的由"10 + 3"全体成员共同参与的多边互换机制，旨在强化区域金融安全网，提高成员国应对潜在或实际的国际收支和短期流动性困难的能力。除了上述不同点，金砖国家应急储备安排在性质、功能上与 CMIM 存在相似点，因此，应急储备安排的构建与职能安排上可以适当借鉴 CMIM，并在此基础上展开二者的合作。

应急储备安排和 CMIM 都含有储备存量资源极其丰富的国家（中国），同时也包含储备存量不够丰富的国家，在储备基金的来源和需求上有所支撑。因此，应急储备安排在出资方式和借款方式上可以借鉴 CMIM，储备存量高的国家可以通过更多的出资份额来争取更大的投票权（但要兼顾集体表决权）。而出资份额不高、经济实力较弱的国家，则可以通过借款乘数的设定来争取更多的资金使用权，从而达到效用最大化。在 CMIM 中，中国的出资额度为 684 亿美元，借款乘数为 0.5，即中国可以借款 342 亿美元；印度尼西亚出资为 91.04 亿美元，借款乘数为 2.5，借款额度为 227.6 亿美元，而出资额度仅为 20 亿美元的越南，其借款乘数为 5，借款额可达 100 亿美元。因此，应急储备安排完全可以设立类似的借款乘数，以平衡各方权益。

应急储备安排和 CMIM 一样，既是金融救助网络，也是信息交流的平台。由于二者的安排和侧重有所不同，加强双方的合作和沟通不仅可以实现监管报告互换和监控数据共享，而且可以有效促进区域内和区域外国家的信息交流，有助于完善发展中国家的救援体系和监控网络。

应急储备安排的主体是发展中的大国，其成功构建在一定程度上肩负着金砖国家引领发展中国家深化合作的使命，不仅要对现有的发展中国家的救援网络进行完善，而且还要敢于尝试其他地区融资安排尚未进行的工作。如应急储备安排可以尝试松绑贷款条件（与国际货币基金组织的挂钩比例），塑造独立国际法人地位，甚至可以作为国际货币基金组织和发展中国家地区融资安排之间交流的桥梁等。

2. 与 NDB 的关系——分工与合作

在以美元为核心的国际金融体系中，世界银行和国际货币基金组织扮演着重要作用，二者分工明确，共同维系着世界秩序的稳定。世界银行主要支持发展中国家的基础设施建设和社会建设，资金借贷周期较长，利润率较低；国际货币基金组织主要负责全球金融稳定，弥补相关国家国际收支失衡以及短期资金约束等。但长期以来，国际金融体系均由发达国家把控，在满足发展中国家的资金需求方面已经显得"力不从心"。因此，金砖国家新开发银行和应急储备安排正是在此基础上产生的。

从发挥的作用来看，金砖国家新开发银行和应急储备安排的职能划分与世界银行和国际货币基金组织类似，前者更接近世界银行，后者更接近国际货币基金组织，二者定位不同。

在成立宗旨方面，金砖国家新开发银行着眼于长期发展融资，为金砖国家乃至其他发展中国家的基础设施建设和可持续发展提供开发性资金支持。而金砖国家应急储备安排则着眼于金融稳定，扮演最后贷款人的角色：在成员国面临国际收支压力、偿付危机或资金外逃时，向其提供流动性支持。

在出资机制方面，金砖国家新开发银行初始认缴资本（启动资金）为

500 亿美元，在金砖国家之间平均分配；各成员国在金砖银行正式成立后要实际缴纳一定比例的股本，用于日常运作。而金砖国家应急储备安排仅是出资承诺，各国初始承诺资金规模为 1000 亿美元，其中，中国承诺出资 410 亿美元，俄罗斯、巴西和印度分别提供 180 亿美元，南非提供 50 亿美元。只有在有关国家提出申请并满足一定条件时才通过货币互换并提供资金。

在运作方式方面，金砖国家新开发银行运作方式主要是面向基础设施的投融资业务；而金砖国家应急储备安排则是以多边货币互换为基础的货币合作框架，借鉴了其他类似的区域性货币合作机制，如清迈倡议多边化机制的成功经验。

在治理机制方面，金砖国家新开发银行各成员国平均分配股权和投票权，其治理结构包括理事会、董事会和管理层等。而金砖国家应急储备安排的治理结构包括理事会和常务委员会，各成员国投票权与承诺出资额挂钩，除设立 5% 基本投票权平均分给金砖五国外，剩余 95% 的投票权按承诺的出资额比例分配。中国承诺出资最多，因而投票权也最高。具体的投票权分配机制，还要进一步讨论。可供参考的是国际货币基金组织采取的以综合评估方式分配股权份额。评估主要考虑各国国内生产总值（权重 50%）、开放度（30%）、经济波动性（15%）和国际储备（5%）四个要素，同时加入一个调整因子。

金砖国家新开发银行和应急储备安排相互协作，是落实金砖国家领导人共识、深化金砖国家合作取得的两项突破性成果，充分展示了金砖国家间的战略互信、利益共享、深化合作的精神。

二、中国与应急储备安排

截至 2014 年底，中国的外汇储备达到 3.83 万亿美元，居世界第一位。庞大的储备存量使得中国在面对国际支付危机、外在金融风险冲击时拥有更多的应对措施。然而全球经济的高度融合，使得任何国家卷入动荡的国际金融市场时都难以独善其身。因此，中国积极参与应急储备安排的建设，符合各方合力应对金融风险的利益。但金砖国家的异质性，应急储备安排设立背景的复杂性，又会使中国参与的同时面临诸多挑战。

（一）中国在应急储备安排中的定位问题

对中国而言，巨大的外汇储备存量不仅为应急储备安排提供了可靠的资金来源，也增加了中国外汇储备新的投资渠道。中国 410 亿美元的出资份额使中国获得了 39.95% 的最高投票权，但最高投票权并非意味着一票否决权。秉承平等、合作、效率的原则，应急储备安排的重要规章制度和基础事项由五国平等协商，共识或者简单多数决定，避免了目前主要国际金融组织中一家独大、一票否决的局面。应急储备安排建立的宗旨是立足于最后贷款人角色，满足成员国短期的资金需求，并不附带任何政治经济条件，不干涉成员国的政策。从应急储备安排的机制设计和功能来说，中国并无动力和意愿借助应急储备安排这个平台进行利益扩张，作用更多地体现在推动应急储备安排救助功能的完善和影响的扩大上。

（二）金砖国家的合作方式

金砖国家分属亚洲、欧洲、非洲、南美洲四个区域，其资源禀赋、文化特征、经济发展程度差异较大，但共同的政治诉求、经济利益以及改革国际关系的要求使这五个发展中大国合作意愿强烈。目前金砖国家的合作以贸易合作为主，深层次的金融合作并没有展开，而日益加深的金融全球化又使得金融合作成为金砖国家绕不过去的话题。

金融国家新开发银行和应急储备安排成为这些国家金融合作的具体体现，要使得两个合作载体运作顺利，合作方式的选择至关重要。一方面，目前金砖国家较强的异质性导致其无法像欧盟国家一样进行比较默契的合作，即中国无法与其他四国结成货币联盟，进行统一的政策协调。另一方面，基于对目前国际金融体系不公平的厌恶情绪，如何平衡效率与公平问题也是金砖国家合作的一个焦点，即相对较强的国家难以发挥主导作用。如果没有主导力量，单纯考虑公平和自身利益，应急储备安排的运行效率将大打折扣，并且金砖国家间难以形成合力。

从目前金砖五国的经济实力来看，中国的经济规模比其他四国的总和还多，在应急储备安排中出资额也最多。从综合实力来看，理应由中国主导应急储备安排的工作。然而这势必会引起其他国家的一些看法，如俄罗斯虽然经济实力不如中国，但历史惯性使其不习惯于别国主导事务。印度虽然与中国同处亚洲，文化接近，但与中国之间存在地缘战略竞争关系。因此，中国应谨慎发挥在应急储备安排中的作用，既要在权责范围内发挥积极作用，释放应急储备安排的功能，又要兼顾其他四国潜在的顾虑。

（三）人民币国际化问题

贸易是目前金砖国家交流合作的主要渠道。2013年金砖国家之间的贸易规模总计达到3500亿美元，而中国与俄罗斯、印度、巴西、南非四国的贸易总额约3000亿美元，中国已经成为巴西、俄罗斯、南非的最大贸易伙伴，是印度的第二大贸易伙伴，中国已经成为事实上金砖国家经济合作的枢纽。由于金砖国家的货币不具备储备货币职能，目前这些国家的贸易结算货币仍然以美元为主。为了减少对美元的依赖和平滑汇率波动，应急储备安排未来的载体之一——应急储备库中可以考虑增加人民币储备品种，推动人民币在金砖国家间贸易结算中的比重，增加人民币计价的金融产品种类，扩大人民币在多边货币互换中的使用，进而顺势促进人民币国际化。

（四）大国责任担当

中国作为世界第二大经济体，同时又是发展中第一大国，在国际事务中的地位日益重要，中国有义务去实现一个大国的责任。中国积极推动金砖国家新开发银行和应急储备安排的建立，贡献最大出资份额，目的不是谋取一票否决权，以及控制两大机构。而是尝试通过自身的努力，深化与其他新兴市场大国的团结和合作，从而带动其他发展中国家的积极参与。本着平等互利的原则，通过金砖国家新开发银行支持发展中国家的基础建设和民生建设，通过应急储备安排构建集体安全网络，提高发展中国家的金融自主权与话语权。作为世界经济体系重要的一员，中国的发展壮大并非为了谋取一己私利，而是用实际行动帮助其他发展中国家的建设，并积极参与国际金融危机的解决。在国家关系、参与全球机制等方面，中国均传递出了强烈的责任意识。

第五章　中国参与金砖国家金融合作的政策建议

第一节　参与金砖国家金融合作对中国的影响

当前的国际政治、经济格局和国际金融体系很大程度上仍是第二次世界大战结束后及"冷战"时期的产物，是美欧日等守成大国历经多年相互博弈达成的利益平衡，对于新兴大国在崛起过程中的利益诉求回应不够充分，改革和利益再分配的空间较为有限。因此，积极参与金砖国家金融合作，是中国在日益错综复杂外部形势下的替代选择之一。它对中国的影响不仅体现在经济金融和国际政治关系领域，同时对于中国的一系列微观经济主体，如传统制造企业、高新技术企业、基础设施建设企业、金融机构等"走出去"也将起到积极正面的推动作用。对此，中国应以更加开放、包容、负责、务实的态度促进金砖国家之间的金融合作深入发展，并引领金砖集团作为一股进步力量在国际舞台上发挥更大的影响力，成为广大新兴国家和发展中国家利益的代表。

一、对中国经济影响的分析

（一）有助于巩固中国的经济和金融安全

尽管中国已经是世界第二大经济体，并坐拥全球最大的外汇储备库，但依然无法确保绝对的经济和金融安全。当前，全球经济下行背景下，中国经济处于增长速度换档期和结构调整阵痛期，未来几年，还将面临"中等收入陷阱"的严峻考验。跨过去了，中国将延续二三十年的中高速增长，有望晋级为现代化发达国家；跨不过去，中国可能滑向"拉美化"，引发各种严重的社会经济问题。因此，一个良好的外部支持环境对于中国显得尤为重要，参与金砖国家合作有利于巩固中国的经济和金融安全。

第一，参与金砖国家合作有助于降低中国对欧美日三大传统出口市场的过度依赖。2014 年，中国（不含港澳台，下同）对欧盟、美国和日本的出口分别占出口总额的 15.83%、16.91% 和 6.38%，如果将香港（占比为 15.5%）的转口贸易因素考虑进来，则三者比重还将更高。而同为金砖国家的印度、俄罗斯、巴西和南非的比重分别只有 2.31%、2.29%、1.49% 和 0.67%。另一方面，新兴市场尽管目前遇到一些困难，但未来发展潜力巨大。通过提升与印度、俄罗斯、巴西和南非等金砖国家的经贸关系，有助于分散市场风险，避免因美欧日需求变化导致出口大幅波动。

表 5 - 1　　　　　　　2014 年中国对部分贸易伙伴出口情况

	出口 （亿美元）	占比 （%）	进出口 （亿美元）	占比 （%）
欧盟	3708.8	15.83	6151.4	14.30
美国	3960.8	16.91	5551.2	12.90
东盟	2720.1	11.61	4803.9	11.16
中国香港	3631.9	15.50	3760.9	8.74
日本	1494.4	6.38	3124.4	7.26
韩国	1003.4	4.28	2904.9	6.75
中国台湾	462.8	1.98	1983.1	4.61
澳大利亚	391.5	1.67	1369.0	3.18
印度	542.2	2.31	705.9	1.64
俄罗斯	536.8	2.29	952.8	2.21
巴西	348.9	1.49	865.8	2.01
南非	157.0	0.67	602.9	1.40

资料来源：海关总署。

第二，参与金砖国家合作有可能避免中国未来被经济孤立。从国际经济关系的历史来看，以美国为代表的西方发达国家习惯于运用经济制裁和金融制裁等手段来"惩处"试图挑战现有国际格局或违反其"价值标准"的国家。如2014年，美国联合欧洲、日本、加拿大、澳大利亚等盟友，借克里米亚和东乌克兰问题对俄罗斯发起了全面的经济和金融制裁，导致俄罗斯资本大量外逃，卢布汇率遭到沉重打击，当年俄罗斯GDP仅增长0.6%。2015年3月，奥巴马又宣布对俄罗斯的制裁将继续延长一年。此外，1959年古巴革命成功后，美国自1961年开始更是对古巴实行了长达55年的经贸和金融封锁，根据古巴官方统计，古巴因此累计损失9750亿美元，超过其一年GDP的30倍。

第三，参与金砖国家合作有助于提高中国抵御外部货币危机的能力。尽管中国拥有全球最庞大的外汇储备规模，但其他国家的经验表明，一旦内部货币危机或外部制裁封锁发生，资本外流和外汇消耗的速度也是惊人的。如俄罗斯外汇储备规模的峰值是2013年10月31日的5240亿美元，但到2014年11月7日，短短一年时间内，已降至4210亿美元，损失了1030亿美元。2015年，仅2月27日至3月6日一周内，外汇储备就从3630亿美元降至3567亿美元，减少了63亿美元。俄罗斯外汇储备下降的主要原因是卢布汇率波动超出预期，俄罗斯央行不得不动用外汇储备以稳定卢布汇率。2015年11月，受美元升值预期等因素影响，中国当月外汇储备下降872亿美元，截至11月底外汇储备余额为3.44万亿美元，降至两年多以来最低水平。虽然远未达到"伤筋动骨"的地步，但也令市场震动不小。有鉴于此，近年来，中国不但分别与俄罗斯、巴西等金砖成员国签订了双边货币互换协议，而且积极推动金砖国家新开发银行、上合组织银行等新多边金融机制设立，一定程度上增强了中国在危机中获得外部金融援助的可能性。

（二）助推过剩产能输出，提高中国产能利用率

国际上通常认为，产能利用率在79%－83%是比较合理的，如果产能利用率低于75%即为严重产能过剩。我国自2006年建立工业企业产能利用率统计以来，到2012年末平均为80.1%，2014年前三季度降至78.7%，处

于 4 年来的最低水平。从实际情况来看，部分行业的产能过剩情况已相当严重。不仅钢铁、水泥、汽车、纺织等传统产业，就连风电设备、多晶硅等部分新兴产业也出现了较严重的产能过剩。以钢铁行业为例，产能利用率 2007—2011 年总体处于合理水平，保持在 79.5% 到 81.3%。但 2012 年之后产能利用率明显下降，2012—2014 年分别为 72%、74.9% 和低于 74.8%，产能过剩矛盾突出。

从国内外经验看，应对产能过剩无外乎对内压缩产能和对外输出产能两条路。去过剩产能在未来四五年依然是我国结构调整的主线，到目前为止，还没有看到非常明显的成效。据中钢协预测，2015 年我国钢铁产量将达 8 亿吨，其中，过剩产能至少在 3 亿吨，而 2016 年仅能削减 2000 万吨过剩产能。究其原因，在于我国经济不像西方发达国家经济市场化程度较高。西方国家出现经济危机后，往往能够迅速出清，过剩产能可在较短时间内调整到位，有利于经济重新出发。我国受市场化程度不高和体制机制等综合因素制约，危机情况下市场迅速出清的经济学原理在我国往往是失效的，只能通过较长的过程逐步消磨。

而通过加强与金砖国家的金融合作，鼓励我国相关行业和企业"走出去"，向有需求的发展中国家转移部分产能的现实可行性更高。第二次世界大战后美国的"马歇尔计划"是国际上治理产能过剩的成功案例。1948 年，美国国会通过了《对外援助法案》，美国用其生产过剩的物资援助欧洲国家。"马歇尔计划"一方面促进了西欧各国的战后恢复和发展联合，在其实施期间，西欧国家的国民生产总值增长 25%；另一方面消化了美国的过剩产能，刺激了美国工业生产和对外贸易，为美国经济战后持续繁荣奠定基础。

不同国家资源禀赋、经济发展阶段、生产力发展水平差别巨大，某些行业产能在一国可能显著过剩，但从全球需求来看并不过剩。因此，对外输出过剩产能是有可能实现双赢甚至多赢的，可促进产能在供需两端之间更加有效地匹配，实现产能的国际帕累托改进。此前，这种产能的跨国配置主要依靠 FDI 等形式进行；新开发银行成立并运行后，则可通过新开发银行投资项目有组织、有计划地推进，提高过剩产能输出的针对性和效率。通过金砖国家合作平台，积极推进中资企业"走出去"，不仅将助力国内经济结构调整，而且将为中国的全球化战略带来新的机遇。

（三）有助于推进人民币国际化

次贷危机爆发后，传统国际货币的地位有所下降。但美国经济的活力并未消失，美元的国际影响力也依然存在，以美元为核心的国际货币体系在可预见的将来不可能发生根本性改变，接受并支持多元化国际货币体系成为了一个现实选择。因此，我国长期内应坚定不移地推进人民币国际化战略。

经过数年的发展，人民币国际化取得了一系列成果。环球银行间金融通信协会（SWIFT）的最新统计显示，截至 2015 年 8 月底，人民币已成为全球第二大贸易融资货币、第四大支付货币、第六大外汇交易货币、第六大新发国际债券货币以及第八大国际债券余额货币。但总体来看，还存在以下两大不足：

一是人民币国际化的成果主要体现在商品和服务贸易相关领域，而在金融领域还处于起步阶段。例如，人民币作为国际投资货币的规模相对较小，在国际债券和衍生品交易中的使用还较为有限等。未来人民币要最终成为与美元、欧元等并驾齐驱的国际货币，需要在借贷货币、交易货币、投资货币和储备货币四个领域不断发展。

二是人民币国际化的区域发展还不均衡。目前来看，跨境贸易人民币结算主要集中在东亚和东南亚，而在巴西、印度、南非等其他新兴市场国家的贸易结算中占比还较低，对其他地区的辐射力还比较弱。

经历国际金融危机后，金砖国家均有强烈的"去美元化"诉求，这为人民币国际化创造了契机，有望从记账单位职能、交易媒介职能、价值储藏职能三个方面不断提升人民币的国际化水平，对以美元为中心的国际货币体系形成进一步的补充。

第一，金砖国家金融合作不断加深将有利于推动彼此间贸易和投资使用本币进行计价和结算。使用本币结算可以降低美元作为单一结算货币的风险，节约交易成本，促进成员国间的资金流通、贸易往来和本币的国际化。考虑到中国的经济和外贸总量在金砖集团内部位居第一，人民币无疑将成为最主要的计价和结算货币之一。如果在金砖国家之间的国际石油、铁矿石等大宗商品市场中能以人民币计价，将大大减少进出口方的汇率风险和交易风险。同时，还可鼓励成员国企业和机构使用人民币购买中国的机器设备和原材料、支付员工工资等，扩大人民币在金砖成员国之间的计价结算。

第二，金砖国家金融合作有助于拓展人民币在国际范围内交易媒介职能。在金砖集团内部，成员国之间可以尝试将人民币作为贷款收付和投资的货币，用人民币履行支付、核算等各项职能的主要货币工具，如对项目评估、贷款、投资、收取咨询费用等均以人民币为计价和交易媒介，这在金砖国家之间更容易达成共识。此外，金砖国家新开发银行成立后，可通过发行人民币计价的债券在国际金融市场融资，国际投资者将能配置更多的人民币金融资产。

第三，金融国家金融合作将促进人民币在更大国际范围内充当官方的国际储备货币。一方面，我国在 2013 年与巴西已经达成了 1900 亿元的人民币互换协议，2014 年与俄罗斯达成 2000 亿元的人民币互换协议。随着新开发银行的逐步发展，金砖国家之间的经济联系日益密切，中国还将与其他金砖国家签署人民币互换协议，不断增加金砖国家国际储备中的人民币份额。人民币在金砖国家储备地位的上升，最终将带动人民币在全球范围内的国际储备地位上升。另一方面，在初始规模高达 1000 亿美元的应急储备安排中，中国将出资 410 亿美元，这也在一定程度上提升了人民币在金砖成员国之间作为储备货币的认可程度。

（四）有利于丰富中国外汇储备的运用途径

我国国内市场广阔、劳动力成本低、投资政策优惠等致使我国吸引了大量外商投资。20 世纪 90 年代以来，尤其是 2001 年成功加入世界贸易组织后，我国对外贸易快速发展。我国经常项目和资本项目长期保持"双顺差"，使得我国外汇储备规模持续激增，从 2000 年的 1655.74 亿美元增长到

2014 年的 38430 亿美元，外汇储备规模居世界首位（见图 5 - 1）。

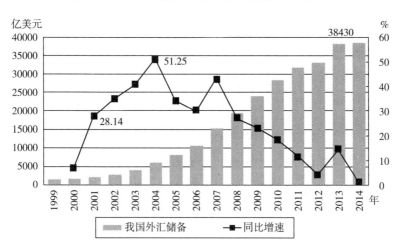

资料来源：国家外汇管理局。

图 5 - 1　中国外汇储备逐年增长

外汇储备规模过大、结构单一会导致多方面的问题。首先，持有高额外汇储备机会成本较高，资金使用效率较低。美国债券的收益率仅为 3% 左右，明显偏低。一定意义上，高额的外汇储备形同实际上资金闲置，带来了较高的机会成本。其次，我国外汇储备资产结构单一，风险集聚。美元计价资产约占 70%，其中大部分是美国国债，面临巨大储备风险。此外，持续增长的国际收支顺差和高额外汇储备被认为是导致我国人民币汇率升值压力的主要原因。

通过金砖国家金融合作，可以丰富我国外汇储备的运用途径，实现外汇储备结构的多元化，提高收益率。一方面，通过将外汇储备运用于金砖国家及其他发展中国家的基础设施建设等方面，配置于稀缺性资源、能源和资源等具有战略意义的产业，提高外汇资产的收益率。另一方面，通过应急储备安排，我国大量的外汇储备可以在成员国之间发挥化解流动性风险的稳定器的作用。

（五）促进中国与相关国家在其他领域的合作

近年来，新兴国家群体性崛起，成为影响国际政治经济格局的一股新生力量。基于相近的利益，这些国家在国际舞台上合作的空间越来越广阔。其中，中国与俄罗斯、巴西在能源和资源领域的合作，中国与印度在全球气候变化领域采取共同立场等都有很好的发展前景。

例如，同为发展中大国，尽管政治体制不同，但在联合国气候变化谈判的立场上，中国、印度基本上是一致的，即都拒绝美欧强加的不合理减排目标，倡导"共同但有区别的责任"原则，要求发达国家承担更多的温室气体减排责任，包括率先大幅度减排，同时向发展中国家提供资金、转让清洁能源和减排技术。2009年，中国与印度签署了《关于应对气候变化合作的协定》，确定了中印建立应对气候变化的伙伴关系。此外，中印在粮食和能源安全等领域也有很大的合作空间。

与美欧日等传统市场经济国家相比，一方面，金砖国家在经济上具有较大潜力，彼此间金融合作的契合点也很多，容易取得合作成果；另一方面，部分金砖国家在体制机制、经济金融发展等方面又存在种种不完善、不成熟之处，容易受到内部、外部环境的冲击和影响。

以俄罗斯为例，目前俄罗斯经济金融上存在的主要问题：一是经济结构过于单一，严重依赖能源出口，受国际市场价格波动影响较大。二是汇率波动剧烈，存在一定的资本外逃压力。2014年，受西方制裁与国际原油价格下滑双重因素拖累，俄罗斯卢布兑美元贬值逾50%。与此同时，俄罗斯的资本流出额也高达1515亿美元，创下1994年俄罗斯央行开始公布资本流出数据以来的最高值。三是外债压力较大。截至2014年底，俄罗斯外债共计5994.97亿美元，同期外汇储备仅为3880亿美元。其中既有历史遗留问题，也有国际政治经济格局变化和地缘政治冲突带来的挑战。近年来，俄罗斯的综合国力和影响力整体上处于不断衰弱态势，这与其试图继续保持大国地位的战略目标形成了不对等、不匹配的关系。当欧盟和以美国为首的北约不断对俄罗斯核心利益进行挤压时，很容易激发对抗。但俄罗斯日渐脆弱的国力又决定了其不足以长期承受这种对抗。

同样，与另一金砖国家巴西的经济金融合作也存在不少隐患。一是巴西的经济金融体系整体抗风险能力较弱。20世纪80年代以来，巴西先后经历了三次大规模的经济金融危机。第一次是因 80 年代第二次国际石油危机引发的债务危机。第二次是 1993 年各州政府对联邦金融机构债务偿还的违约危机。第三次危机起始于 1997 年，由于地方债务进入偿债高峰期，巴西从国际市场借入大量外债。但受亚洲金融危机和俄罗斯金融危机爆发的影响，国际投资者对巴西等发展中国家的信心也大幅降低，1999 年 1 月，巴西出现大量资本外逃，外汇储备加速流失，巴西中央银行被迫放弃了爬行钉住汇率制度，任由雷亚尔自由浮动。二是 2015 年以来巴西经济形势每况愈下。2015 年 8 月 28 日，巴西地理统计局公布的数据显示，2015 年第二季度巴西国内生产总值（GDP）为 1.43 万亿雷亚尔（1 雷亚尔约合 1.78 元人民币），环比萎缩 1.9%，同比萎缩 2.6%。在此之前，2015 年第一季度巴西 GDP 环比增速从 −0.2% 向下修正至 −0.7%。连续两个季度负增长，已符合经济学上的"衰退"定义。巴西央行公布的调查报告显示，2015 年巴西经济将萎缩 2.06%，2016 年萎缩 0.24%。三是 2015 年以来巴西政治局势也陷入动荡之中。近年来，执政的巴西劳工党爆出石油腐败丑闻，加之经济不景气、失业率高企，2015 年以来，巴西政坛出现大幅动荡，总统罗塞夫的支持率已跌至 8%，2/3 的巴西民众要求对其进行弹劾。

除此之外，印度、南非等国家也不同程度地存在一些体制机制上的问题和脆弱性。因此，中国在与金砖国家积极推进金融合作的同时，不能只看到有利的一面，也要充分考虑到不利因素带来的后果。这些后果具体表现在：一是风险传染。在资本和金融账户趋于开放的前提下，如果中国与这些国家在经济、金融等方面介入过深、依存度过高，则相关国家国内的冲击和影响有可能通过货币合作、金融机构合作等渠道波及中国。二是金融合作项目推进受阻。俄罗斯、巴西、南非国内经济形势不稳，对中国与其开展金融合作将带来挑战，无法保证项目按时推进并最终落地。例如，2015 年以来，俄罗斯已多次宣布推迟中俄合作的输气管道、电网等项目，这些项目背后的金融支持协议也不得不相应搁置。此外，从政治角度看，除中国、俄罗斯和南非外，印度、巴西国内政局起伏较大，政党更替频繁，不同的执政理念及选民偏好、利益集团压力等有可能导致印度、巴西新一届政府在金融领域与中国的合作出现反复。三是金融合作基础动摇。金砖国家新开发银行、亚洲基础设施投资银行等多边金融机制建立后，中国作为最主要的出资方之一，如果过多地从地缘政治和国际关系角度，而不是全面考虑政治、经济、社会等因素，来决定对金砖成员或其他发展中国家提供贷款，有可能导致资金损失，引发成员国之间的分歧和矛盾，甚至影响相关金融机制的长远发展。

二、对中国国际关系影响的分析

（一）有利于淡化中国与相关国家的利益冲突

从国际关系理论来看，"商业自由主义"（Commercial Liberalism）、"贸易和平论"等的核心理念在于，国家之间的经贸往来（自变量）有助于降低相关国家爆发战争和冲突的频率（因变量），带来和平与合作。随着时代的发展，自变量的范围已由简单的商品贸易扩大至服务贸易、技术合作、金融合作等领域。

在金砖集团内部，中国与印度之间的关系最为微妙。一方面，中印围绕麦克马洪线存在长期的领土争端，两国还于1962年爆发了边界战争，至今仍不时有小摩擦产生。此外，在印度成为联合国安理会常任理事国问题上，中印也有不同立场。另一方面，中印又在许多国际场合，包括国际货币基金组织投票权改革、气候变化等领域形成了统一战线。随着金砖集团和金砖国家新开发银行的成立，两国间的经济、金融联系将更为密切，相比之下，政治和外交领域的摩擦尽管仍将存在，但已不足以成为影响两国关系的主导力量。

（二）进一步扩大中国的国际政治影响力

随着中国在金砖集团内部主导作用不断上升，中国的资本和技术不断输出到巴西、印度、南非这些拉美、南亚、非洲地区影响力最大的国家，中国的国际政治影响力也将迅速提升。

一是示范效应。改革开放以来，"中国制造"已越来越多地出口到世界各国。但由于长期缺乏自主知识产权，中国产品和技术不仅缺乏国际核心竞争力，还在许多国家被贴上了"劣质商品"的标签。如果中国的高铁、核电等高新技术未来大批量地出口到巴西、印度、南非等地区大国，甚至俄罗斯这样的前超级大国，对于改变"中国制造"的印象无疑有巨大的示范效应，进而也有利于在周边地区塑造中国正面的国际政治形象。

二是外溢效应。巴西、印度、南非、俄罗斯这些金砖成员不仅自身国内市场潜力广阔，而且在相关地区具有较大的政治和文化影响力，同时也可成为中国资本、技术和政治影响力以"外溢"方式进入相关地区其他国家的跳板。

三是联合效应。当中国与其他金砖国家的经济、金融关系进一步密切后，五国在许多国际政治、经济领域的合作可能性都将大大增强，由于中国在其中的领导作用更突出，因而五国协同将显著提高中国的国际政治影响力。

当然，中国参与金砖国家金融合作，在政治上也可能存在一些潜在的不利影响。具体表现在以下三方面：

一是以美国为首的西方发达国家有可能提前将中国定位为主要战略竞争对手。20 世纪 80 年代末 90 年代初，第二代中国领导核心面对复杂的国际形势，提出了"冷静观察、稳住阵脚、沉着应付、韬光养晦、善于守拙、决不当头、有所作为"等对外关系指导方针。随着近年来国际形势的变化和自身综合实力的发展壮大，一方面，中国在国际金融体系改革问题上的主动性不断增强；另一方面，中国在金砖集团、上合组织等国际或区域多边组织的领导作用日益凸显，"韬光养晦"、"善于守拙"和"决不当头"的情况正在逐渐发生改变，"有所作为"的重要性相对上升。这在显著增强中国国际政治影响力的同时，也有可能使中国提前成为西方发达国家基于冷战思维而树立的新对手和新标靶。

二是与俄罗斯走得过近，有可能使中国承担不必要的"政治义务"。2008 年以来，由于俄罗斯在格鲁吉亚、克里米亚半岛和乌克兰东部等地区问题上的强硬立场，俄罗斯与西方发达国家的关系由"蜜月期"迅速过渡到直接对抗阶段。2014 年 3 月，以美国为代表的发达国家宣布，暂停俄罗

斯的八国集团（G8）成员地位；此外，美国和欧盟等还对俄罗斯发起了多轮制裁。中国与俄罗斯在经济、政治等方面不断接近，有可能使得中国夹在美俄之间，在许多问题上被迫作出"站队"的选择，从而承担额外的"政治义务"，包括中国与乌克兰、格鲁吉亚等国家的关系都会在一定程度上受到影响。

三是与印度走得过近，有可能会让一些传统盟友对中国的外交战略产生疑虑。中国在金砖集团等组织框架内与印度发生更为紧密的经济和政治联系，固然有助于改善中印关系，但也可能会让一些与中国传统友好、而与印度存在战略冲突的国家产生疑虑，导致其也在外交战略上"双边下注"，在保持对华交往的同时，也向美欧日等发达国家靠近。当然，通过事前的沟通解释，有助于在一定程度上消除这种顾虑。

三、对中国微观经济主体影响的分析

正如前文基于双层博弈的微观视角分析框架所强调的，本国既存在积极推动参与对外金融合作的部门，也存在反对将社会资源用于对外金融合作的部门。反过来说，中国参与金砖国家合作，势必也会对一些微观主体带来积极有利的影响，对另一些微观主体带来潜在冲击。

（一）受益主体

1. 有利于传统制造企业扩大出口

中国与金砖国家发展或加强金融合作，对传统制造企业的影响主要是通过两个渠道实现的。一是中国与相关国家之间经济和金融关系加强，必然会在一定程度上便利经贸往来。例如，资金更方便地划转、结算，以及内保外贷等业务的蓬勃开展，对于中国制造企业扩大出口都有极大的促进作用。二是中国参与金砖国家合作从长远上有助于推动人民币加速国际化，而人民币如果能更多地承担国际贸易重要计价货币和结算货币的角色，无疑又将大大降低中国商品出口可能面临的汇率风险。

表 5 – 2　　　　　　**2014 年金砖国家主要进口商品构成**　　　单位：%

印度		俄罗斯		巴西		南非	
矿产品	40.7	机电产品	30.9	机电产品	25.7	矿产品	23.8
机电产品	13.7	运输设备	12.4	矿产品	20.6	机电产品	23.0
贵金属及制品	13.0	化工产品	11.3	化工产品	16.5	运输设备	9.5
化工产品	9.2	贱金属及制品	6.9	运输设备	10.4	化工产品	9.4
贱金属及制品	5.8	塑料、橡胶	5.5	贱金属及制品	5.9	贱金属及制品	4.6
塑料、橡胶	3.3	植物产品	4.8	塑料、橡胶	5.7	塑料、橡胶	3.9
运输设备	2.8	食品、饮料等	4.7	纺织品及原料	3.1	纺织品及原料	3.2
动植物油脂	2.3	纺织品及原料	4.5	光学和钟表等	3.1	食品、饮料等	2.7
其他特殊商品	2.3	活动物及产品	4.4	植物产品	2.3	光学和钟表等	2.5
光学和钟表等	1.6	光学和钟表等	3.0	食品、饮料等	1.4	植物产品	1.9

资料来源：商务部。

从 2014 年金砖国家的进口商品结构来看，制造业产品的需求都较高。如机电产品、金属制品、化工产品、塑料和橡胶、运输设备、光学产品和钟表等占了相当比例。而这些制造业产品几乎都是中国的出口强项。以机电产品为例，2014 年，我国机电产品出口 8.05 万亿元人民币，增长 2.6%，占出口总值的 56%。同期，印度自中国进口的全部商品中，机电产品占比为 44.2%；俄罗斯自中国进口的全部商品中，机电产品占比为 46.2%；巴西自中国进口的商品中，机电产品占比为 48.3%；南非自中国进口的商品中，机电产品占比为 45.9%。随着中国与金砖国家金融合作的加强，通过贸易融资担保、进出口信用担保、保险、融资租赁等方式，金砖国家自中国进口的制造业产品将进一步增长，中短期内机电产品至少有 10% 左右的增长空间。

2. 有利于高新技术企业"走出去"

中国与其他金砖国家的产业结构存在较大差异和互补性。近年来，中国在高铁、核电、特高压等高新技术方面拥有了世界领先的技术。而印度、巴西、南非在相关领域技术相对较不发达，但又存在现实的需求。甚至就连俄罗斯这种传统工业基础较为雄厚的国家，在以高铁为代表的高新技术领域也存在需求与自身供应能力不匹配的现象。

随着中国与金砖国家金融合作的不断增强，高新技术企业无论是在境内融资还是在境外投融资，都将获得更大的便利，有助于其提升国际竞争力、抢占国际市场份额。例如，2014 年 10 月，中国铁道建筑总公司、中国交通运输部、俄罗斯铁路公司及俄罗斯交通部共同签署了一份合作备忘录，将推进构建北京至莫斯科的欧亚高速运输走廊。其中，莫斯科至喀山高铁项目将优先实施。这不仅是因为中国北车掌握了高寒动车组技术，在与日本、欧洲高铁厂商的竞争中占有明显优势；而且中国金融机构也发挥了重要的金融支持作用。据俄罗斯媒体报道，中国将向项目投资 3000 亿卢布，其中，中国各银行提供了 2500 亿卢布贷款。根据俄罗斯政府的规划，到 2030 年，将完成总长 4200 公里、时速达 400 公里的高铁项目，并建设 7000 公里、时速 140－200 公里的铁路干线。这不仅为中国高铁企业提供了巨大商机，而且为中俄金融合作拓展了空间。

3. 有利于基础设施建筑企业"走出去"

改革开放三十多年以来，在中国经济持续高速发展的同时，全国基础设施建设取得了举世瞩目的成就，全国各地铁路、公路、桥梁、机场、水利工程等的数量和质量均为世界罕见。经过二三十年的建设，中国基础设施得到了根本的改善，总量水平已位居世界前列。1992 年以来，我国基础设施资本存量增长率一直保持在 10% 以上，2009 年到达 23.76% 的增速。与 22 个 OECD 国家横向比较，中国的基础设施资本存量在 1980 年时在 23 个国家中排第 15 位，低于瑞典、比利时、奥地利等国，1990 年上升为第 7 位，到 2010 年则上升为仅次于美国和日本的第 3 位（赵雷，2013）。以铁路建设为例，截至 2014 年，全国铁路营业里程突破 11.2 万公里，其中高速铁路营业里程突破 1.6 万公里，位居世界第一。尤其是以高铁为代表的先进制造技术，不仅大大提高了国内基础设施的先进程度，而且使我国跻身为世界最主要的掌握现代高速铁路建造技术的国家之一。

从供给面来看，近年来中国基础设施建筑企业早已频繁走出国门，深入亚洲、非洲和拉美各国腹地，承建各种大型铁路、公路、桥梁等基础设施建设。中国基建企业走出去的优势主要表现在：一是在相关领域拥有丰富的大型工程承建经验和技术人才。二是中国资金在背后也起到了重要推动作用。随着中国综合国力的不断发展，中国对外援助、贷款和投资规模都在不断扩大。"一带一路"、丝路基金等的相继推出，将进一步增强中国基建企业参与国际竞争的实力。而在金砖集团方面也存在同样的情况，中国对外金融合作将推动中资基建企业参与金砖国家内部的基础设施建设。

从需求面来看，金砖国家及其他发展中国家拥有巨大的资源储量和人口总量，其市场潜力巨大，然而由于历史原因，基础设施建设普遍较为落后。中国参与金砖集团合作的目的之一，就是要为金砖国家的基础设施建设提供融资，以此促进经济均衡、可持续发展。因而在新开发银行体系内，对基础设施建设方面的需求还是比较旺盛的，这为中国企业提供了市场空间。而且我国具有援助发展中国家的良好传统，20 世纪 70 年代就曾援助非洲修建了举世闻名的坦赞铁路，树立了良好的国际形象。2014 年，中资企业在海外涉足了一系列重大基础设施建设项目，包括中资公司 NKND 集团建造尼加拉瓜运河工程（500 亿美元）、中国铁建签署尼日利亚沿海铁路项目（119.7 亿美元）、中国铁路总公司承接的中泰铁路工程（106 亿美元）、三峡集团开发俄罗斯远东地区水电站（80 亿美元）、中国路桥承担的蒙巴萨—内罗毕铁路项目（38 亿美元）、中国电建中标沙特油气工程（13 亿美元）等。

通过金砖国家新开发银行资金的撬动，可为中国基础设施建设相关企业提供"走出去"的广阔国际市场。这一方面是金砖国家新开发银行设立的主要目的之一；另一方面能顺势发挥中国在基础设施建设方面的经验和优势，让中国的技术服务更多的发展中国家，提升中国制造的全球影响力。

4. 有利于金融机构"走出去"

中国参与金砖国家金融合作，有助于推动资本和金融账户加速开放。这不仅意味着外资进入中国将变得更为方便，同时还意味着中国资本对外输出的规模加大。对中国的金融机构，特别是大型商业银行而言，这将鼓励它们在海外开设更多的网点和分支机构，跟随企业"走出去"的步伐，实现金融机构同步"走出去"。

近年来，除了国家开发银行、中国进出口银行等政策性银行积极参与金砖国家合作外，工商银行、中国银行、交通银行等也在推进全球化战略，与印度、巴西、俄罗斯、南非等国的银行同业开展了形式多样的金融合作。例如，2011年工商银行在印度孟买设立分行后，已与12家印度当地银行建立了代理行关系。2013年，中国银行与南非四大银行集团之一的莱利银行签署了战略合作协议。2014年，中国银行与俄罗斯莫斯科交易所签署战略合作协议，双方将在离岸人民币产品研发与交易、人民币资金清算与结算、人民币债券等领域开展深入合作。2015年5月，据路透社报道，工商银行与巴西最大的抵押贷款机构Caixa Economica Federal将合作创建500亿美元的基金，用于投资巴西的基础设施。同月，交通银行发布公告称，将收购巴西最悠久的金融机构之一BBM银行80%的股权。

随着中国与金砖国家金融合作的不断加深，未来金融机构的海外战略将出现如下趋势：一是从目前以国有大型银行为主向部分股份制银行扩散。近年来，除国有大型银行外，招商银行、民生银行、兴业银行等经营管理较为领先的股份制银行也纷纷启动了国际化战略。如民生银行、兴业银行等都已在香港设立分行，而招商银行更在新加坡、纽约、伦敦等设立海外分行或办事处。金砖国家经济体量相对较大，加之与中国经济和金融关系日益紧密，很可能成为股份制银行下一步海外布局的重点之一。二是从银行扩散到其他金融机构。不仅"走出去"的企业有着多元化的金融需求，同时海外市场投资者和发行人等的需求也是多元化的，光靠银行提供的服务远远无法满足其需要。未来包括券商、保险公司、金融租赁公司、期货公司等在内的各种金融机构都有可能跟随银行的步伐向东南亚、欧美和金砖国家进行布点。三是上合组织、"一带一路"战略、亚投行等国家战略、地区和跨地区多边合作机制不断完善，将推动中国金融机构加快对金砖国家投资及与国外同行合作。例如，在上合组织方面，除俄罗斯已是创始成员外，印度也有望成为新成员，随着上合组织日益强调金融合作，无疑将有助于推动中国金融机构与俄罗斯和印度同行的合作。再如，"一带一路"

战略将从陆上和海上两个方向分别加强中国与俄罗斯和印度的经贸联系，其中自然也包括金融机构之间的合作。

（二）潜在的受损主体

中国与金砖国家深入开展金融合作，特别是在金融机构层面加强投融资合作，尽管从整体、大局上看是有利的，方向是正确的，但也不排除一部分微观经济主体会成为潜在的受损方。

一是可能不利于部分企业融资难状况的缓解。融资难问题近年来一直困扰我国企业，特别是广大中小企业。在我国经济发展增速放缓和实体经济融资成本不断攀升的背景下，这一问题格外受到关注。2014 年 12 月中旬，人民银行西安分行对陕西省内企业开展了问卷调查和实地走访，提供了一个较具代表性的调查结果。其中，关于"2014 年 1—11 月企业融资需求的满足度"的调查显示，100% 能得到满足的企业占 12.90%，满足"80%－100%"的占 41.94%，满足"50%－80%"和"50% 以下"的各占 22.58%。由此表明，国内企业融资需求还存在不小的缺口。该调查同时表明，银行资金紧张、信贷额度收缩明显是 2014 年当地企业融资难的重要原因之一。在对陕西省 11 家省级银行的调查发现，2014 年以来企业信贷额度缩减明显，除个别新兴行业信贷额度相对宽松外，大多数行业贷款额度较 2013 年有所减少，企业新增贷款得到严格控制。

总体上看，中国对其他四个金砖国家的产业投资和金融并购规模更大，在金砖集团内属于资本净流出国。其中，很大一部分资本输出是通过银行实现的。理论上，如果银行的资金过度投向海外，无论是支持海外中资企业的发展，还是并购国外金融机构，都可能会在一定程度上对国内融资产生"挤出效应"。

二是国内中小金融机构可能面临一定的竞争压力。中国与金砖国家的金融合作是相互的，在中国金融机构大力"走出去"的同时，金砖国家的金融机构，特别是商业银行，也在积极谋求进入中国市场。从监管者的角度看，这也是在履行中国加入世贸组织时所作的承诺，同时有助于加快中国金融体系的发育成熟。2014 年 11 月，国务院修改了《中华人民共和国外资银行管理条例》，强调在加强有效监管的前提下，适当放宽外资银行准入和经营人民币业务的条件，为外资银行设立运营提供更加宽松便利的政策环境。主要修改内容包括：一是取消设立营业性机构前需设立代表处的要求；二是放宽营业性机构申请经营人民币业务条件，将开业年限 3 年以上改为 1 年以上，取消申请前 2 年连续盈利的要求；三是取消外资法人银行拨付境内分行营运资金的最低数量要求。

随着越来越多的外资银行、保险公司等进入中国市场，理论上有可能加剧金融领域的竞争，对国内中小金融机构的生存发展带来一定影响。一些本土化程度较高的外资银行，如渣打银行事实上已在大量开展针对本地企业的业务，服务对象并不局限于外资企业。截至 2015 年 4 月，渣打银行已在中国（不含港澳台）开设了 27 家分行、78 家支行和 1 家村镇银行，营业网点多达 106 个，触角已延伸到中西部广大地区，并针对当地企业客户提供多币种全方位的综合融资及金融服务，包括贷款、担保业务、保理业务、大宗商品、外汇风险管理、资本市场融资以及海外并购顾问咨询、项目咨询等；此外，渣打银行还为当地企业量身定制资金管理模式和方案，帮助企业实现资金集约化管理，协助企业建立国内外资金管理平台。因此，当越来越多的金砖国家金融机构进入中国后，同样有可能产生一些像渣打银行一样的重视本土化耕耘的机构。

然而，至少从中短期来看，外部金融合作带来的对内"挤出效应"并不明显。无论是国内企业融资难，还是金融机构竞争加剧，主要都不是对外金融合作造成的。对于这些微观经济主体而言，中国与金砖国家加强金融合作，更大的风险还在于宏观层面的危机传染，即在资本和金融账户趋于开放的前提下，如果中国与这些国家在经济、金融等方面介入过深、依存度过高，则相关国家国内的冲击和影响有可能通过货币合作、金融机构合作等渠道波及中国。

四、相关政策建议

"金砖国家"从一个纯粹的概念发展到当今国际舞台上一支重要的新兴

力量，固然有其特殊的历史机遇期，特别是 2007 年次贷危机引发的全球金融海啸直接促成了最初四个金砖国家（中国、巴西、印度、俄罗斯）走到一起，但从根本上看，金砖集团要想长久发展壮大，真正能够与西方发达国家为主体的 G7 集团在全球治理体系中分庭抗礼，捍卫新兴大国和广大发展中国家的利益和对国际金融体系改革的话语权，还必须进一步拓展相互间金融合作及其他领域合作的范围。建议中国参与金砖国家金融合作采取以下七方面的策略。

（一）坚持平等互利原则

中国在参与金砖国家金融合作中，应特别避免两种倾向：一是将金砖集团视为临时的、任务型的松散多边组织。在这方面，二十国峰会（G20）提供了一个反例。次贷危机爆发后，以美欧为首的西方国家发现，单靠 G7 集团已无力应对全球性经济放缓和金融机构破产骨牌效应，为此必须引入更多的国家参与全球经济和金融治理的决策。G20 正是在这一背景下应运而生，在危机阶段发挥了很大的协调作用，并被认为有可能彻底取代 G7 对全球治理体系的主导权。然而，随着危机阴霾的逐渐消去，G20 的地位正在逐渐被边缘化，重要性有所下降。很大一个原因在于，G20 从一开始就是作为临时任务型机制出现的，美欧等国并不打算让 G20 真正取代 G7。二是将金砖集团、亚洲基础设施投资银行等多边金融机制视为"中国出资、中国控制"的小集团。如果中国只是靠出钱将相关国家"笼络"到一起，而不能激发各国主动参与、发挥作用的积极性，从长远来看，将不利于这些金融组织持续发展。

（二）坚持循序渐进和讲求实效原则

中国参与金砖集团合作，最根本的目的还是为了促进自身发展，即以经济目的为基本出发点。因此，必须综合国内经济结构调整、资本和金融账户开放进程、金融市场发展情况、国内企业融资需求等因素来确定与金砖国家合作的速度、深度与广度，避免为合作而合作，作出不必要的牺牲和让步。从其他成员国的角度看，同样是"欲速则不达"，过度的、脱离实际需要的金融开放与合作不但不能有效助推各国经济发展，反而可能导致一些国家国内民族主义情绪反弹，认为中国"别有图谋"，从长远来看，将对金砖集团的发展带来不利影响。

（三）尽可能地淡化政治集团的形象

相关国家参与金砖集团，在一定程度上有提升国际政治影响的考虑，并且实际上也形成了与西方发达国家在一定范围内力量平衡的效果，提出了改革不合理的世界经济格局和国际金融体系的呼声。但这并不等于金砖集团就是一个政治集团。将金砖集团政治化，必将重演"冷战"对抗的历史，无论是对金砖成员国还是对西方发达国家来说，都将是两败俱伤的结果。因此，中国既要与其他成员国在金融、经济、气候变化等共同关心的议题上保持密切协作，又要避免为一些成员国承担不必要的政治义务，为其背书，与西方发达国家直接对抗。

（四）适当扩大成员国范围

金砖集团从最初的四国（BRICs）发展到五国（BRICS），尽管代表性有一定增强，但绝不应局限于和拘泥于这五个字母，变成又一个封闭的"守成"集团，而应将金砖集团定位于新兴大国和广大发展中国家利益的代表，在适当条件下，吸收 G20 中非发达国家成员，如土耳其、墨西哥、印度尼西亚等加入。唯其如此，才能真正提高其代表性，不断引入生力军和活力源，在国际舞台上真正与西方发达国家"掰手腕"。

（五）支持金砖国家的微观经济主体参与合作

金砖集团虽然是相关国家政府发起的对外合作组织，但如果想让这种合作稳定化、长久化，甚至实现自我演化，就离不开国内微观主体，如金融机构、企业、第三方中介等的广泛参与。对中国而言，国内金融机构，特别是国有大型商业银行是一支重要的参与力量。无论是支持国内企业"走出去"，还是对外金融投资，都需要借助这些大银行广泛分布海外的金融网点和分支机构。因此，应从政策上积极鼓励和支持大银行参与海外布点、兼并、投资及与相关国家金融机构签署双边或多边合作协议，为金砖国家政府间的金融合作奠定一个稳固的微观基础。

（六）促进金砖国家金融合作的领域和内容多元化

参与金砖国家金融合作不但要鼓励有形的机构合作，还要鼓励无形的发展战略、改革经验和技术交流；不但要重视间接金融和开发性金融方面的合作，也要重视资本市场建设的交流。从现有的金融合作来看，中国与其他金砖国家合作的成果主要体现在共同创设新开发银行、各国银行间的相互并购或持股等方面；在发展资本市场方面的交流与合作成果相对有限。近年来，中央多次提出要提高直接融资比重，包括健全多层次资本市场体系，推进股票发行注册制改革，多渠道推动股权融资，发展并规范债券市场等。在金砖国家中，印度、巴西的资本市场发展相对成熟，经验较为丰富，可为中国发展多层次资本市场体系和债券市场提供有益的借鉴。特别是印度的资本市场起步较早，发展较为成熟，尽管其上市公司中私营企业占到绝大多数，却大多拥有较为良好的治理结构，且估值相对合理。2008 年，在全球资本市场遭遇重挫的情况下，印度股市成为新兴经济体中最抗跌的市场，同时也是反弹最快最有力的市场。此外，印度资本市场较高的国际化程度、较为健全的制度体系和竞争机制也是其亮点。对中国资本市场而言，可从印度资本市场学习的领域包括：推行以注册制为基础的自由融资体制；建立高水平的公司治理结构；引入前沿的国际会计准则；实现投资银行的全能化服务；完善国内共同基金市场；实现对外国机构投资者准入的开放；建立活跃的公司控制权市场；采用先进交易制度；丰富产品种类，增强股指和股票衍生品市场的流动性等。

（七）方式方法上既要积极推进，又要保持必要的谨慎

在宏观层面，应做好风险的事前评估、事中识别和事后处置。俄罗斯、巴西、印度、南非四个金砖成员国都不同程度存在国内政治经济动荡、政府负债过高、经济结构较为单一或工业基础不均衡、容易发生货币危机或汇率波动等风险隐患。因此，在与这些国家开展金融合作时，特别是涉及签署长期、大额投资协议时务必保持谨慎。一是要考虑到项目推进前景及中途发生变更的可能性，在起草合同时要提前设定相应的

强制执行条款、免责条款、退出机制、赔偿机制及第三方保险。二是要建立风险隔离机制或"防火墙"，以防他国的危机传染到中国。这些"防火墙"包括：保持人民币汇率形成机制改革的"主动性、可控性、渐进性"，避免人民币汇率与其他金砖国家挂钩，或受其汇率波动影响；保持适度的外汇储备规模；保持适度的资本和金融账户管理，加强对资本大量流入、流出的监测。三是及时识别、提醒相关国家风险爆发的可能，并做好自身的防范安排。四是当金砖成员国发生债务或货币危机时，中国可适度介入，以增强金砖集团的凝聚力。一方面，通过倡议启动金砖国家应急储备安排、双边货币互换协议等机制将危机控制在有限范围内；另一方面，又要避免过深卷入，应鼓励其他成员和国际多边金融机制发挥相应作用。

在微观层面，应提高对优势企业的支持实效，同时又要照顾弱势企业和机构的合理需求。一是已经"走出去"的金融机构（主要是大型国有银行）要发挥综合化、国际化优势，集中资源重点支持高新技术企业、具备较强国际竞争力的制造业和基建企业等"走出去"；同时金融机构也要充分争取、尽量用好国家的支持政策，包括与"一带一路"等国家战略在方向上保持高度一致。二是今后准备"走出去"的金融机构也应提前研究全球战略布局，夯实风险管理能力，认真筛选金砖国家合作机构。三是对于内向型中小金融机构，应鼓励其提高经营管理能力，立足本地市场精耕细作，通过横向合作、结成联盟等方式壮大实力，提升抵御外部风险的能力。四是在加强对外投资时，也要多措并举解决国内中小企业融资难的困境。包括：大力发展多层次资本市场，使得大中企业在债券市场以更低成本获得直接融资，为中小企业获得银行信贷留出更多空间；大力发展中小企业政策性金融体制，使这些政策性金融机构成为化解中小企业融资难的主力军；积极稳妥地发展一批小型商业银行，专心致志地为中小企业提供专属金融服务等。

第二节　新开发银行和应急储备安排机制发展建议

金砖国家新开发银行和应急储备安排是金砖国家经济发展、共同应对外部挑战的产物。前者于 2015 年 7 月 21 日正式宣告成立，后者目前还处于承诺出资阶段。二者的出现虽然是国际金融治理体系的重大事件，但其对发展中国家的支持作用，以及对世界银行和国际货币基金组织等现行金融体系的影响，仍有待在未来的业务发展中逐步体现。

作为国际金融机构丛林中的新成员，新开发银行和应急储备安排要成长壮大，无疑面临着各方面的挑战。新开发银行正式成立是标志性事件，但距离成为名副其实的"发展中国家的世界银行"还言之过早。而应急储备安排还没有实体落地，短期之内更是无法发挥金融救助的作用。二者在短期和中长期均面临诸多挑战，只有正视并克服这些挑战，新开发银行和应急储备安排才能真正促进国际金融体系改革、在多极化的世界体系中实现发展中国家的利益。以下从业务开展、内部治理、与现有金融机构的合作、防范风险等方面，对新开发银行的顺利发展提出若干建议。

一、务实开展开发性金融业务，不定位于挑战现行秩序

虽然应急储备安排尚未落地，但新开发银行的正式成立已经让金砖国家的合作向前推进了一大步。要使一个多边金融合作机构顺利运行，需要做大量的具体工作。而新开发银行和应急储备安排要真正成为国际经济秩序中有分量的力量，任重而道远。因而当前对各金砖国家而言，新开发银行的组建和开展基本的开放性金融业务，需要建立项目评估、贷款发放、风险评估等专业团队，切实为成员国和其他发展中国家基础设施建设等方面提供开发性融资支持。在实际业务开展过程中逐步获得良好的经营业绩和可持续发展，逐步体现新开发银行的价值。应急储备安排同样如此，在从承诺到今后的落地过程中，应急储备安排既要兼顾公平与效率原则，对

成员国的短期流动性约束进行资金救助，也要加强同外部救援机制的合作，以确保金砖国家甚至是全球的金融稳定。二者各司其职，共同发挥作为现行国际金融体系有益补充角色的作用。

尽管新开发银行和应急储备安排作为金砖国家"抱团取暖"、维护自身金融安全的一种机制，二者的设立本身是为了规避世界银行、国际货币基金组织等西方主导体系下不公平的待遇，其运营不可能完全摒弃政治考虑。但在发展的过程中完全政治化又不利于二者的成熟壮大，一方面，在具体的投资项目选择、经营和资金救助过程中，本着开发性金融的原则，不附加政治条件，支持发展中国家经济社会均衡发展和社会稳定，可以增加新开发银行和应急储备安排的吸引力，赢得更多发展中国家的信赖和支持；另一方面，在新开发银行和应急储备安排积累相当广泛的投资项目和良好的社会效益之前，短期内远远无法论及挑战世界银行等机构的地位。而且过分的政治化、渲染其挑战现行国际金融秩序，可能导致西方国家对新开发银行的反对，制约其进一步发展壮大。

二、平衡和团结各成员国，积极探索内部治理结构

新开发银行和应急储备安排内部治理结构至少要满足两方面要求，一是要"公平"，要能平衡各成员国之间的利益，团结所有成员国共同致力于机构的发展和机制的完善，解决"公平"的问题；二是要有"效率"，能克服平均主义的缺点，在决策和救助方面要凸显一定的主导权，提高二者的运作效率。

新开发银行和应急储备安排本质上属于多边合作的机制，必须兼顾各成员国的利益。金砖成员国出于本国的利益展开金融合作，如果不能兼顾各自的利益，它们可能会丧失积极性甚至退出。但从现状来看，新开发银行的发展壮大以及应急储备安排的实际运作才是各成员国最大的共同利益，且具有普遍共识。因而在具体事务中，各国需要牺牲一点眼前利益以换取新开发银行和应急储备安排的整体成功。新开发银行五国各自出资20%，虽然体现了公平，但没有任何一国能控制理事会的决策和日常经营，平均

主义可能会影响效率。应急储备安排有所改善，各国按照经济实力、储备存量进行了出资承诺，基本投票权和加权投票权兼顾。平均出资，尽管在道义上赢得了优势，但却面临着运营效率的考验，如何兼顾公平和效率，是新开发银行未来运营中面临的一个现实挑战。

在内部治理架构上，新开发银行和应急储备安排应有相应的长远考虑和机制设计。在制定机构章程、设计内部组织架构和工作流程时，兼顾公平和效率，在公司治理框架内实现各国利益表达的协调和平衡，确保机构的良性和高效运转。一是可以根据各成员国经济实力（如 GDP、外汇储备规模）等设立股份和投票权重，并进行动态调整，避免出现国际货币基金组织等机构中权重和经济实力错配；二是通过决策机制的设计，避免单个国家一股独大、具有否决权的情况出现，实现相对公平；三是设计独立的争议沟通和裁决机制，对各国难以达成一致的问题通过这一机制解决，防止无限期拖延和争论，提高决策效率。

此外，金砖国家应长期稳步地进行成员国扩容。从长远看，金砖国家新开发银行和应急储备安排可能会扩展到金砖五国之外，成员国扩容应基于以下几方面原则：一是宜缓不宜速，因为目前金砖五国在新开发银行的运行和更广泛的金融合作方面，尚未摸索出行之有效的机制，新增成员国会增加协调难度。二是应面向具有一定经济实力的发展中国家和新兴经济体，以便成员国之间有共同的利益诉求和经济发展环境。三是新成员国必须认同并遵守金砖国家之间已经形成的价值标准和运行规则，同时在治理机制中要合理均衡创始成员国和新增成员国之间的发言权和利益。

三、实施差异化定位，与现有国际金融机构包容性竞争

新开发银行和应急储备安排作为国际金融体系中的新成员，与世界银行、国际货币基金组织、亚洲开发银行等的关系应是良性互补而非彼此替代。正如首任行长卡马特在成立仪式上所说，新开发银行将与亚投行等其他国际多边金融机制合作，促进新兴市场的可持续发展与全球经济的复苏。从功能定位上看，新开发银行类似于"小型的世界银行"，主要为成员国和

其他发展中国家基础设施和项目建设提供中长期低息贷款（李定华，2014）。应急储备安排则类似于国际货币基金组织，为成员国提供资金资产，以维护成员国的金融稳定。

与世界银行和国际货币基金组织相比，新开发银行和应急储备安排要进行差异化定位，才能获得应有的市场定位和国际影响力。

一是新开发银行和应急储备安排提供的服务要接"地气"，因地制宜地开展业务。目前，在世界银行和国际货币基金组织等国际金融机构中，处于决策地位的高级雇员大多来自发达国家，对项目所在国的国情了解不够，容易照搬西方国家的经验，导致不少政策脱离当地实情，效果不尽如人意。新开发银行和应急储备安排运行后，多数管理人员将来自金砖五国。由于对发展中国家实际情况的了解，其可以通过优化机制设计使所提供的服务更"接地气"。比如，在项目选择上可以优先选择辐射面广、带动作用强的基础设施建设；在尽职调查中，除项目可行性外，还要考虑现金流对本息的覆盖情况以及受援国的财政情况等；通过对本国项目的全面了解，从而加强对项目进度和资金运作的可控性。

二是新开发银行和应急储备安排提供开发性金融的条件更为公平和优厚，不附带其他经济或政治条件。金砖国家本身为发展中大国，能够理解发展中国家保持政治经济政策独立性的强烈诉求，因此，新开发银行和应急储备安排不附带任何条件，而是以效率为导向，淡化政治角力和话语权争夺，努力构建简洁化、规范化、制度化、透明化的运作新机制，避免多边机构建设中的传统困局，从而具备其他由发达国家主导的国际金融机构所不具备的优势。

三是发挥成员国的相对优势，保持业务特色。金砖银行和应急储备安排应打造成各成员国之间供求有效结合、资源优化配置的平台。在需求方面，发展中国家普遍基础设施落后，与外界联通便利性较差，但自身又缺乏足够的资金投入，严重制约了经济社会均衡发展和稳定。在供给方面，各成员国在经济发展过程中积累了丰富经验，资源禀赋不同，或在能源资源、人力成本、技术知识等某一方面具有相对优势，或是积累了大量外汇储备，或在工业化方面拥有巨大产能。尽管各成员国偏好存在差异，诉求各有不同，但可以通过新开发银行和应急储备安排的平台发挥自身相对优势，满足各自需求，加强交流。

四、联合金砖国家交易所联盟和能源联盟，打造立体经济金融力量

金砖国家交易所联盟成立于 2011 年，能够将金砖国家各自国内的股票产品通过这一联盟实现交叉上市。联盟成员包括巴西证券期货交易所、俄罗斯莫斯科银行间外汇交易所、香港交易及结算所有限公司（港交所）、印度国家证券交易所、孟买证券交易所和南非约翰内斯堡证券交易所。在合作最初阶段，各交易所已将基准股市指数衍生产品在各联盟成员的市场相互挂牌买卖（贺拉斯·坎贝尔，2014）。

金砖国家还正在计划成立能源联盟，这可能对西方主导的美国洲际交易所构成直接挑战，重塑国际能源供求结构和定价体系。从金砖国家的能源影响力来看，也具备了这样的实力。2011 年以来，中石油的市值接近甚至超过埃克森美孚（ExxonMobil），成为世界最大的石油公司之一；再考虑到俄罗斯天然气公司、巴西国家石油公司等金砖国家石油公司，金砖国家不仅有意愿，而且有能力构建新的能源金融体系，以打破美元对国际石油的控制。

因而，除了新开发银行的开发性金融业务、应急储备安排的外汇储备基金之外，金砖国家还应在金融市场互联互通、能源资源合作等方面展开更为广泛的合作，发挥金砖国家在人口、市场、资源等方面的相对优势，形成更具有实体依托和广泛影响的多边合作组织，为发展中国家在国际金融秩序中谋求合理的地位和更大的发言权。

五、联手建立应急机制，积极应对金融风险或负面影响

新开发银行总部设立在上海，是中国综合实力的体现，但任何事物都具有两面性，新开发银行对我国带来的挑战和风险也不容忽视。一是我国

要和其他金砖国家共同承担新开发银行组建初期顺利运行的责任。如何组织和运行一家多边金融机构，金砖各国政府都没有可供借鉴的经验，因而要立足新开发银行自身的特点和需求，同时借鉴世界银行等机构的经验，这方面的挑战无疑是巨大的。二是要协调跨国政治经济利益博弈。国际社会普遍认为，新开发银行的设立对现有国际政治经济体系具有较大的冲击，不可避免地触动美国、欧洲等经济体的利益，而我国上海作为新开发银行所在地，在跨国冲突或者博弈过程中，必然最先受到美国、欧洲经济体在各方面的掣肘，可能会影响我国经济的发展。因而如何与现有国际金融体系良性互补，是中长期新开发银行运行过程中的重要挑战之一。三是要维护上海乃至国内整个金融市场稳定。在我国金融市场尚不完善的情况下，上海作为资本账户开发的前沿，大量本外币资金的进出对外汇市场和资本市场会造成波动，还会有一些国际套利资金制造不稳定的金融因素，可能对我国资本市场流动性、金融监管体系造成冲击，金融安全问题不容忽视。四是要积极借鉴国际经验，完善跨国金融监管。金砖国家需要向成熟的国际金融中心学习，借鉴国际先进的金融管理体制、金融机构运作模式、风险管控工具等；做好金融风险防范，特别是跨境资本流动、衍生品创新等方面的风险防范；加快跨境金融监管制度改革创新，以适应新开发银行作为新兴国际多边金融机构可持续发展的需要。

第三节　新开发银行对上海国际金融中心建设的影响和政策建议

新开发银行是金砖国家主导发起的国际开发性金融机构，而中国可以发挥在基础设施建设方面的经验和优势，输出过剩产能、支持中资企业"走出去"，进一步推进人民币国际化，为我国外汇储备增值保值提供新的选择，也有利于我国参与国际治理，展现新兴大国形象。作为新开发银行总部所在地，上海将能因此聚集更多的全球金融资源，进一步提升上海金融市场的开放性，持续改善金融服务环境，提高上海在全球关注度和影响力，促进上海国际金融中心建设。

一、新开发银行对上海国际金融中心建设的影响

新开发银行总部设在上海，将是上海乃至中国第一个国际性金融组织总部，使上海在建设国际经济、金融、贸易、航运"四个中心"的目标过程中增加新的引擎，为实现到 2020 年将上海建成国际金融中心和国际航运中心提供新的动力。未来新开发银行的正式运营，也必将大大提升上海的城市竞争力与国际化水平，促进上海国际金融中心建设的进程，使上海在国际金融版图上的定位日渐清晰。

（一）聚集机构、人才、资金等全球金融资源

无论是从新开发银行作为中国参与创建的国际性金融组织的国际影响力方面，还是从开发性金融的业务开展层面，新开发银行都将发挥显著的聚集作用，大大提升上海对国际经济金融事务的影响力，同时增加上海对全球金融资源的吸引力。

首先，新开发银行有利于聚集金融机构和金融人才。上海作为国际性大都市，此前在建设国际金融中心的过程中，虽然各类金融机构和金融人才都较为集中，但缺乏的就是一个国际性组织的总部。新开发银行正式落户正好填补了这一空缺，使上海离国际金融中心的城市定位更近了一步。更重要的是，这一国际性金融机构总部将会有较大的示范作用和吸引效应，向全世界表明了上海作为国际金融中心开放的环境和对国际金融秩序的尊重，新开发银行成员国甚至其他非成员国的金融机构都会效仿新开发银行来到上海设立机构、开展业务，全球更多的金融人才也会认可并加入上海。

其次，新开发银行有利于为上海聚集全球资金。国际金融中心的最核心功能之一，就是全球重要的资金供求集散地。新开发银行将在三个层面为上海聚集全球资金。一是新开发银行本身的资本金和储备基金。新开发银行启动资金 500 亿美元，应急储备基金 1000 亿美元，这些规模可观的现金将在一定条件下，陆续流入上海的金融市场，且都是真金白银的资金或

者正式的出资承诺。二是与新开发银行开发性金融业务相关的资金。包括各成员国的政府或金融机构为新开发银行项目提供辅助的资金，金融机构或个人的跟随资金，以及新开发银行后续为筹资在资本市场发行债券筹资的资金等。三是以新开发银行的设立为起点，上海未来将致力于建立以金砖国家货币为主的投融资体系乃至新兴货币体系。作为新开发银行和金砖国家资金进出的桥头堡，上海将承接更多的国际资本流动，必将成为下一个全球资金中心，包括人民币交易结算中心、国际融资中心和对外投资中心。

（二）提升上海金融市场的开放和完善程度

上海已经拥有较为完善和开放的金融生态资源。上海几乎囊括了中国所有的金融市场要素（许淑红，2014），如上海证券交易所、上海期货交易所、中国金融交易所、黄金交易所、银行间债券市场、中国外汇交易中心、国家黄金储备运营中心、国家外汇储备运营中心、上海清算所、中国人民银行上海总部、四大国有商业银行上海总部以及交通银行总部、外资银行大中华总部、中国人民银行反洗钱上海监测分析中心、中国保险交易所等。2013 年 9 月，中国（上海）自由贸易试验区正式挂牌，诸多贸易、金融开放政策在这 120 平方公里的地区先行先试，上海已经是中国改革开放的最前沿地区。新开发银行不仅在上海有较为成熟的环境，而且还能影响上海金融市场的进一步完善和开放。

新开发银行将有助于深化金砖国家之间的金融开放和合作。金砖国家新开发银行的成立和运行，是金砖国家政府层面开展合作的结果。以此为开端，金砖国家之间的金融合作将可能进一步加强，金融机构之间通过合作开展业务、相互注资、开设分支机构等，向彼此开放。鉴于发展中国家经济金融发展普遍相对欠缺，这种合作有较大的空间；上海也将会以更加开放和包容的态度向金砖国家的金融机构开放。

新开发银行可能进一步推进上海人民币债券市场建设。国际经验表明，多边发展银行是以债权国货币发行债券筹措资金的，如世界银行在 2014 年发行的 510 亿美元的债券中，美元债券占 69%，欧元债券占 9%，澳元债券占7%，其他币种债券占15%。新开发银行未来在业务开展过程中，必然会面临补充资本金的问题。既然总部设在上海，那么利用上海较为完善的金融市场（如上海证券交易所），向国内外投资者发行以人民币计价的开发性金融债以筹集资金，这也是顺理成章的。如果得以实现，无论是债券种类、投资者机构还是募集资金规模，对上海债券市场而言都是提升国际化水平的重要机遇。可见新开发银行与上海金融中心建设是互相促进的，借助新开发银行，上海金融市场规模可以进一步扩大。

新开发银行在上海运营有助于推进我国金融体制深化改革。作为新开发银行总部所在地，如果本国金融市场开放程度低和管理不完善，会限制新开发银行的顺利管理和运营。因而新开发银行会加快我国金融体制改革，包括有序推动国内证券市场对外开放，积极推动沪港金融市场互联互通；大力发展外汇场，适当加快金融产品创新步伐；进一步加快人民币的可兑换步伐，尝试与主要新开发银行成员国的货币直接交易，从而使人民币在2015年可以基本实现可兑换；完善金融基础设施建设和相关服务，同时加强上海自由贸易试验区的开放和建设，自贸区应方便新开发银行开展基础设施建设投融资活动，为金砖国家间的本币结算与贷款业务打开通道。通过逐步扩大金融市场的开放程度，缩小与发达经济体在金融发展水平上的差距，为中国在新开发银行中发挥更大的作用奠定基础，也使其他金砖国家能够更好地利用上海这个平台进行跨境贸易和融资活动。

（三）进一步提高上海的全球关注度和影响力

从国际金融版图来看，新开发银行正是新兴国家积聚的新兴金融力量，代表着金砖五国的金融利益，未来从上海发出的声音是金砖五国甚至更多发展中国家的声音。对正在建设国际金融中心的上海来说，新开发银行的顺利落户和运行，将使中国逐步树立与经济地位相匹配的国际大国形象；同时有利于加速人民币国际化的进程，为我国和发展中国家争取国际货币体系的主导权。如果说新开发银行是对传统国际金融体系的有益补充，那么上海作为新崛起的国际金融中心也是对全球金融中心在亚洲和发展中国家的重要补充。总之，新开发银行的落户将大大提升上海在国际金融版图中的地位，上海无疑会因新开发银行而受到全球更多的关注，成为展示中国大国形象和影响力的重要窗口。

（四）有助于全面提升上海国际金融中心地位

建设一流国际金融中心一直是上海的目标。早在 20 世纪 90 年代，上海市便提出建设国际金融、贸易、航运以及科创中心的"四大中心"的现代化国际大都市。2009 年 4 月 29 日国务院公布《关于推进上海加快发展现代服务业和先进制造业建设国际金融中心和国际航运中心的意见》，上海建设国际金融中心和国际航运中心正式上升为国家战略。近年来，随着人民币国际化不断提升、资本项目日益开放和自贸区金融改革先试先行等，上海作为国际金融中心之一的地位不断提升。根据新华—道琼斯国际金融中心发展指数（IFCD），上海的综合排名从 2010 年的第八位进步到了 2014 年的第五位（与香港并列），排在纽约、伦敦、东京、新加坡之后。

上海建设国际金融中心有多方面的优势，而金砖国家新开发银行落户上海将使得这些优势进一步凸显。首先，新开发银行的成立和运营有利于巩固上海作为人民币国际化枢纽的地位。目前人民币国际化速度快于预期。中国人民银行已与 28 个国家和地区的央行与货币当局签订了双边本币互换金额，更有 30 个左右的国家和地区把人民币纳入了外汇储备；人民币资本项目下可自由兑换程度不断提高；通过彻底放开存款利率上限，人民币利率市场化已基本实现；人民币汇率双向波动幅度进一步放宽；2015 年 12 月 1 日，国际货币基金组织正式宣布于 2016 年 10 月 1 日将人民币纳入特别提款权；等等。这一切都有助于提升人民币作为国际货币在国际上的被接受程度。在这一背景下，新开发银行将在成员国之间提升对人民币的接纳和认可程度。如在开发性贷款的发放时可考虑采用人民币计价和结算，在资本金认缴时接受人民币，发行人民币计价的债券以补充资本金，进一步在成员国之间采用人民币进行贸易结算、金融交易乃至进行国际储备等。在这一过程中，上海的金融市场将产生更多的人民币衍生品、对冲基金、债券交易、资产管理等业务需求，上海作为人民币结算中心、人民币资产配置中心的地位无疑将进一步巩固。

其次，新开发银行将进一步发挥上海的区位优势，使之成为对外开放的前沿。上海地理位置优越，处于中国沿海最东面，背靠广袤富饶的长江经济带，在"一带一路"国家战略中又是对外连接"海上丝绸之路"的重要基地。因而借助新开发银行，上海可以更加有效地发挥区域优势，积极参与和金砖国家乃至全球更多国家和地区的经济金融合作。

再次，新开发银行将为上海吸引和锻炼大批国际金融人才。可以想象，随着新开发银行业务的开展，一方面上海将吸引来自金砖国家成员国在内各国的工作人员，以及世界银行等国际金融机构有经验的专家人才。另一方面，新开发银行开展业务瞄准各成员国的大型基础设施建设等项目，需要对投资国家、项目细节进行深入研究，对金融、法律、外语等专业人士的需求巨大。上海无疑将进一步成为国际高端金融人才集聚之地。

最后，新开发银行将提高上海国际金融合作和交流的水平。上海作为金砖国家新开发银行总部的所在地，一方面要面向不同的金砖国家成员，搭建国际化的金融基础设施和管理机制；另一方面将和世界银行、亚洲开发银行、亚投行等在人才技能、制度设计等方面相互借鉴，并建立更加国际化、灵活有效的金融监管方式，这要求上海市各政府部门、相关金融监管部门具有国际化的视野、开放包容的心态，更要有敏感的风险意识和复杂情况应对能力。在这方面，上海将为全国金融与经济改革进一步先行先试。

二、以新开发银行设立为契机促进上海国际金融中心建设的政策建议

金砖国家新开发银行落户上海是上海的机遇，有助于加快推进上海国际金融中心建设，加快发展开放型经济，加快建设自由贸易试验区和具有全球影响力的科技创新中心。中国是新开发银行的主要发起国之一，上海又是新开发银行的总部所在地，上海将积极配合、全力支持、主动服务，为新开发银行的发展创造良好的环境，同时这对上海金融服务环境、配套设施、金融政策等提出更高要求。建议我国政府和上海市可从以下多个方

面着力，借助新开发银行成立和发展的机遇，进一步促进上海国际金融中心建设，并不断提升中国对国际经济金融体系的影响力。

（一）以新开发银行设立为契机，加快中国企业和金融机构"走出去"

随着经济全球化日益加强，以及我国经济金融体系对外开放程度不断提高，中国的企业和金融机构"走出去"融入全球经济成为未来不可逆转的趋势。而新开发银行的成立，将为中国企业和金融机构"走出去"增添新的动力。首先，新开发银行的成员国，无论是在地缘关系还是在经贸往来方面，都是我国重要的合作伙伴，也是我国企业境外投资、金融机构境外设立分支机构的重要目的地。随着新开发银行业务的开展，与基础设施建设、环境、水利等相关的企业可以顺势而为，利用开发性贷款等机会，在金砖国家开拓相应的境外市场。其次，新开发银行在各成员国政府层面搭建了沟通平台和保障机制，这为我国企业和金融机构"走出去"提供了更为有利的市场环境和政治保障，降低在境外新的经营环境下面临的不确定性。再次，新开发银行可紧密依托"一带一路"合作框架，在广泛的经济共同体中寻求发展机会。"一带一路"以交通运输为纽带，贯穿欧亚大陆，东接亚太经济圈，西连欧洲经济圈。其中交通运输等基础设施建设首当其冲，这类投资具有投资额大、回收周期性长、涉及因素复杂等特点，新开发银行的开发银行性质和多双边合作机制，有利于我国企业参与投资建设"一带一路"国家。最后，金砖国家成员国多为发展中国家，工业化程度普遍较低，中国作为"世界工厂"制造实力雄厚，基础设施建设方面经验丰富，且随着中国进入经济发展新常态，部分产业面临向外转移的压力，新开发银行业务的开展，有利于成员国家承接产业转移，为我国企业开拓新的全球市场、消化过剩产能和较高的外汇储备的提供较大空间。

（二）与亚投行等国际金融机构差异化定位，实现协同发展

在 2014 年和 2015 年，新开发银行和亚投行先后成立。这两家机构均带有鲜明的中国色彩，是中国对外经济战略新布局和与之配套金融架构的重要构成。毋庸讳言，新开发银行和亚投行这两个多边国际金融机构有着先天的相似之处：中国都是其最重要的发起国之一；两个机构重点支持领域

都覆盖发展中国家的基础设施领域；在成员国构成上，亚投行 57 个成员国中，五个金砖国家悉数包括在内；它们都是新设立的机构，在运营机制上都要借鉴现有国际金融开发机构的经验，而且会在未来相同的时间范围内开展业务。

那么为了避免彼此替代或定位冲突，新开发银行和亚投行应通过多个方面实现差异化定位，从而能够避免竞争和冲突，实现协同发展。一是覆盖区域范围的差异化。新开发银行是一个全球性的开发银行，是面向金砖国家成员国或其他发展中国家的国际发展援助机构，其功能相当于缩小版的"世界银行"，区域覆盖范围是全球范围内的金砖国家成员国和其他发展中国家。仅从金砖国家成员分布来看，就覆盖了亚洲、欧洲、南美洲、非洲四大洲。而亚投行是一个区域性多边发展援助机构，其区域性特征明显，集中支持亚洲范围内国家和地区的基础设施建设，因而其架构和运营方式也将与非洲开发银行、美洲开发银行、加勒比开发银行等区域性开发银行相似。二是业务开展模式的差异化。新开发银行作为多边开发银行，旨在向发展中国家提供资金援助，通常采取贷款和无偿援助两种形式，项目贷款既投资在基础设施项目，也覆盖卫生、健康、教育、水资源等社会项目，更加致力于发展中国家社会均衡发展。而亚投行更加集中地为亚洲国家和地区的基础设施建设提供开发性的优惠贷款，投资方向包括铁路、公路、油气运输、通信、港口和电力电网等。三是成员国构成的差异化。新开发银行是由金砖五国发起成立的，初始成员国就是五个金砖国家，未来也有可能吸收全球范围内的其他发展中国家作为成员国。而亚投行的成员国面向全球所有发达国家和发展中国家开放，截至 2015 年 4 月 15 日共有 57 个国家和地区申请或意向表态成为初始成员国，其中不仅囊括了以金砖五国为代表的广大发展中国家，而且吸引了英国、法国、德国等主要发达国家加入，成员国覆盖了亚洲、拉美、非洲等广大地区。四是资本金来源和治理机制的差异化。在一定程度上，成员国构成决定了多边开发银行的资本金来源。新开发银行的资本金主要来自五个初始成员国，而且 500 亿美元初始资本金由五国平均出资。而亚投行的资本金则由数量更大的成员国按照一定规则出资。根据《筹建亚投行备忘录》规定，亚投行法定资本1000亿美元，亚洲国家出资750亿美元；亚洲以外国家出资250亿美元。各成员国参考本国GDP或购买力平价计算出资比例。资本金来源的分布反映了各国在多边机构中的权力分布。两个机构的治理机制也会体现出不同的特征，如亚投行将会协调更多和更加复杂的成员国关系。

（三）主动结合自贸区建设，持续改善上海金融服务环境

新开发银行总部设在上海，要求上海全面提升金融服务环境。因为新开发银行作为首个落户中国的多边合作金融机构，其正常运转不仅需要依赖金融通讯技术等"硬件"建设，更要求"软件"配套措施跟上。比如，要建立与新开发银行配套的现代化金融服务行业，包括会计、审计、信用评级、法律服务、专业咨询等；同时做好国际金融人才储备与引进工作，尤其是从世界银行、亚洲开发银行等多边国际金融机构中引进具有经验的专业人才，上海要为相关国家驻上海的工作人员提供良好的工作和生活环境；更为关键的是，上海适应于国际金融体系建设的规章制度的建立和环境建设也要加快，特别是跨境清算结算体系，加快人民币产品创新，特别是跨境人民币产品、人民币避险工具、人民币衍生品等。同样重要的还有国际化金融人才的储备和国际业务能力的准备，不断提升金融软实力。这一系列后续措施都将有助于上海建成国际金融中心。

目前，上海正在积极建设自贸区，新开发银行总部设在上海以及随后业务的开展，可以有效地同自贸区建设内容相结合，如在人民币资本账户开放等方面，形成协同作用和共振效应，将金融改革与实体经济发展有效结合，使上海的国际金融中心建设和新开发银行国际性金融机构的运行互相促进。可见，新开发银行总部设在上海，将使新开发银行的发展与上海金融中心建设互相促进，不仅有利于人民币国际化程度的不断提升，而且将推动上海国际金融中心目标的实现，使上海成为中国开放发展和影响世界的重要枢纽。

（四）发挥上海总部优势，当好金砖国家金融合作的桥头堡

一是通过新开发银行的投资业务发挥资金枢纽的作用。未来新开发银

行的核心业务是对金砖国家和其他成员国的基础设施建设等项目提供贷款或投资支持。为此来自各个成员国的新开发银行资本金将汇聚上海，通过一定的项目筛选和论证后投向合适的项目。因而，预计未来数千亿美元将汇聚上海的新开发银行总部，每年将有数百亿美元的贷款投出或者收回。在这一过程中，上海要通过便利的资金汇付、便捷的外币兑换、安全的账户管理等，发挥跨境资金枢纽的作用。二是通过新开发银行的融资业务提升上海金融市场的多元化和开放性。国际上的多边开发银行是以债权国货币发行债券筹措资金的，当然资本可自由流动和货币可自由兑换是前提。如世界银行在 2014 年发行的 510 亿美元的债券中，美元债券占 69%，欧元债券占 9%，澳元债券占 7%，其他货币债券占 15%。新开发银行 500 亿美元初始资本金是有限的，未来新开发银行要建立长效融资机制，以各成员国政府信用为支撑发行债券融资，是可行的融资选项之一。而通过上海较为发达的银行间市场或者证券交易所债券市场发行新开发银行债券，尤其是争取发行人民币债券，将是上海金融市场体系职能的重要扩充。上海的金融市场将会产生面向国际投资者的债券产品，也将接纳更多的国际金融机构投资者的参与，多元化和开放性进一步提升，同时提高人民币的国际化程度。三是发挥新开发银行总部的聚集作用和辐射作用。上海作为新开发银行总部，将会吸纳各成员国政府在此注入的资本金和派驻的相关官员与工作人员，因此将吸引各成员国金融机构的更多关注；在开展投资和融资各项业务中，融资项目所在国政府和企业人员也将更多亲临上海办理业务。因此，上海要借助这些机遇，吸引更多的国际金融机构在上海设立分支机构和开展业务，不断提升上海作为世界金融中心之一的吸引力。

参考文献

［1］孙丹．去美元化与多边货币互换——基于金砖国家应急储备安排的视角［J］．国际金融，2014（9）．

［2］汤凌霄，欧阳峣，黄泽先．国际金融合作视野中的金砖国家开发银行［J］．中国社会科学，2014（9）．

［3］朱光耀．国际货币体系改革由共识进入实践［J］．理论视野，2009（11）．

［4］邹佳怡．关于布雷顿森林机构改革的几点观察［J］．世界经济与政治，2005（5）．

［5］白朝阳，金砖银行组建大猜想［J］．中国经济周刊，2013（16）．

［6］毕吉耀，唐寅．金砖国家开发银行的前景［J］．中国金融，2014（16）．

［7］财政部科研所课题组．开发性金融的历史定位与发展之路［J］．财政研究，2005（10）．

［8］蔡恩泽，金砖银行．挑战国际金融秩序说易行难［J］．产权导刊，2014（9）．

［9］陈冬梅．金砖国家参与整合全球金融资源迈出关键步伐：金砖国家开发银行与应急储备基金诞生［J］．国际金融，2014（9）．

［10］陈强远．对自由贸易政策的一个新政治经济学分析——以中国农产品市场开放为例［J］．中南财经政法大学研究生学，2009（4）．

［11］陈元．开发性金融方兴未艾［J］．金融与保险，2013（4）．

［12］陈元．开发性金融与中国城市化发展［J］．经济研究，2010（7）．

［13］陈元．开发性金融与中国经济社会发展［J］．经济科学，2009（4）．

［14］陈元．创国际一流业绩的开发性金融［J］．求是，2003（19）．

［15］陈元．改革的十年，发展的十年——开发性金融理论与实践的思考［J］．求是，2004（13）．

［16］陈元．开发性金融与逆经济周期调节［J］．财贸经济，2010（12）．

［17］陈云．金砖国家开发银行对人民币国际化的影响［J］．东方企业文化，2014（16）．

［18］程实．从历史定位看金砖银行成立的意义［J］．金融经济，2014（9）．

［19］丁振辉．金砖国家开发银行及应急储备安排——成立意义与国际金融变革［J］．国际经济合作，2014（8）．

［20］傅勇．分权治理与地方政府合意性：新政治经济学能告诉我们什么？［J］．经济社会体制比较，2010（4）．

［21］郭红玉，任玮玮．金砖银行：金融合作的新丝绸之路［J］．学术前沿，2014（9）．

［22］郭濂．高瞻远瞩、求同存异、共谋发展——浅论金砖国家开发银行的成立与发展［J］．银行家，2014（9）．

［23］郭濂．开发性金融的监管改革［J］．中国金融，2014（7）．

［24］国家开发银行，中国人民大学联合课题组．开发性金融论纲［M］．中国人民大学出版社，2006．

［25］贺拉斯·坎贝尔．金砖银行挑战美元的过度特权［J］．中国投资，2014（8）．

［26］胡怀邦．开发性金融的国家使命［J］．中国金融，2014（8）．

［27］黄人杰．开发性金融体系结构优化问题研究——基于支持对外直接投资的分析［J］．现代管理科学，2011（8）．

［28］姜德波，陈桦楠．地区本位的新政治经济学分析［J］．南方经济，2007（6）．

［29］孔庆峰，杨亚男．多边贸易体制中农业谈判的政治经济学分析——基于双层互动进化博弈模型［J］．国际贸易问题，2011（6）．

［30］李惠彬，高金龙．商业性金融与开发性金融对经济增长的影响［J］．山西财经大学学报，2009（4）．

［31］李京晔．德国开发性金融业务及其对我国的启示［J］．经济导刊，2010（8）．

［32］李形，奥斯卡·G. 奥古斯丁．相互依存式霸权："第二世界"和金砖国家的崛起透析［J］．国际安全研究，2014（1）．

［33］李增刚．新政治经济学导论［M］．上海人民出版社，2008.

［34］李志辉，王永伟．开发性金融理论问题研究——弥补政策性金融的开发性金融［J］．南开经济研究，2008（4）．

［35］李志辉，武岳，国娇．开发性金融创新与金融监管［J］．中国金融，2008（2）．

［36］李志辉．基于开发性金融的政策性银行转型［J］．金融研究，2008（8）．

［37］李志辉．开发性金融理论问题研究［J］．南开经济研究，2008（4）．

［38］廖淑萍．金砖银行开启合作新格局［J］．金融博览，2014（9）

［39］林宏宇，张帅．金砖银行：发展中国家自己的银行［J］．中国经济周刊，2014（29）．

［40］林勇，张宗益．论现代金融体系下的开发性金融的理论定位［J］．重庆大学学报（社会科学版），2007（5）．

［41］蔺捷，许丽丽．金砖国家开发银行的法律问题探讨［J］．亚太经济，2015（1）．

［42］卢光盛，钟秉盛．东南亚的金融地区主义［J］．东南亚，2005（3）．

［43］罗伯特·吉尔平．全球政治经济学：解读国际经济秩序［M］．杨宇光，杨炯译．上海世纪出版集团，2006．

［44］罗玲玲．开发性金融对经济增长影响效应的动态分析［J］．企业经济，2012（8）．

［45］马光远．金砖银行：冲击布雷顿森林体系［J］．中外管理，2014（8）．

［46］马黎．金融合作的共同诉求——解读金砖国家银行合作机制金融合作框架协议［J］．中国金融家，2011（6）．

［47］倪经纬．开发性金融与基础设施投融资体系发展［J］．南方金融，2010（8）．

［48］曲博．金砖银行与中国的机遇［J］．金融博览，2014（9）．

［49］魏革军．设立金砖国家开发银行的意义［J］．中国金融，2014（15）．

［50］孙立坚．我国应力争金砖银行落户上海［J］．中国经济周刊，2013（13）．

［51］汤凌霄．欧阳峣，黄泽先．国际金融合作视野中的金砖国家开发银行［J］．中国社会科学，2014（9）．

［52］涂晓今．新编政治经济学［M］．人民出版社，2009．

［53］王吉培．金砖银行发展定位［J］．金融博览，2014（9）．

［54］王绍宏．中国开发性金融及其转型研究［D］．天津财经大学，2008．

［55］王永伟，李志辉．开发性金融理论问题研究［J］．华北金融，2009（1）．

［56］魏巍贤．汇率战略的动态博弈模型及应用［J］．统计研究，2004（4）．

［57］许淑红．上海与金砖银行［J］．金融博览，2014（9）．

［58］杨洁勉．论"四势群体"和国际力量重组的时代特点［J］．世界经济与政治，2010（3）．

［59］姚菲．基于博弈理论看金砖国家开发银行的产生及发展趋势［J］．金融经济，2015（2）．

［60］袁乐平，陈森，袁振华．开发性金融：新的内涵、理论定位及改革方向［J］．江西社会科学，2012（1）．

［61］曾康霖．金融学教程［M］．中国金融出版社，2006.

［62］张朝方，武海峰．政策性金融、商业性金融和开发性金融的关系［J］．商场现代化，2007（4）．

［63］张存刚，张小英．浅析开发性金融［J］．甘肃金融，2009（12）．

［64］张长春．开展联合融资，办好金砖银行［J］．中国投资，2014（8）．

［65］张汉麟．欧元区对最优货币区理论的实践及东亚货币合作展望［J］．理论前沿，2006（1）．

［66］张屹山，孔灵柱．基于权力范式的汇率决定研究［J］．经济研究，2010（3）．

［67］郑新华，黄剑辉．国外发达国家开发性金融经验借鉴［J］．经济研究参考，2005（62）．

［68］郑亚迪．金砖国家开发银行和金砖应急储备安排的建立及意义［J］．中国市场，2014（43）．

［69］朱杰进．金砖银行的机遇与挑战［J］．金融经济，2014（9）．

［70］邹力行．商业银行形态开发性金融机构发展模式研究［J］．科学决策，2010（6）．

［71］朱芳．最优货币区理论：欧元的启示与东亚货币区的设想［J］．南方金融，2003（7）．

［72］左晓蕾．催生金砖银行［J］．中国经济和信息化，2013（8）．

［73］Alesina，A.，N. Roubini and G. Cohen，1997，Political Cycles and the Macroeconomy，The MIT Press.

［74］Baldwin，R. E.，2007，Political Economy of the Disappointing Doha Round of Trade Negotiations，Pacific Economic Review，Vol. 12（3）．

［75］ Blomberg, B. and J. L. Broz, 2007, The Political Economy of IMF Voting Power and Quotas, 2007 Annual Meeting of the American Political Science Association (APSA) Paper.

［76］ Callaghan, M. , 2014, Failure to Act on IMF Reform Damages US (and G20) Credibility, The Interpreter, 20th January.

［77］ Carkoglu, A. and M. Eder, 2001, Domestic Concerns and the Water Conflict over the Euphrates – Tigris River Basin, Middle Eastern Studies, Vol. 37 (1).

［78］ Chiou, Y. , 2010, A Two – level – games Analysis of AFTA Agreements: What Caused ASEAN States to Move towards Economic Integration?, Journal of Current Southeast Asian Affairs, Vol. 1.

［79］ Chung, C. , 2007, Resolving China's Island Disputes: A Two – Level Game Analysis, Journal of Chinese Political Science, Vol. 12 (1).

［80］ Connet, D. , 2014, Jim O' Neill: The Money Man Who Coins A Good Phrase, The Independent, 5th January.

［81］ Daugbjerg, C. , 2006, Two – level Games and Two – level Bargaining: Negotiating the Uruguay Round Agreement on Agriculture, 2006 Annual Meeting of the Midwest Political Science Association (MPSA) Paper.

［82］ Diermeier, D. , M. Keane and A. Merlo, 2005, A Political Economy Model of Congressional Careers, American Economic Review, Vol. 95 (1).

［83］ Deter, H. and R. Higgot, The New Monetary Regionalism: The East Asian Financial Caucus Takes Shape, Financial Times, August 12, 2000.

［84］ Drazen, A. , 2001, How Does Politics Affect Economic Outcomes? Insights from "New" Political Economy, The Political Economist, Winter.

［85］ Francisco, M. , 2008, Measuring the Performance and Achievement of Social Objective of Development Finance Institutions, WPS4506, The World Bank.

［86］ Fukui, H. and M. S. Weatherford, 1995, Coordinating Economic

Policies: A Schematic Model and Some Remarks on Japanese – U. S. Exchange Rate Policies, in P. F. Cowhey & M. D. McCubbins (ed.), Structure and Policy in Japan and the United States, Cambridge University Press.

[87] Garrison, J. A., 2007, Managing the U. S. – China Foreign Economic Dialogue: Building Greater Coordination and New Habits of Consultation, Asia Policy, Vol. 4 (July).

[88] Grossman, G., and E. Helpman, 1995, Trade Wars and Trade Talks, Journal of Political Economy, Vol. 103 (4).

[89] Gutierrez, P. M., 2014, BRICS' New Development: The End of the Bretton Woods Institutions?, Brown Political Review, 24th September.

[90] Hanggi, H., 2000, Internationalism: Empirical and Theoretical Perspectives, Paper Prepared for the Workshop "Dollar Democracy and Trade" Los Angeles, May 18.

[91] Hartley, J., 2014, The BRICS Bank Is Born out of Politics, Forbes, 28th July 4.

[92] Kroll, S. and J. F. Shogren, 2008, Domestic Politics and Climate Change: International Public Goods in Two – Level Game, Cambridge Review of International Affairs, Vol. 21 (4).

[93] Loedel, P. H., 1999, Deutsche Mark Politics: Germany in the European Monetary System, Lynne Rienner Publishers.

[94] Milner, H. V., 1997, Interests, Institutions, and Information: Domestic Politics and International Relations, Princeton University Press.

[95] Milner, H. V. and B. P. Rosendorff, 1996, Trade Negotiations, Information and Domestic Politics: The Role of Domestic Groups, Economics and Politics, Vol. 8 (2).

[96] Narlikar, A., 2014, Making Room for Rising Powers, Current History, Vol. 113.

[97] Putnam, R. D., 1988, Diplomacy and Domestic Politics: The Logic

of Two – Level Games, International Organization, Vol. 42 (Summer).

[98] Robbins, L., 1932, An Essay on the Nature and Significance of Economic Science, Macmillan.

[99] Rogowski, R., 1989, Commerce and Coalitions: How Trade Affects Domestic Political Alignments, Princeton University Press.

[100] Saint – Paul, G., 2000, The "New Political Economy": Recent Books by Allen Drazen and by Torsten Persson and Guido Tabellini, Journal of Economic Literature, 38 (4).

[101] Samofalova, O., 2014, BRICS Countries to Set up Their Own IMF, Russia Beyond the Headlines, 14th April.

[102] Santa Cruz, A., 1997, Domestic Politics and International Negotiations: NAFTA's Two – level Games, Journal of International and AREA Studies, Vol. 4 (1).

[103] Stobdan, N. and R. Singh, 2014, The BRICS Bank and Its Prospective Place in the World Economy, SSRN Paper.

[104] Stuenkel, O., 2014, Emerging Powers and Status: The Case of the First BRICS Summit, Asian Perspective, Jan – March.

[105] Tamura, K., 2003, A Regulator's Dilemma and Two – level Games: Japan in the Politics of International Banking Regulation, Social Science Japan Journal, Vol. 6 (2).

[106] The World Bank, 2012, Global Development Finance: External Debt of Developing Countries.

[107] Voorhout. J. C. and T. Wetzling, 2013, The BRICS Development Bank: A Partner or the Post – 2015 Agenda?, The Hague Institute for Global Justice, December.

[108] Wilson, D., 2003, Dreaming with the BRICS: The Path To 2050, Goldman Sachs, October.

[109] Yaron, J., 2004, State – Owned Development Financial Institution:

Background, Political Economy, and Performance Assessment. IADB Conference on Public Banks, Inter – American Development Bank, Washington, DC.

[110] Yaron, J. and M. Schreiner, 2014, Development Finance Institution: Measuring Their Subsidy, Directions in Development Series. Washington, DC: The World Bank.

[111] Chui, M., Hall, S. and Taylor, A., 2014, Crisis Spillovers in Emerging Market Economies: Interlinkages, Vulnerabilities and Investor Behavior, Bank of England, Working Paper No. 212.

[112] Kose, M. A., Prasad, E. S. and Terrones, M. E., 2006, How Do Trade and Financial Integration Affect the Relationship between Growth and Volatility?, Journal of International Economics.

[113] Prasad, E. S. and Rajan, R., 2008, A Pragmatic Approach to Capital Account Liberalization, NBER Working Paper.

附录

作者简介

连　平　交通银行首席经济学家，博士，教授，博士生导师。

担任中国银行业协会行业发展研究委员会主任、中国金融四十人论坛成员和理事、中国首席经济学家论坛理事长、中国金融论坛成员、国家金融与发展实验室（国家高端智库）理事、中国社会科学院陆家嘴研究基地学术委员、中国新供给经济学50人论坛成员、上海市人民政府决策咨询特聘专家、上海社会科学院兼职博士生导师。

主要研究领域涉及宏观经济运行与政策、外汇与汇率、离岸金融和商业银行发展战略与管理体制。迄今在境内外各类报刊上发表文章450余篇，出版著作12部，主持完成国家级、省部级以上研究课题20余项，其中多项获奖。《利率市场化：谁主沉浮》获中国银行业发展研究优秀成果评选（2014年）特等奖；被评为新浪财经2015年银行业综合评选年度领袖经济学家、彭博社2015年中国经济预测排名中资机构首位。

多次出席国务院总理主持召开的专家座谈会，经常参加中财办、发展改革委、人民银行、国务院研究室、全国人大财经委和银监会等机构召开的专家咨询会议。

陈学彬　经济学博士，复旦大学金融研究院教授、博士生导师，中国金融学会常务理事、学术委员，中国国际金融学会常务理事、学术委员。曾任上海财经大学金融学院教授、博士生导师，上海财经大学现代金融研究中心主任，复旦大学金融研究院常务副院长，国家自然科学基金管理学科评审委员，全国金融学硕士教学指导委员会委员，上海金融学会副会长。主要研究领域包括货币理论与政策、汇率理论与政策、金融博弈分析、程序化交易。在《经济研究》、《金融研究》等刊物发表论文数十篇，出版专著十余部、教材十余部。

许文兵 交通银行金融研究中心资深研究员，管理学硕士。主要研究领域为商业银行发展战略、业务策略、风险管理、组织架构再造与体制机制改革等。在《中国金融》、《中国证券报》、《银行家》等国内核心期刊和报纸发表论文多篇。

刘　涛 交通银行金融研究中心资深研究员，金融学博士、博士后。主要研究领域包括宏观经济、国际金融、商业银行经营与管理、投资银行业务等。在《金融研究》、《金融经济学研究》、《世界经济文汇》、《国际经济评论》、《中国金融》、《银行家》等学术刊物发表专业论文十余篇，主持博士后科研资金面上项目一项。

吴　博 交通银行风险管理部创新业务风险管理专员，金融工程博士，应用经济学博士后，副研究员，上海市金融学会会员。主要从事金融机构风险管理、金融监管、国际金融等方面的研究和工作，主要研究领域为商业银行创新业务风险管理、操作风险高级计量法实施等。公开发表学术论文50余篇，出版专著、译著各1部，主持和参与重大研究课题十余项。

周　兵 经济学博士，交通银行与复旦大学联合培养博士后。主要研究方向为国际金融危机、货币政策、储备行为等。曾于宾夕法尼亚大学访问学习，参与国家自然科学基金面上项目和社科重大项目四项，并在《经济研究》、《管理世界》、《世界经济》、《国际金融研究》、《财经研究》等权威杂志发表论文多篇。

马　静 金融学博士，交通银行与中国社会科学院金融研究所联合培养博士后。主要研究方向为银行资产管理、公司金融、金融监管和中国宏观经济等。相关研究发表于《新金融》、《中国银行业》和《银行家》等。此外，参与翻译《亚洲变革的全球影响》，参与写作《重新认识政府与市场在中国现代化中的作用：佛山案例研究》等。

后　记

　　2015 年，金砖国家新开发银行的成立标志着金砖国家合作进入了具体的、微观的、操作性的领域。金砖国家在经济、政治、文化方面都存在较大差异，如何在求同存异共谋发展中进行金融合作涉及到诸多理论和实践问题。在日益错综复杂的国际形势下，应当如何定位金砖国家金融合作在全球金融合作秩序中的地位？是全球合作的简单扩张还是全球合作体系的进一步深化？在我国对外合作持续扩大的背景下，应当如何评估金砖国家金融合作对我国的影响？如何更好地发挥我国的比较优势？应当如何看待新开发银行和应急储备安排在金砖国家金融合作中的地位？具体而言，应当如何设置相应的治理结构？如何兼顾平等和效率？如何避免潜在风险和负面影响？应当如何将金砖国家金融合作与我国经济结构调整、人民币国际化和企业"走出去"相结合？上海作为新开发银行的坐落地，如何促进金砖国家金融合作与上海国际金融中心建设相结合？以上都是金砖国家金融合作研究需要回答的问题。

　　本课题是上海新金融研究院（SFI）的内部课题。2015 年初，由中国金融四十人论坛（CF40）成员、上海新金融研究院学术委员会委员、交通银行首席经济学家连平教授牵头成立了金砖国家金融合作课题组，开展了针对性的研究。上海市金融服务办公室主任郑扬先生担任了课题顾问。课题组先后多次召开课题研讨会，对课题框架和具体内容进行反复讨论、完善，最终于 2015 年底定稿。课题以客观、专业、系统的视角，全面深入地分析了参与金砖国家金融合作对我国的影响，并提出了对策建议。

本课题最终成稿不仅凝聚了课题参与者创造性的工作，也体现了政府部门、专家学者与业界人士的经验与智慧，上海新金融研究院学术委员会也对课题提出一系列富有建设性的修改意见。2015 年 6 月，上海新金融研究院与中国金融四十人论坛联合组织评审会，对课题进行了评审。评审专家、上海市常务副市长屠光绍、财政部副部长朱光耀、中国人民银行条法司司长张涛对课题进行了深入点评，并提出了重要的修改意见。中国人民银行上海总部跨境人民币业务部副主任施琍娅、国务院发展研究中心宏观经济部巡视员魏加宁、上海凯石益正资产管理有限公司总经理陈继武、耶鲁大学金融学教授陈志武、上海财经大学现代金融研究中心主任丁剑平、复旦大学金砖国家研究中心主任樊勇明、高盛投资管理部中国副主席哈继铭、上海银行副行长李建国、恒信金融租赁有限公司首席执行官李思明、海通证券首席经济学家李迅雷、财政部国际经济关系司处长鲁劲、上海交通大学现代金融研究中心主任潘英丽、弘毅股权投资管理（上海）有限公司副总经理沈顺辉、兴业国际信托有限公司副总裁司斌、复旦大学经济学院副院长孙立坚、东亚银行常务副行长孙敏杰、上海新金融研究院副院长钟伟等专家对课题提出了富有建设性的意见和建议。课题顾问郑扬先生在百忙之中抽空审阅了书稿，提出了宝贵的修改意见。他们的指导使课题更具专业性、前瞻性和系统性，在此一并表示衷心感谢！

本书是在课题的基础上，经过补充、修改而成的。连平审定了全书的整体框架、逻辑结构、主要观点和全部书稿。各章写作分工如下：第一章由陈学彬撰写，第二章由刘涛撰写，第三章由吴博撰写，第四章由周兵撰写，第五章由刘涛、吴博和周兵共同完成。许文兵、马静负责全书的统稿工作。

朱光耀先生拨冗为本书撰写序言和评语，屠光绍先生亦拨冗撰写评语，给予交通银行金融研究中心研究团队以鼓励和鞭策，在此表示衷心的感谢！中国金融四十人论坛秘书长、上海新金融研究院常务副院长王海明和论坛编辑部、交通银行金融研究中心周昆平、仇高擎、鄂永健以及中国金融出版社对本书的出版给予了大力的支持，在此一并表示感谢！

　　虽然经过多次修改，但由于自身水平所限，缺点和错误在所难免，我们真诚地欢迎各位领导、专家和社会各界朋友不吝赐教、批评指正。

作者
2016 年 3 月